城乡融合发展背景下职业教育制度建设研究

CHENGXIANG RONGHE FAZHAN BEIJING XIA
ZHIYE JIAOYU ZHIDU JIANSHE YANJIU

曾阳◎著

·广州·

图书在版编目（CIP）数据

城乡融合发展背景下职业教育制度建设研究/曾阳著．—广州：中山大学出版社，2022.11
ISBN 978-7-306-07658-8

Ⅰ.①城…　Ⅱ.①曾…　Ⅲ.①职业教育—教育制度—研究—中国　Ⅳ.①G719.22

中国版本图书馆CIP数据核字（2022）第237410号

出 版 人：王天琪
策划编辑：赵　冉
责任编辑：赵　冉
封面设计：林绵华
责任校对：贾艳润
责任技编：靳晓虹
出版发行：中山大学出版社
电　　话：编辑部 020-84113349，84111997，84110779，84110776
　　　　　发行部 020-84111998，84111981，84111160
地　　址：广州市新港西路135号
邮　　编：510275　　传　　真：020-84036565
网　　址：http://www.zsup.com.cn　E-mail：zdcbs@mail.sysu.edu.cn
印 刷 者：广东虎彩云印刷有限公司
规　　格：880mm×1230mm　1/32　12.25印张　317千字
版次印次：2022年11月第1版　2022年11月第1次印刷
定　　价：48.00元

如发现本书因印装质量影响阅读，请与出版社发行部联系调换

前　言

党的十九大提出乡村振兴战略，强调“农业农村优先发展”，明确了城乡融合的核心理念。发达国家城镇化经验表明，当城镇化发展进入较高阶段，农村人口显著减少，城市反哺农村的能力进一步提升，农村公共服务体系得到完善，城乡融合发展才能取得实质进展。

尽管教育在城乡融合中的作用具有一定限度，但由于职业教育在教育对象上主要面向社会中下层群体和农村群体，在教育方式上可突破学校教育限制开展职后教育和培训，在教育场所上可面向农村灵活设点，因此被视为提升农村人力资本水平的重要教育类型，可以而且应当在推动城乡融合发展上有所作为。

然而，由于历史的原因和制度的缺失，当前我国职业教育还无法与服务城乡融合发展的重要使命相匹配。本书正是基于对职业教育功能限度的认识，提炼出区域经济协调发展、社会融合和人的终身发展三个城乡融合的本质特征，通过历史借鉴、国际比较、案例分析以及专家咨询等方式，试图构建能推进区域经济、社会融合和人的终身发展的制度体系，从而真正发挥城乡融合发展进程中职业教育的作用。

理论分析层面，首先，本书对职业教育服务城乡融合发展的合理性进行论证。本书以区域经济增长理论、社会分层理论、人力资本理论和制度变迁理论作为主要理论基础，对职业教育推进区域经济、社会融合和人的发展的适用性进行分析，从而使职业教育服务城乡融合发展的合理性得到验证。其次，对理论基础的内在关系进行分析。区域经济增长理论、社会分层理论和人力资本理论分别为城乡融合的三个核心方面提供理论支撑，制度变迁理论则作为贯穿始终的理论基础，将另外三种理论有机联合，使之在本书中相互联系，互为补充。四种理论最终在城乡融合发展理念的统摄之下，共同为职业教育的制度建设服务。最后，根据以上理论分析设计出研究的分析框架，以此作为全文分析论证的依据。

历史分析层面，本书主要对改革开放以来我国职业教育的制度变迁过程进行分析。研究发现，从制度变迁的动力机制看，我国职业教育制度变迁的三个主要阶段都在不同程度上存在着制度供给与需求的矛盾。从制度变迁的政府因素看，还需进一步厘清政府、学校和企业之间的利益关系，明确各自的责任边界。从制度变迁的发展惯性看，还存在三大问题：一是制度供给延续了“城市中心取向”的发展路径，二是中西部地区职业教育陷入“服务发达地区”的低成本陷阱，三是制度供给陷入“就业率导向”的路径依赖。以上多种因素，导致我国职业教育制度未能充分发挥实际效能。

国际比较层面，本书通过分析比较美国、德国和澳大利亚等国职业教育的制度经验，发现发达国家在城市化进程中，主要从四个方面加强职业教育的制度供给。第一，在教育管理体制上，强调完善体系下有限责任政府的适度介入；第二，在质量保障体制上，重视在国家框架体系和法律保障下完善师资和教学；第三，在经费投入体制上，强调以政府拨款为主，兼顾效率和效益；第四，在办学体制上，重视在复杂社会伙伴关系下突出企业的作用和地位。研究表明，良好的制度供给是发挥职业教育功能的有力保障。

案例分析层面，本书选取西部地区的嵩明职教园区、中部地区的湘潭县和东部地区的中山职业技术学院作为研究样本，分别对职业教育推进区域经济发展、社会融合和人的终身发展等方面的经验和问题进行分析比较。研究发现，政府的主导作用得到保障、职业院校人才培养与区域经济发展相契合以及以制度形式拓宽筹资渠道是样本地区职业教育改革发展的主要经验；而经费投入不足、管理和办学体制不畅以及校企合作不深入等问题则是样本地区职业教育功能受限的主要障碍。

在对职业教育服务城乡融合发展的经验和问题全面分析把握的基础上，本书尝试建构一种“职业人才支持服务制度体系”来推动城乡融合发展。该制度体系以职业人才的培养和发展为纵轴，主要针对当前职业教育在推进区域经济、社会融合和人的发展方面的缺失和不足而设计，共包括专业设置制度、招生考试制度、人才培养制度、管理体制制度、劳动人事制度和经费保障制度六项宏观层面的制度。在此基础上，经过两轮德尔菲专家咨询，筛选出九项中观层面制度和三十九项微观层面制度。

本书主要有以下创新之处：一是研究的论证方式有所创新。本书的第二至第六章以对制度经验、问题的内在规律的探寻为导向，从历时视角探析纵向的制度变迁，从借鉴视角探析美、德、澳三国的制度经验，从实施视角探析西、中、东部样本地区的制度经验及问题，在论证上注重纵横交错，中外结合。同时，注重加强章节之间的有机联系，各章之间的内容注重呼应和契合，使研究的整体性得到加强。二是研究分析框架的构建有所创新。本书以区域经济增长理论、社会分层理论、人力资本理论和制度变迁理论作为研究的理论基础，分别为区域协调、社会融合和终身发展等城乡融合的本质特征提供支撑。职业教育要实现服务城乡融合发展的功能，需要通过区域经济推进制度、社会融合支撑制度和终身发展保障制度的建设，对区域经济、社会和人这三个抓手产生作用来实现。本书正是基于以上分析，构建了独特的职业教育服务城乡融合发展的研究分析框架，为研究的进一步开展提供依据。三是制度选项的提出方式有所创新。本书在对重要制度选项的提出上，尽可能规避主观性和随意性，力求基于客观的现实需求和高度集中的专家意见而确定。本书在充分论证国内职业教育制度变迁、国外职业教育制度参考、西中东部样本地区制度经验与问题的基础上，通过两轮德尔菲专家咨询确定重要制度选项，最终建构出职业教育服务城乡融合的制度体系。四是制度体系建设的切入角度有所创新。本书首次从人才培养流程着手，从专业设置、招生考试、人才培养、管理体制、劳动人事和经费保障六大方面开展制度体系建设，通过完整的制度体系构建，力求达到“整体大于部分之和”的效果，使职业教育在服务城乡融合过程中发挥应有作用。五是制度体系的构建形式有所创新。本书的职业教育服务城乡融合发展制度体系框架共由三个层次制度构成。一是宏观层面的制度建设，由“专业设置制度”等六项制度组成，涵盖职业教育人才培养的全过程。二是中观层面的制度建设，由“专业设置与区域产业结构协调”等九项制度构成，这九项制度是由第一轮专家咨询结果分析、提炼而成。三是微观层面的制度建设，包括“根据产业链设置专业群”等三十九项具体制度。最终，本书建构出一个由六项宏观制度、九项中观制度和三十九项微观制度组成的“职业人才支持服务制度体系”，以此保障职业教育服务城乡融合发展。

目　录

第一章 导 论

自党的十九大首次提出乡村振兴战略后，2018 年中央一号文件又明确提出要“坚持城乡融合发展”，将对城乡关系的认识提升到新的高度。城乡融合是指城乡经济社会生活、空间环境等紧密结合、协调发展，城乡间要素自由流动，城乡差别显著缩小，城乡发展融为一体。职业教育作为与农业、农村和农民发展联系最为紧密的“平民教育”，是否能对城乡融合发展产生作用？能在多大程度、哪些方面发挥作用？基于这种思考，本书尝试将职业教育置于城乡融合发展的大背景下，力求通过制度建设来实现职业教育在区域经济、社会融合和人的发展等方面的推动作用。

第一节 研究背景

一、城乡融合：发展背景及对职业教育的现实需求

正确认识城乡关系是选择职业教育服务城乡融合发展制度路径的前提和基础。改革开放以来，由于历史的原因，我国在百废待兴的状况下需要集中力量开展经济建设，在政策导向和资源配置等方面优先推进城市发展，逐步形成中国特色的城乡二元结构，乡村衰退的问题日益显现。

为缓解城镇化进程中人才、资金等资源要素向城市单向流动，城乡差距越来越大的矛盾，2002 年，党的十六大报告首次提出“统筹城乡经济社会发展”的新理念，将“三农”问题放

在整个经济社会发展的全局来综合考虑和统筹发展。其后，党的十七大和十八大提出城乡一体化的发展理念。2017 年，党的十九大提出乡村振兴战略，强调“农业农村优先发展”，明确城乡融合的核心理念。从城乡统筹、城乡一体化到城乡融合的城乡关系变迁，其政策内核一脉相承，也反映出党和国家对乡村发展重视程度的不断提升，对城乡关系和城乡发展的顶层设计不断调整和完善。

新时期城乡融合发展对职业教育提出了新需求。一方面，实现农业农村现代化需要职业教育支持。一是因为职业教育能促进农业科技的发展。职业教育可承载农业科技研发和应用的功能，提升农业科技研发水平和成果转化能力，推进农业农村现代化。二是因为职业教育能培育新型职业农民。职业教育可协助建立职业农民制度，实施新型职业农民培育工程，加快实现“一乡一业”“一村一品”的产业布局。通过发展规模经营，培养新型职业农民，可从根本上打破城乡二元经济结构，改变以工统农、以城统乡的现状，实现城乡融合发展。三是因为职业教育能推进乡村治理。职业教育可搭建平台，培养大量面向“三农”的职业人才，推动乡村基础设施布局、生态环境保护、乡土文化保护和传承、乡村社区建设等，提升乡村治理能力，实现城乡融合和乡村振兴。

另一方面，推进新型城镇化需要职业教育支持。发达国家城镇化经验表明，当城镇化发展进入较高阶段，农村人口显著减少，城市反哺农村的能力进一步提升，农村公共服务体系得到完善，城乡融合发展才能取得实质进展。我国目前尚处于减少农村人口以实现乡村振兴的阶段，因此，推进新型城镇化也即意味着推进乡村振兴。在新型城镇化进程中，职业教育的作用体现为以下三点。一是有利于城乡人口要素流动。由于进城门槛高，大量农村转移劳动力成为“夹心层”，既融不进城市，也回不去乡村，成为困扰城镇化进程的一大社会问题。职业教育通过组织学历教育、技能培训和实践锻炼等多种方式，提升农村劳动力素质，可促进城乡人口流动。二是有利于减轻劳动力结构性短缺压力。随着我国产业进一步转型升级，劳动力市场需求变化明显，类似“技工荒”的劳动力结构性短缺时常出现。职业教育通过培养和培训特定领域的技术技能型人才，有利于缓解劳动力结构性短缺压力。三是有利于缓解社会矛盾。职业教育通过提高农村转移劳动力的文化程度和综合素质，稳定其在城市的就业，增加其工资收入，从而有望促使他们逐步融入城市生活。随着农村转移劳动力市民化的推进，社会中间阶层将不断扩大，有利于缓解转型时期的社会矛盾和社会问题，维护社会稳定。①

二、职业教育：“二流形象”及服务城乡融合的历史使命

教育既是地位的生产机制，也是地位的再生产机制。尽管教育常常被社会优势阶层利用为优势传承的工具，但不可否认，对于经济资本、社会资本和文化资本存量都十分有限的农村学生而言，教育是其改变身份，实现向上社会流动的极为重要的途径。

当前，在经济、社会、文化等多种因素的影响下，我国高校特别是重点高校中农村籍大学生的比例已呈下降趋势。农村学生的弃考和辍学可以成为这一现象的重要注解。据西南大学评估组对我国2010年至2014年间义务教育改革发展情况进行的评估，这五年间，全国九年义务教育巩固率分别为87.5%、92.4%、

① 曾阳：《乡村振兴战略下职业教育服务城乡融合发展的路径研究》，载《国家教育行政学院学报》2019年第2期，第24页。

91.8%、92.3%、92.6%。[①] 除去学生转学、留级、休学等因素，这五年我国九年义务教育平均年辍学率大约为8%。而在经济发展相对滞后的中西部地区，辍学率应远远高于这一数字。基础教育阶段辍学的农村学生，从短期看，或许可以暂时缓解家庭的经济困难。但从长远来看，随着我国经济转型与产业升级，社会越来越需要经过一定训练的专业技能型人才，低学历、无技能的农村学生就业层次会更趋"低端"，向上社会流动也将更加困难。

在阻断贫穷命运的代际遗传方面，职业教育带有天然的历史使命。职业教育作为一种以培养学生技术技能为主的教育类型，可为亿万农村学生改善生活和改变命运提供重要机会。在城乡融合发展的背景下，无论是大都市的功能优化还是中小城镇的现代化崛起，都直接与人口素质有关，都迫切需要提高劳动者的职业精神和职业技能。职业教育在服务城乡融合发展的过程中责无旁贷地应当发挥重要作用。然而，现阶段我国的职业教育却仍是公众眼中的"二流教育"，学生大多是因为"学业失败"而被动选择职业教育。由于职业教育打上了"弱势"的标签，优势阶层子女是"不屑"接受职业教育的。调查表明，职业学校的学生80%以上来自农村，其中大部分家庭属于社会中下层家庭。[②] 职业院校毕业的学生进入社会后，一般从事的是社会地位相对低下的职业，收入水平不高，社会保障不完善，导致向上社会流动机会相当有限。

与我国职业教育的"二流形象"形成鲜明对比的是，许多发达国家的职业教育都给受教育者带来良好的社会地位与职业发展前景。如美国的社区学院、德国的双元制、澳大利亚的TAFE

---

① 靳晓燕、刘博超：《义务教育站上新起点》，载《光明日报》2015年11月27日。

② 参见《2012中职学生发展与就业报告：5年毕业生超过大学生》，见人民网(edu.people.com.cn/n/2013/0228/c1053-20626691.html)，2013-02-28.

（technical and further education，即技术与继续教育）等。这些国家的职业教育在培养学生技能的同时，也提供更多教育机会和多样化的教育选择，使个体可根据自身实际情况选择合适的发展道路。接受职业教育，不仅不会低人一等，相反，职业教育经历还能给个体继续求学或就业带来各种便利和益处。世界范围内职业教育的不可取代性及其在经济社会发展中发挥的独特作用表明，我国职业教育在制度和内容方面存在的问题可能是制约其功能发挥的主要因素。如果我们建立起符合职业教育本性和经济社会发展需要的职业教育制度体系，它将会保障职业教育发挥其服务城乡融合发展的重要作用。

三、制度建设：职业教育服务城乡融合的核心诉求

全面服务城乡融合发展和彰显职业教育功能的需求使职业教育制度建设的重要性日益凸显。当前，职业教育制度的不完善，导致职业教育的社会认可度尚不够高，发展受阻。我国职业教育在专业设置、招生考试、人才培养、管理体制、劳动人事、经费保障等方面都不同程度地存在一定问题，亟须进行制度完善。

专业设置方面，职业院校的专业设置与区域产业结构融合度还不够高，劳动力结构性过剩和短缺的情况依然存在。在专业设置的程序上，部分院校未能成立专门的专业设置委员会，未能充分吸纳行业、企业的专家参与专业设置过程。同时，专业设置前的需求调研不够深入，在专业结构和布局优化上做得还不够，未能使职业院校培养的人才数量、层次、类型等与市场需求充分吻合。另外，人才需求的反馈机制和动态调整机制还不够完善，专业的调整和增减常常滞后于当地经济社会发展。

招生考试方面，部分地区的招生和入学制度还不够灵活，未能充分照顾到不同层次和类型的群体接受职业教育与培训的需求。同时，对专业人才培养的延续性重视不够，专业对口学生的

升学需求未能充分满足。另外，由于部分农村群体非学历教育情况复杂，目前尚缺乏完善和通行的从业经历和非学历教育的学历认证体系，学分认证和转化工作仍未能有效实施。

人才培养方面，由于校企合作长效机制尚未能有效建立，企业参与职业教育动力不足的情况仍然存在，影响了职业人才培养和培训质量。首先，由于缺乏相应的立法保障，政府、学校和企业等利益相关者的责、权、利不够明确。其次，企业的利益未能得到有效保障，未能建立有效的成本补偿机制对参与校企合作的企业给予补偿。最后，由于缺乏充足而持续的经费支持，校企合作难以深入开展。

管理体制方面，一方面是地方政府对区域内职业教育的统筹管理不够，“政府统筹、分级管理、社会参与”的职业教育管理体制未能落到实处。政校分开，管办分离还有待进一步深化，社会参与管理的深度和广度还有待提升。另一方面，区域内职业教育的结构还有待优化。由于区域内职业院校发展联盟还未能有效建立起来，区域内职业教育资源尚未能充分共享，还存在一定程度的恶性竞争现象，院校之间未能实现差异化发展。职业教育人才培养的层次、类型和结构在特定区域内未能得到有效统筹。

劳动人事方面，一方面是技术技能人才职业生涯发展通道不够畅通。体现如下：一是部分地区的人才选拔和聘用通过设置特定条件将职业院校毕业生排除在外，使职业院校学生失去平等竞争的机会；二是职业资格证书与学历证书、职称证书还未能实现互通互认，职业资格证书制度还有待完善；三是社会上人才选聘的唯学历倾向仍普遍存在，强调问题解决能力的技术技能人才评价制度有待建立；四是国家未能建立完善规范和层级明晰的技术技能人才发展的国家标准，技术技能人才的使用制度还有待完善。另一方面，技术技能人才的社会地位还有待进一步提高。目前，技术技能人才的收入水平整体偏低，技术技能人才的医疗、养老、就业等社会保障制度还有待完善。高技能人才在带薪学习、培训、出国进修、休假等方面的福利待遇还有待提升。

经费保障方面，近年国家对职业教育的投入在不断加大。截至目前，全国各省市、自治区的高职生均公用经费拨款制度均已出台，这为职业教育的发展提供了有力保障。但同时也应看到，在经费保障方面，还应跟随新的社会经济形势，创新和完善相应的经费制度，从而为职业教育发展提供坚实后盾。而在经费的使用方面，由于职业院校的学生大多是农村生源，为避免其在高昂的高职院校学费面前止步，还有待进一步改革收费制度，完善助学贷款制度，提升在校学生的奖助标准和受益比例。

以上六个方面，既是职业教育人才培养的全过程，也是关系到城乡融合能否真正推进的核心要素。这六个方面反映出来的种种困境，需要通过构建完善的制度体系来加以突破。

综上所述，在经济社会转型、城乡融合稳步推进的背景下，国家迫切需要职业教育在其中发挥更为重要的作用。但现实情况是，职业教育在现阶段还面临许多发展困境。因此，制度的保障就成为职业教育和城乡融合发展的共同诉求。如何进行制度突破，保障底层民众实现可持续发展？职业教育能否在其中发挥重要作用？是否通过推进区域经济和社会融合就能解决“人的城镇化”问题？从制度层面来看，如何构建以及构建一个怎样的职业教育制度体系才能有利于“人的城镇化”的真正实现？这些都是本书将要着力解决的问题。

第二节　国内外研究现状

研究职业教育服务城乡融合的制度建设，需要了解职业教育与城乡融合二者的关系，了解职业教育促进或限制城乡融合发展的影响因素，还要了解造成职业教育发展困境的原因，以及针对这些困境的解决策略。同时，由于城乡融合主要体现在经济、社会和人的发展等方面，因此，本书先从教育及职业教育与人的发展研究、职业教育与社会发展研究、教育及职业教育与经济发展研究三个方面对国外的相关文献进行了综述。对于国内文献部分，本书进一步对研究视角进行了综合与分类，主要从职业教育与城乡融合的关系研究、职业教育发展困境及原因探究和职业教育完善自身功能的策略建议研究三个方面进行了述评。

一、国外相关研究综述

（一）教育、职业教育与人的发展研究

1. 对教育、职业教育促进人的发展的作用研究

对于教育的作用和功能，西方学术界历来存在两种不同的观点，分别可对应社会学上的“功能主义”和“冲突主义”。“功能主义”作为社会分层的重要理论，其基本观点之一就是认为教育和职业在社会地位的获得中处于中心地位。[①] “功能主义”认为，社会存在一套比较固定的职业与地位，分别对应不同的条件和技术要求，只有具备这些条件或符合这些要求的人才能获得相应的职业和地位，而教育在这方面起着非常重要的作用。[②] 社会学家在分析社会分层、描述社会地位时大多会考虑教育这一因素。[③] 比如，布劳（Blau）和邓肯（Duncan）在20世纪60年代对美国社会的职业结构和职业流动进行了研究，得出的结论是，对个人职业地位影响最大的，首先是个人受教育程度，其次为其

---

① Erikoson & Goldthorpe, *The Constant Flux: A Study of Class Mobility in Industrial Societies*, Clarendon Press, 1992, p. 5.

② 陈卓：《桥梁与屏障：当今中国教育的社会分层功能研究》，载《中国高教研究》2009年第6期，第26页。

③ 陈卓：《桥梁与屏障：当今中国教育的社会分层功能研究》，载《中国高教研究》2009年第6期，第23页。

参加工作后的第一个职业地位，再次是父亲职业对子女职业的影响。[1] 可见，教育深刻地影响个人社会地位的获得。凯恩（Kane）则在实证研究的基础上指出，教育不是以一种模糊或任意的方式转换成地位和收入的，它的转换方式与职业链有关。其转换方式有两种，一是教育可以充当进入一条职业链的资格和凭证，或者它可以在个人的一生中不断被偿还，高学历者在一条职业链中获益匪浅。[2]

“冲突主义”则认为教育与职业之间并无直接联系，个体的职业和地位是间接地通过某种身份文化决定的，教育就是通过培养具有不同文化身份的人，使人们进入不同的职业和社会位置。西方冲突理论的代表柯林斯（Collins）认为，“职业在教育系统内已被设计好”，“教育类型最精确地反映了某一特殊身份团体的成员资格”[3]。在《文凭社会》（*The Credential Society*）一书里，柯林斯指出，教育证书已成为一种稀缺资源，其持有者能在占据有利的社会地位时占有优势。[4] 这样，当代教育制度就成为大多数人用来达到自身目的的一种方式。

2. 职业教育与个人教育选择研究

对农民的行为是否具有理性这一问题，国外学术界曾掀起过一场论战。韦伯（Weber）认为，传统农民不追求利益的最大化，而只是追求代价的最小化，[5] 因此农民的选择行为是非理性

---

① 伊恩·罗伯逊：《社会学》，黄育馥译，商务印书馆1991年版。

② 李路路、孙志祥：《透视不平等：国外社会阶层理论》，社会科学文献出版社2002年版，第130页。

③ 张人杰：《国外教育社会学基本文选》，华东师范大学出版社2009年版，第54、58页。

④ 布列克里局·杭特：《教育社会学理论》，李锦旭译，桂冠图书股份有限公司1993年版，第417－420页。

⑤ 马克斯·韦伯：《新教伦理与资本主义精神》，于晓、陈维纲等译，生活·读书·新知三联书店1987年版，第42页。

的。波耶克（Boeke）也持有类似观点，他指出，在农村社会中，由于人们缺乏求利欲望与积累动机，只以“够用”为满足，因而也表现出了与“正常的”供应曲线相反的“非理性”行为。①

但很多学者并不认同这种观点。20世纪60年代，美国经济学家舒尔茨（Schultz）②、波普金（Popkin）③ 等人从理论和经验两方面对农民的理性进行了论证。对于两派的争论，亚当·斯密（Adam Smith）指出，“追求代价最小化”和“追求利益最大化”都是“理性经济人”的体现。因此，不能仅凭“追求代价最小化”而判定农民选择的非理性。对此，科尔曼（Coleman）认为，“判断‘理性’与‘非理性’不能以局外人的标准，而要用行动者的眼光来衡量”④。

Becker和Hecken则对Breen、Goldthorpe和Esser提出的教育选择理性行为模型进行了实证检验，他们认为，工人阶层的孩子很可能会因其自我评价的学业成就而改变高等教育选择。不同社会阶层可支配的经济资本差别巨大，中低阶层的学生出于对教育成本的考虑，也会使职业教育占据一定优势。⑤

3. 个人社会地位获得研究

韦伯的社会分层理论主张从政治、经济和社会三个维度对个人或群体所处阶层进行划分，他认为，由于这三个维度互相联系，因此主张将其进行综合考量，而社会地位则是三维标准的综

① Boeke, *Economics and Economic Policy of Dual Societies as Exemplified by Indonesia*, Institute of Pacific Relations, 1953.

② Schultz, *Transforming Traditional Agriculture*, Yale University Press, 1964.

③ Popkin, *The Rational Peasant*, University of California Press, 1979.

④ Coleman, *Foundation of Social Theory*, Belknap Press of Harvard University Press, 1990, p. 20.

⑤ Becker & Hecken, “Higher education or vocational training? An empirical test of the rational action model of educational choices suggested by Breen and Goldthorpe and Esser”, in *Acta Sociologica*, 2009, 52 (1): 25 -45.

合反映。赖特·米尔斯（Wright Mills）将个人从事的职业看作是个人社会地位的象征，他认为，职业在很大程度上决定了人的阶级和阶层地位。[①] 布迪厄（Bourdieu，旧译“布迪厄”）的研究则表明，家庭的社会文化资本能对子女的教育成就产生重大影响。拥有较多社会文化资本的家庭，其子女不但在学术研究上更容易获得成功，而且在文化消费和文化表现等方面都表现出与文化资本匮乏家庭的巨大差异。[②]

关于社会地位获得的研究，最为经典的当属 1967 年布劳和邓肯提出的地位获得模型。该研究主要对家庭出身影响个人成就的程度进行了探讨。研究结果表明，父亲的职业地位通过对儿子的教育和首个职业的影响而影响儿子目前的职业地位，对儿子的职业成就影响最大的是父亲的受教育程度。父亲的受教育程度和职业地位，说明了儿子教育程度变异量的 26%。父亲的职业地位、儿子的受教育程度以及首个职业说明了儿子的职业地位的变异量的 43%。[③] 布劳和邓肯的地位获得模型表明，阶层优势可通过受教育程度、父母期望和鼓励等中介变量转化为个人的社会经济地位。个人社会地位的获得不仅取决于个人的先赋因素，还与教育等中介变量密切相关。

（二）职业教育和社会发展研究

对职业教育和社会发展关系的研究主要存在两种对立的观点。第一种观点认为，职业教育能提升人力资本和劳动力水平。这种观点以人力资本理论为基础，认为职业教育通过投资于人力资本，可以用相对较少的投资产生相对较大的收益。第二种观点

① Mills, *The Power Elite*, Oxford University Press, 2000.

② 布迪厄、华康德：《实践与反思：反思社会学导引》，李猛、李康译，中央编译出版社 1998 年版，第 212 页。

③ Blau & Duncan, *The American Occupational Structure*, Wilsey, 1967.

则对职业教育推动社会发展持保守看法。这种观点以新韦伯主义和新马克思主义的阶层再造功能学说为基础，认为职业教育由于无力推动受教育者向上社会流动，因而会导致社会弱势阶层子女复制和沿袭其父辈的阶层地位。①

持第一种观点的研究者认为，职业教育通过提升劳动力的个体素质，能提高其在劳动力市场上的就业竞争力。贝克尔（Becker）是这种观点的重要代表，他认为，从人力资本增值的角度看，职业教育与培训可使个体提高生产技能，从而提高劳动报酬，这种报酬的提高就是人力资本投资的收益。通常而言，人力资本收益与个体所受职业教育与培训成正比。贝克尔还指出，通过对劳动力开展职业教育与培训，可以提升劳动力群体的整体人力资本存量，从而能提升企业的生产效益。20 世纪 80 年代末，约翰·毕晓普（John Bishop）对美国高中阶段的职业培训的收益情况进行了研究。研究发现，在高中阶段开展与从业相关的职业培训可以提高毕业生的工资待遇，并促进就业率的提升，同时还能有效降低学业困难学生的辍学率。② 其后，布鲁斯菲尔德（Blossfield）通过对职业培训体系的国际比较指出，有针对性的职业教育与培训可以使劳动者获得基本的职业技能，从而改变在最低端就业的状况，为从业者提升在劳动力市场中的地位提供保障。③ Onderi 等人认为，职业教育与培训在提供技能、知识、态

---

① 米靖：《当代西方职业教育与社会分层理论研究》，载《教育科学》2007 年第 4 期，第 88 – 92 页。

② Bishop, "Occupational training in high schools: When does it pay off?", in *Economics of Education Review*, 1989 (8): 1 – 15.

③ Blossfield, "Is the German dual system a model for a modern vocational training system? A cross-national comparison of how different system of vocational training deal with the changing occupational structure", in *International Journal of Comparative Sociology*, 1992 (23): 168 – 181.

度和价值观等方面扮演了非常重要的角色，已成为最为有效的人力资源开发战略之一。① Alhasan 和 Tyabo 研究了尼日利亚职业教育与青少年能力提升培训对国家经济社会发展的贡献，他们认为，要解决普遍存在的贫困和失业问题，应优先发展职业技术教育，加强青少年职业技能培训。事实证明，职业教育是赋予青少年技能、知识和态度并促使他们发展成为社会生产力的有力手段。②

持第二种观点的研究者则并不认为职业教育必然能促进社会发展。有研究者认为，由于接受职业教育的群体最终从事的大多是技术操作类工作，因此他们事实上已被分流到较低的社会阶层中，社会地位的提升较为困难，因而导致了阶层复制。③ 研究者认为，接受职业教育的学生，由于受到学风、教学水平等因素的限制，真正能学到的技能相当有限。④ 而且学生所掌握的工作技能也不一定是在学校教育中得到，很可能是在工作实践中获得。从斯彭斯（Spence）的信号（Signal）理论可知，由于就业市场上有一种文凭主义在起作用，文凭就像是一个“信号”，可对学生的工资收入和社会地位产生影响。⑤ 这说明，职业教育与个体

① Onderi, Ajowi & Malala, “Restructuring technical and vocational education and training (TVET) for sustainable development in Sub-Saharan Africa”, in *Research Publish Journals*, 2014: 40 - 45.

② Alhasan & Tyabo, “Revitalizing technical and vocational education (TVET) for youth empowerment and sustainable development”, in *International Proceedings of Social and Behavioral Sciences*, 2013, 1 (1): 92 - 97.

③ Gamoran & Mare, “Secondary school tracking and educational inequality: Compensation, reinforcement or neutrality”, in *American Journal of Sociology*, 1989 (94): 1146 - 1183.

④ Hallinan & Williams, “Students' characteristics and the peer-influence process”, in *Sociology of Education*, 1990 (63): 122 - 133.

⑤ Spence, *Market Signaling*, Harvard University Press, 1974, p. 50.

的薪酬待遇和业绩水平之间并不具有必然的相关性。Allais 基于对南非的研究则指出，在当前社会保障不足、工作不安定感较强以及社会不公普遍存在的环境下，尽管出台了新的制度并进行了政策干预，但南非技能工人的数量并未得到增长。[①] 这一研究促使我们重新思考职业教育与政策制定之间的关系。

（三）教育、职业教育与经济发展研究

舒尔茨通过定量研究，分析了教育投资与经济增长之间的关系，并得到确切数据证明教育投资是经济增长的主要因素。他的研究结果显示，在 1929—1957 年间的美国，教育投资增长的收益占国民收入增长的 33%，占劳动收入增长的 70%。[②] 在舒尔茨之后，贝克尔（Becker）探究了人力资本形成的因素，他指出，“对劳动力进行培训是形成人力资本的重要过程”[③]。丹尼森（Denison）则进一步对导致经济增长的因素进行了研究，并进而测算了各种因素对国民收入增长的贡献率。他将受教育程度的提高视为引发经济增长的重要因素，其研究结果显示，美国 1922—1957 年间的经济增长有 20% 应归功于教育。[④]

在职业教育与经济发展关系研究方面，罗伯特·麦克林（Robert Macklin）认为，职业教育可有效提高劳动者收入水平，

---

① Allais, “Will skills save us? Rethinking the relationships between vocational education, skills development policies, and social policy in South Africa”, in *International Journal of Educational Development*, 2012, 32 (5): 632 - 642.

② 舒尔茨：《人力资本投资：教育和研究的作用》，蒋斌、张衡译，商务印书馆 1990 年版。

③ 贝克尔：《人力资本理论：关于教育的理论和实证分析》，郭虹等译，中信出版社 2007 年版。

④ 蒋义：《我国职业教育对经济增长和产业发展贡献研究》（博士学位论文），财政部财政科学研究所 2010 年。

因而在减轻贫困和实现和平方面发挥着重要作用。[①] Anderson 认为，职业教育作为技能型和认证型劳动力的主要提供者，已成为促进经济发展的引擎。[②] Aktaruzzaman 和 Che 通过对孟加拉国职业教育与培训在人力资本发展中作用的研究，认为职业教育与培训对提高劳动力的市场竞争力和企业的生产力都有直接的影响，因此能推动未来的经济增长。[③] Allison 等人认为，职业教育与培训，社会伙伴关系及基于项目的培训已在澳大利亚地区间创造和激发出各种社会资本，比如人、环境、文化等，各种类型的资本是区域可持续发展的核心需求。[④] Nilsson 则认为职业教育与培训对公司层面的生产力提高的作用是毋庸置疑的，但对整体经济增长的影响则还未有定论。[⑤] 也有学者对职业教育对经济发展的作用持谨慎态度，如福斯特（Foster）就认为，由于职业教育的发展受就业机会制约，而就业机会又与经济发展密切相关，因此职业教育无法主动促进经济发展，而只能被动适应经济发展的需要。[⑥]

---

① 陈衍、李玉静等：《职业教育国际竞争力报告（2008）》，东北师范大学出版社 2008 年版。

② Anderson, "Productivism, vocational and professional education, and the ecological question", in *Vocations & Learning*, 2008, 1 (1): 10.

③ Aktaruzzaman & Che, "Vocational education and training (VET) in human resource development: A case study of Bangladesh", in *Academic Research International*, 2011 (1): 266 - 275.

④ Allison, Gorringe & Lacey, "Building learning communities: Partnerships, social capital and VET performance. A national vocational education and training research and evaluation program report", in *National Centre for Vocational Education Research (NCVER)*, 2006: 42.

⑤ Nilsson, "Vocational education and training: An engine for economic growth and a vehicle for social inclusion?", in *International Journal of Training & Development*, 2010, 14 (4): 251 - 272.

⑥ 黄龙威：《职业教育协调发展研究》，湖南人民出版社 2005 年版。

二、国内相关研究综述

通过中国知网（CNKI）进行跨库检索，可以看出对职业教育与城乡融合，国内已有不少研究成果。以“职业教育”与“城乡融合”为题名进行检索，共检索到7篇文献，全部为期刊论文，研究成果较少。以“职业教育”与“新型城镇化”为题名进行检索，共检索到162篇文献，其中期刊论文146篇、硕士学位论文12篇、会议论文1篇、报刊文章3篇。从时间分布来看，2012年及以前论文篇数为0篇，2013年为11篇，2014年和2015年发表数量快速增长，分别达到31篇和41篇，2016年28篇，2017年和2018年分别为26篇和13篇，2019年和2020年分别为8篇和4篇。以“职业教育”与“区域经济”为题名进行检索，共检索到563条文献，其中期刊论文510篇、博士学位论文1篇、硕士学位论文40篇、会议论文8篇、报刊文章4篇。从时间分布来看，以2006年为界，2006年以前论文发表量较少，2006年以后基本呈现逐年上升的趋势，并于2014年和2015年达到峰值，分别为61和64篇。以“职业教育”与“人的终身发展”为题名进行检索，共得到文献61篇。其中期刊论文59篇、硕士学位论文2篇。以“职业教育制度”为题名进行检索，共得到文献1455篇，其中期刊论文1312篇、会议论文83篇、报刊文章15篇、博士学位论文12篇、硕士学位论文33篇，其总量说明“职业教育制度”领域较受研究者关注。从时间分布来看，以2000年为界，2000年以后的成果较为丰硕，并于2015年达到峰值，论文数为102篇。（见表1－1）

表1－1　1978—2020年职业教育与城乡融合研究论文发表情况

研究主题	博士学位论文	硕士学位论文	期刊论文	会议论文	报刊文章	合计篇数
职业教育与城乡融合	0	0	7	0	0	7
职业教育与新型城镇化	0	12	146	1	3	162
职业教育与区域经济	1	40	510	8	4	563
职业教育与人的终身发展	0	2	59	0	0	61
职业教育制度	12	33	1312	83	15	1455

在对检索到的文献进行筛选提炼的基础上，立足于研究需要，结合制度经济学、社会学、管理学和教育学等学科领域的著作研读，本书对相关文献进行了分类、比较并加以提炼，分别从三个维度、三种视角和三个层面对职业教育与城乡融合的关系、职业教育发展困境及原因和职业教育完善自身功能的策略建议三个方面进行了述评。①

（一）职业教育与城乡融合的关系研究

职业教育能为社会输出大批技术技能人才，因此与城乡融合的发展关系密切。对于职业教育与城乡融合的关系，研究者主要从职业教育在服务城乡融合发展中的作用、职业教育在促进城乡融合发展过程中所受制约以及城乡融合对职业教育的反哺作用三个维度进行了研究。②

第一个维度是，职业教育能提高人力资本、促进经济社会转

① 曾阳、黄崴：《扩大“中间阶层”：近十年我国职业教育与社会流动研究述评》，载《现代教育管理》2015年第1期，第104－108页。

② 曾阳、黄崴：《扩大“中间阶层”：近十年我国职业教育与社会流动研究述评》，载《现代教育管理》2015年第1期，第104－108页。

型升级和阶层间合理有序流动，因此在服务城乡融合发展中能发挥重要作用。通过职业教育可提高弱势群体的就业能力和知识储备量，提供更多向上流动的机会，促进其向中间阶层转化，扩大中间阶层的比重，为和谐社会的建立奠定良好的社会结构基础。[①] 谢治平、周德义一方面肯定职业教育能促使处在最低阶层的人向中层甚至更高阶层流动，可加速社会结构的变化；另一方面认为职业教育可弥补高等教育不公平的不足，促进社会的合理流动和良性运行。他们认为，对于初中毕业、无心于学术性学习、经济条件有限的学生而言，职业教育可使其学到一技之长，进入社会获得相应的地位。而对于高中毕业、高考落榜的学生而言，高等职业院校是其最佳选择。他们可通过努力成为专业技术人员或私营企业老板，也可选择继续升学深造。通过接受职业教育，社会中下层、下层群体的子女也同样享有进入更高阶层的机遇，打破了只有接受高等教育才能进入更高阶层这一“规则”。[②] 吕景城进一步列举了职业教育的功能和优势，认为职业教育作为大众化和平民化的教育类型，既可保障社会底层群体受教育的基本权利，又可为不适合学术性学习的个体提供发展机会。同时，职业教育的发展和现代职业教育体系的建立能为合理的社会流动提供思想文化方面的支持，为人的终身发展提供条件和可能，也能为底层群体向上流动提供技能支撑。[③]

第二个维度是，对职业教育推进经济、社会和个人发展所受

---

① 张英杰：《从社会流动角度探析职业教育与和谐社会的关系》，载《职教论坛》2007 年第 23 期（上），第 4－6 页。

② 谢治平、周德义：《社会分层、社会流动与职业教育》，载《教育与职业》2010 年第 3 期，第 5－7 页。

③ 吕景城：《论职业教育在当代社会分层流动中的作用》，载《中国职业技术教育》2005 年第 32 期，第 32－33 页。

制约的探究。现阶段的职业教育属于“面向弱势群体的弱势教育”[①]，学生毕业就业后，由于岗位缺乏“专属性”的职业地位、缺乏向上流动的机会和空间以及薪水普遍较低等原因，[②] 仍然处于社会分层的底部，社会地位并未得到提升，[③] 因此，职业教育实际上无力促进人的发展和社会进步。有学者直言，在这个过程中，职业教育实际充当了“社会资源不平等分配合法化的工具”[④]。实证研究发现，特定的社会阶层在一定程度上对应特定的教育分层。社会中上阶层由于掌握较丰富的社会、经济和文化资本，有能力为子女获取优势的教育资源，而来自社会下层或底层家庭的子女则只能入读高职院校。[⑤] 杨东平[⑥]、周正[⑦]进一步指出，社会优势阶层通过运作社会、经济和文化资本，利用显性和隐性的排斥方式，已经能将社会中下阶层竞争者排斥出竞争场域，从而获取优质教育资源和优势职位。职业教育由于收费高而回报低，意味着穷人花高价钱去接受低质量的教育，这就形成了一种反向的社会剥夺。于是便出现一种奇怪的现象，整个社会的教育选择空间看似在逐步扩大，其实社会弱势阶层的选择余地却

---

① 汪正贵：《关于高等职业教育的反思和追问》，载《职教论坛》2009 年第 7 期，第 16 – 20 页。

② 张瑶祥：《高职院校“好就业、难招生”现象分析：基于社会分层视角》，载《教育研究》2013 年第 5 期，第 90 – 95 页。

③ 罗明丽、聂伟：《社会分层对职业教育发展的影响探微》，载《职教论坛》2012 年第 25 期，第 4 – 7 页。

④ 杰勒德·德兰迪：《知识社会中的大学》，黄建如译，北京大学出版社 2010 年版，第 109 页。

⑤ 钟云华、沈红：《社会分层对高等教育公平影响的实证研究》，载《复旦教育论坛》2009 年第 5 期，第 60 页。

⑥ 杨东平：《高中阶段的社会分层与教育机会获得》，载《清华大学教育研究》2005 年第 3 期，第 52 – 59 页。

⑦ 周正：《个体选择职业教育问题的社会学研究》，载《河北师范大学学报（教育科学版）》2009 年第 1 期，第 91 – 94 页。

渐趋缩小，由以往对生计取向或地位取向教育选择的考量，退化到对求学还是辍学的抉择之中。[①] 吕效华、吴炜通过研究也发现，在社会转型期，我国各种类型的精英群体，经过相互渗透和结盟，正在逐步形成一种强大的精英联盟。这使得阶层之间利益、信息等交流发生困难，阶层界限渐趋明显，阶层固化逐渐形成。在这种背景下，底层青年很难通过自身努力获得阶层提升。[②] 职业院校的学生大多来自社会中下层家庭，其社会、经济和文化资本都相对有限，因此，职业院校文凭持有者的就业竞争更加激烈，在劳动力市场中，他们处于相对弱势的不利地位。因此，职业教育对推动城乡融合发展作用有限。

第三个维度是，对职业教育与城乡融合之间相互影响关系的探究。有学者认为，职业教育与社会流动之间是一种相互影响的关系，职业教育在现阶段确实存在社会流动功能弱化的现象，但并不能因此否认职业教育的社会流动功能，通过一系列政策、制度、理念的改变可以提高职业教育的地位，促进弱势群体实现社会流动。付雪凌、石伟平一方面看到了职业教育推动社会流动的局限，另一方面并不否认职业教育促进社会流动的作用。他们认为，要促进职校学生向上社会流动，就必须提高人才的竞争力。因此，职业院校要着眼于学生的职业生涯规划，从社会阶层变迁的视角设计培养方案，尽力为学生提供相对公平的教育机会，拓展学生的职后升迁空间，以此促进社会公平与和谐发展。[③] 庄西真、周正等学者从历时的角度对职业教育从“地位教育”转变

① 周正：《个体选择职业教育问题的社会学研究》，载《河北师范大学学报（教育科学版）》2009 年第 1 期，第 91 – 94 页。

② 吕效华、吴炜：《阶层固化视角下教育对青年发展的影响》，载《中国青年研究》2013 年第 6 期，第 11 – 16 页。

③ 付雪凌、石伟平：《建设和谐社会与职业教育发展》，载《职业技术教育》2007 年第 10 期，第 5 – 8 页。

为“生存教育”的轨迹进行了分析，认为充分发挥职业教育的社会流动功能，不失为“一条从根本上解决职业教育生存和发展危机的措施”。①

（二）职业教育发展困境及原因探究

不可否认的是，现阶段我国的职业教育仍是公众眼中的“二流教育”，接受职业教育往往是因为“学业失败”，是不得已而为之的选择。对于当前职业教育的发展困境和原因，研究者主要从三种不同的视角进行了研究。②

第一种视角是，从社会分层规则分析影响职业教育陷入困境的因素。社会学研究认为，有两种规则可对人的收入、地位等产生影响，即先赋性规则和后致性规则。就当前情况来看，职业学校学生大都来自社会中下层、下层，各类资本都存量不足，职业发展显得“先天乏力”。同时，受高学历文凭效应、职业学校标签效应、优势阶层资源垄断效应等因素影响，也使职业学校学生通过后天努力实现地位跃升显得“后劲不足”。钱民辉从另外一个角度对社会分层的规则进行了分类。他认为，社会分层的规则可分为显规则和潜规则两种类型。个体接受一定程度的学校教育，获取相应的职业资格和技能，这属于社会分层的显规则。但社会分层还存在一种不容忽视的潜规则，个体获得较高社会地位和职业收入的概率并不完全和后天努力程度成正比，个体的家庭出身、社会背景等因素显得更为重要。③ 很显然，在当前社会环境和制度条件下，无论是显规则还是潜规则，职业学校学生都不

① 庄西真：《从优化社会结构的角度论职业教育对构建和谐社会的作用》，载《教育与职业》2007 年第 5 期（下），第 5－7 页。

② 曾阳、黄崴：《扩大“中间阶层”：近十年我国职业教育与社会流动研究述评》，载《现代教育管理》2015 年第 1 期，第 104－108 页。

③ 钱民辉：《教育社会学：现代性的思考与建构》，北京大学出版社 2004 年版，第 140 页。

占优势。杨凤英、袁刚对转型期导致职业教育发展困境的社会因素进行了分析，认为“官员”阶层较高的社会地位，助长了“官本位”思想的蔓延。同时，社会对阶层的划分过于关注现实经济收益，学历主义盛行导致文凭具有较强的社会分层功能。[①]这些因素在导致职业教育发展困境的同时，也进一步弱化了职业教育的功能。

第二种视角是，着眼于职业教育本身，寻找导致职业教育陷入困境的因素。对于职业教育不受社会重视，甚至受到鄙薄的原因，程方平认为，主要是职业教育与普通教育之间沟通衔接少、职业教育过于注重就业导向以及教育管理体制方面存在问题。在义务教育阶段没能对职业素养教育进行相关渗透，只是到了职业学校才开展相应的职业教育，使得教育时机产生错位。另外，职业教育主要为“片面城市化”提供人才、传统职业教育资源利用不足、教育教学管理思路有待调整等也是职业教育不受重视的原因。应从幼儿园和小学阶段开始渗透职业素养的培育，从教育体制上消除职业学校和普通学校等级上的差别，让职业院校学生既能进一步求学，又能以工作经历和技能转换相应的实习学分，得到优惠。同时，要调整职校教育教学管理思路，以工作为本，推行项目学习，精简学科性知识，加强实用性学习，强化动手实践，使那些不适应学术性学习的学生能找到自我，并出台与之配套的教学、管理、评价制度予以保障。[②]

第三种视角是，从社会结构与个体选择方面探析职业教育陷入困境的原因。庄西真认为，职业教育面临发展的困境，主要原

---

① 杨凤英、袁刚：《我国转型期社会分层与职业技术教育发展的困境》，载《职业技术教育》2003 年第 31 期，第 10 – 13 页。

② 程方平：《职业教育可持续发展靠什么来支撑？》，载《中国教育报》2009 年 7 月 27 日 7 版。

因在于社会结构，是社会结构影响了公众对职业教育的选择。对职业教育产生影响的社会结构主要包括阶层结构、职业结构和劳动力市场结构三个方面。首先是阶层结构。社会学家根据占有政治资源、经济资源和文化资源的多寡，将我国社会分为十大阶层。① 职业教育在“文革”前和20世纪90年代中期以前经历了两次“地位教育”的辉煌，但自20世纪90年代后期以来，由于高等教育大众化、社会经济转型等方面的原因，职业教育重新滑落到“生存教育”的地位上来。个体选择职业教育仅能解决生存问题，在社会结构中仍处于中下的位置。其次是职业结构。伴随着产业的转型升级，职业结构也发生相应的变化。纯体力型和非技术性职业需求不断下降，而脑力型、技术性的职业需求持续提高。尽管在一段时间内，职业结构中的产业工人占比的变化可能不会很大，但伴随产业转型升级和技术含量不断增加，产业工人内部将会不断分化，一大批产业工人有望成为现代社会的技术劳动者。最后是劳动力市场结构。我国存在等级化的劳动力市场，拥有职业教育学历的劳动者大多进入次级劳动力市场。② 从这种意义上来说，研究者认为，社会结构决定了个体的选择，个体的选择处处受到社会结构的影响和约束。

（三）职业教育完善自身功能的策略建议研究

为进一步发挥职业教育促进社会、经济和城镇化发展的功能，相当多的研究者开展了相关策略研究。通过对文献的梳理可知，已有研究主要从三个层面进行了探讨。③

---

① 陆学艺：《当代中国社会阶层研究报告》，社会科学文献出版社2002年版，第44页。

② 庄西真：《社会结构与个体选择：职业教育发展的双重影响》，载《职业技术教育》2006年第1期，第15－18页。

③ 曾阳、黄崴：《扩大“中间阶层”：近十年我国职业教育与社会流动研究述评》，载《现代教育管理》2015年第1期，第104－108页。

第一个层面是从政府和社会着手，探讨职业教育的地位提升和功能完善。崔玉隆认为，要提升职业教育的地位，政府首先要建立公平机制，对弱势阶层实行补偿教育。此外，由于薪酬制度是价值体现的重要风向标，因此要改善技术工人的社会地位和经济待遇，建立技能人才的激励与保障制度。① 张宇认为，由于高职教育的预期职业地位较低，因此对学生缺乏吸引力，同时，目前对高级技能型职业的社会评价过低也成为高职发展的突出障碍。应营造舆论氛围，通过正面宣传倡导重视技术、尊重技能型岗位的社会风气，扭转高职教育为"次等教育"的刻板形象。② 张力跃认为，由于社会结构发生变迁，职业教育由"地位教育"蜕变为"生存教育"，因此遭遇发展困境。为破解困境，增强职业教育推动城镇化发展的功能，需要创设一种有利于职业教育发展的外部环境，要通过发展经济提高社会对技术人员的需求，要引导社会进一步形成尊重技能人才的观念，要消解阻滞社会阶层合理流动的不平等机制，帮助在各种先赋性条件方面处于弱势的群体增强竞争能力，使他们能够在竞争中享有相对公平的机会。③ 庄西真主张通过制定和完善职业教育的法律法规，明确各利益相关者的责任、权利和义务，促使职业教育走上依法治教的轨道。④ 余祖光、陈光认为，一方面要严格落实就业准入制度，规范职业资格证书制度，另一方面要实行办学以地方为主，教学指导以行业为主的模式，以各种优惠政策激励行业协会和企业参

① 崔玉隆：《职业教育与教育公平》，载《职教论坛》2007 年第 23 期，第 49 页。

② 张宇：《预期职业地位与高等职业教育的个人需求》，载《高等教育研究》2005 年第 7 期，第 51－55 页。

③ 张力跃：《中等职业教育困境：从农民为子女进行职业教育选择的视角分析》，载《职业技术教育》2009 年第 34 期，第 66－74 页。

④ 庄西真：《从优化社会结构的角度论职业教育对构建和谐社会的作用》，载《教育与职业》2007 年第 15 期，第 5－7 页。

与职业教育。①

第二个层面是从教育系统着手，探讨职业教育地位提升和功能的完善。一部分学者从构建职业教育体系的角度提出了相关的策略建议。研究者认为，要提高职业教育促进经济、社会和人的发展的功能，就必须加快职业教育体系的建构②，形成一个由政府、社会、企业、行业、个人等多方力量协同参与的现代职业教育和培训体系③。同时，需要增进个人教育选择空间的制度安排。对于初中后教育分流群体，应尽力突出个体利益诉求，在教育系统内部扩展职业学校学生的升学空间，使职业学校学生有更多机会接受不同类型和不同层次的教育，真正体现教育公平。④在职业教育体系建构的基础上，李艳、李双名⑤和余祖光、陈光⑥都认为，要进一步增强各级各类教育中职业教育的渗透性。要通过多种途径，培养学生的职业兴趣，增强学生的职业意识，提高学生对职业社会的认识。在普通教育中渗透职业教育，可有效提高学生对未来的学业、专业和职业的选择能力。张瑶祥从职业教育的目标、体系建构和制度保障三个方面探讨了相关策略。研究者认为，要促进职业教育发展，一是在就业目标上要实现从

① 余祖光、陈光：《增强职业教育吸引力的问题研究》，载《中国职业技术教育》2009年第34期，第15－30页。

② 罗明丽、聂伟：《社会分层对职业教育发展的影响探微》，载《职教论坛》2012年第25期，第4－7页。

③ 庄西真：《从优化社会结构的角度论职业教育对构建和谐社会的作用》，载《教育与职业》2007年第15期，第5－7页。

④ 张力跃：《中等职业教育困境：从农民为子女进行职业教育选择的视角分析》，载《职业技术教育》2009年第34期，第66－74页。

⑤ 李艳、李双名：《渗透职业教育：农村义务教育的理性选择》，载《当代教育论坛（上半月）》2009年第2期，第29－32页。

⑥ 余祖光、陈光：《增强职业教育吸引力的问题研究》，载《中国职业技术教育》2009年第34期，第15－30页。

“好就业”向“就好业”的转变，二是要推动职业教育由“终结教育”向“终身教育”发展，三是要尽快完善各种职业资格和就业准入制度。只有切实提高职业教育的社会流动功能，使越来越多的社会底层人口通过职业教育实现向上社会流动，才能逐步实现职业教育招生和就业的良性互动，才能充分发挥职业教育促进经济社会和谐发展的功能。[①] 余祖光、陈光则认为要从改革职业教育的评价体系入手完善职业教育的功能。研究者认为，要建立和完善职业教育内、外部效益评价指标体系。内部效益评价指标体系关注教学过程，注重条件保障；外部效益评价指标体系则以产出为主，注重需求和发展导向。[②]

第三个层面是从职业教育自身出发，探析职业教育发展策略，促进职业教育地位的提升和功能的完善。有学者指出，由于存在劳动和职业的差别，社会分层还是会长期存在，竞争不可避免。[③] 因此，职业院校不能单纯指望政府的政策支持，要想在竞争的环境中脱颖而出，就必须在自我提升上做文章，大力加强学校内部建设，走出一条内涵式发展道路。[④] 张力跃认为，要提高职业教育的办学质量，就要注重以实践为导向。要进行人才培养模式改革，推行工学结合、校企合作的培养模式，注重培养学生的实践能力。[⑤] 张宇认为，坚持就业导向，既要重制度安排，也

---

① 张瑶祥：《高职院校“好就业、难招生”现象分析：基于社会分层视角》，载《教育研究》2013 年第 5 期，第 90 – 95 页。

② 余祖光、陈光：《增强职业教育吸引力的问题研究》，载《中国职业技术教育》2009 年第 34 期，第 15 – 30 页。

③ 周作宇：《教育、社会分层与社会流动》，载《北京师范大学学报(人文社会科学版)》2001 年第 5 期，第 9 页。

④ 罗明丽、聂伟：《社会分层对职业教育发展的影响探微》，载《职教论坛》2012 年第 25 期，第 4 – 7 页。

⑤ 张力跃：《中等职业教育困境：从农民为子女进行职业教育选择的视角分析》，载《职业技术教育》2009 年第 34 期，第 66 – 74 页。

要有具体措施，更为重要的是要加强与用人单位合作，减少就业过程的不确定性。同时，要完善高职学历体系，重视升学出口。[①] 庄西真认为，要重视职业技能培训的开展，切实提高培训的针对性、实用性和有效性，促进职业培训和就业发展的一体化。同时，要加大政策扶持力度，加强职业教育师资队伍建设，努力提高职业学校专业课教师传授职业技能的能力。[②]

三、对文献综述的归纳与评价

综观职业教育与经济、社会和城镇化发展研究的文献可知，我国研究者已从不同的维度、视角和层次分别对“职业教育与经济、社会和人的发展的关系”“影响职业教育发展的因素”和“发挥职业教育功能的策略”等方面进行了研究。已有研究具有重要的学术意义和政策价值，但同时也存在一些问题和不足。主要体现在以下几个方面。[③]

第一，就研究对象而言，已有研究对职业教育功能、问题和策略等方面进行了探究，但对城乡融合背景下职业教育的新的功能要求和城乡融合与职业教育内在关系的深层剖析研究不够。本书的研究对象是城乡融合背景下的职业教育，而城乡融合的核心是“人的城镇化”，因此有必要立足于人的发展，关注农村底层群体的职业教育需求，围绕区域经济、社会融合和人的发展等方面，对职业教育的发展进行深入研究，使职业教育能成为服务城乡融合发展的重要抓手。

---

① 张宇：《预期职业地位与高等职业教育的个人需求》，载《高等教育研究》2005 年第 7 期，第 51－55 页。

② 庄西真：《从优化社会结构的角度论职业教育对构建和谐社会的作用》，载《教育与职业》2007 年第 15 期，第 5－7 页。

③ 曾阳、黄崴：《扩大“中间阶层”：近十年我国职业教育与社会流动研究述评》，载《现代教育管理》2015 年第 1 期，第 104－108 页。

第二，就研究方法而言，已有的研究大多采用的是思辨的研究方法，只有刘红燕[①]、伍宣霖和蓝欣[②]等人采用实证的研究方法进行了特定领域的研究。这说明，实证研究还未在这一研究领域得到广泛运用。同时，当前已有的实证研究均是采用特定区域的单一数据，而我国幅员辽阔，地区间经济、文化、制度、习俗等因素差异很大，对职业教育服务城乡融合发展的制度保障研究仅使用单一地区数据会导致代表性不够，因此有必要开展职业教育制度需求、职业教育制度构建的区域比较研究。但目前类似的比较研究尚未发现。

第三，就研究主旨而言，我国学者对职业教育与城乡融合的相关研究已逐步摆脱片面的争执，开始重视对职业教育促进或制约社会、经济和人的发展的因素进行研究，力求揭示职业教育影响城乡融合发展的本质原因，也产出了不少研究成果。但研究者大多注重探究职业教育中某个或某几个因素对社会、经济和人的发展的影响，而对影响因素背后的作用机理鲜有论及，相关研究明显缺乏强有力的理论支撑。因此，有必要开展职业教育促进或制约城乡融合发展的作用机制研究，以此为基础来推进职业教育的制度建设。

第四，就研究的视角而言，已有学者从“渗透”[③] 和“融合”[④] 的视角研究职业教育与普通教育之间的联结与沟通。但尚

---

① 刘红燕：《新生代农民工职业教育与社会流动现状分析：以石家庄市为例》，载《安徽农业科学》2012 年第 11 期，第 6960 – 6962 页。

② 伍宣霖、蓝欣：《职业教育对企业员工社会流动影响的实证研究：以天津地区为例》，载《职教论坛》2012 年第 28 期，第 30 – 34 页。

③ 李艳、李双名：《渗透职业教育：农村义务教育的理性选择》，载《当代教育论坛（上半月）》2009 年第 2 期，第 29 – 32 页。

④ 余祖光、陈光：《增强职业教育吸引力的问题研究》，载《中国职业技术教育》2009 年第 34 期，第 15 – 30 页。

未发现从底层群体终身发展的视角对职业教育进行制度建构的研究。由于职业教育在教学内容、教学方式方法、教学对象、教学评价等方面都与普通教育具有较大差异，职业学校教育只能视作个体获得一定技术技能的基础，其职后的学习与发展更需要政府和社会进行规划、指导和支持。所以，有必要从人的终身发展的视角探索职业教育促进人的发展的制度建构。

综上所述，国内外研究已产生了许多有影响的成果，具有重要的理论意义和实践价值，能为本研究提供借鉴。同时，已有研究仍存在一些问题和不足，这就为本书留下了较为广阔的研究空间。

第三节 研究目标与意义

一、研究目标

（一）理论目标

明确职业教育与城乡融合发展之间的内在逻辑关系，厘清城乡融合、新型城镇化、职业教育、职业教育制度等核心概念，阐明职业教育和城乡融合发展的内涵与特征，明确职业教育服务城乡融合发展的目标与定位。

（二）实践目标

第一，通过实证调查研究，全面了解当前我国职业教育服务城乡融合发展的现状及存在的问题，统计分析影响职业教育服务城乡融合发展的主要因素，搜集、整理我国历年职业教育发展和城镇化发展的相关制度，为进一步分析职业教育对城乡融合发展的影响和制约作用提供数据支持。

第二，研究职业教育发达国家推进区域经济和城镇化发展过程中遇到的问题与成功经验，分析其政治、经济和文化基础，为我国职业教育服务城乡融合发展提供有益的国外经验借鉴。研究我国西、中、东部职业教育服务新型城镇化发展的典型案例，分析不同地区职业教育制度经验和问题，为职业教育制度建设提供本土借鉴。

第三，根据实证调查和国内外经验，分析现阶段我国职业教育在服务城镇化发展过程中面临的突出矛盾与问题，开展职业教育服务城乡融合发展的制度建设，确保职业教育有效服务城乡融合发展。

二、研究意义

（一）研究的理论意义

第一，关注底层群体，深化功能认识。教育制度的形成往往与社会对教育的功能诉求紧密相连。当前，城镇化稳步推进，“人的城镇化”成为核心问题。农村群体向上社会流动的艰难与阻滞表明，对职业教育功能的认识，除了推动经济发展和社会进步，还应该关注人的发展，特别是农村群体的可持续发展。现阶段我国过于庞大的底层结构，已对维持社会稳定不利。社会对职业教育发出的功能诉求就是，通过制度建设，构筑农村群体可持续发展的通道，使这一群体既可顺利融入城镇生活，也能为农业农村发展作出自己的贡献。从这一层面上说，本书关于职业教育功能认识的深化，具有一定的理论意义。

第二，解析内在机理，构建分析框架。在职业教育制度建设的理论研究中，问题对策型和阐明因果规律型的研究成果较多，而能够建立起一定理论分析框架的研究成果比较鲜见。职业教育的制度建设研究涉及政治、经济、文化等多种背景因素，研究者无法像自然科学研究那样给出确定的因果说明，因此需要通过构建一定的理论分析框架，对其内在机理进行一定程度的解析。本书拟通过建立理论分析框架，解析职业教育制度变迁的历史与现状、困境与根源，从而为制度建设提供坚实的理论基础。

第三，关注制度保障，提倡终身发展。终身发展是贯穿本书的职业教育制度保障的核心理念之一。从概念界定部分可知，本书的职业教育既包括职业学校的教育，也包括职后培训，因此是一种广义上的职业教育。本书立足于农村群体的终身发展，既包括职前学习，也包括职后提升，通过制度的安排，使其职业发展成为一种可持续的、包含无限可能性的发展。因此，本书从终身学习、可持续发展的角度关注职业教育制度建设，具有一定的理论价值。

（二）研究的应用价值

第一，更新选择理念，实现社会流动。未来职业回报的预期直接左右受教育者的教育选择。在一段时期内，“高学历、高回报”的预期使全社会都热衷于追逐普通高等教育，而无暇顾及受教育者是不是适合学术性学习。现阶段，很多贫困家庭在权衡投入和收益的状况后，选择放弃高等教育。这种看似非理性的选择，实际都展现了深层的制度原因。本书倡导理性的教育选择，走适合自身发展的道路，并期望通过制度建设，探索一条更适合农村群体的教育通道。

第二，立足需求差异，促进制度创新。不同的经济、文化发展水平对个体的教育选择、职业预期、地位期望等方面的影响到底有多大？需求的差异要求职业教育的制度应当具有相当的张力和包容性，使受教育群体能各取所需。本书拟通过对我国西、中、东部省份的实地调研，掌握一手数据，分析不同地区的制度需求，在此基础上促进职业教育的制度创新。

第三，完善制度建设，提供政策参考。教育政策研究以解决教育领域内宏观问题、促进教育决策科学化和提高教育决策有效性为宗旨，其重要性日益凸显。随着教育体制改革的深化，我国政府对教育的管理已由行政干预逐步转向依靠统筹规划、政策引导和监测评估等方式进行宏观调控，教育决策也更趋民主化和科学化。本书关于职业教育制度建设的研究成果，能为全面服务城乡融合发展提供助力，也可为职业教育相关政策的制定提供参考。

第四节　研究范围与概念界定

一、研究范围

城乡融合的主要特征体现在区域经济协调发展，城乡社会融合一体，以及人的终身发展意识明确、通道畅通等方面，因此，本书将城乡融合发展聚焦于区域经济发展、社会融合和人的发展三个方面，探求职业教育推进这三个方面发展的制度构建。本书的制度建设，不是普通意义上职业教育发展的制度改进，而是针对经济、社会和人的发展的制度构建。

二、核心概念界定

（一）城乡融合

自党的十九大首次提出乡村振兴战略后，2018 年中央一号文件又明确提出要“坚持城乡融合发展”，将对城乡关系的认识提升到新的高度。乡村振兴战略和城乡融合发展观的提出，体现出党和国家对乡村价值和乡村发展的基本判断和政策导向。

本书中的“城乡融合”（urban-rural integration）是指城乡经济社会生活、空间环境等紧密结合、协调发展，城乡间要素自由流动，城乡差别显著缩小，城乡发展融为一体。①

① 曾阳：《乡村振兴战略下职业教育服务城乡融合发展的路径研究》，载《国家教育行政学院学报》2019 年第 2 期，第 23 页。

（二）新型城镇化

1. 城镇化

城镇化（urbanization），又称城市化，是指随着社会经济发展和工业化水平提升，从事农业活动的人口比重下降，非农活动人口比重上升，农业人口开始向城镇转移的过程。城镇化的特征主要表现在三个方面：一是就业结构的改变，农业劳动力向非农劳动力转变；二是产业结构的改变，大量非农产业向城镇集中；三是城乡空间结构变化，农村人口向城镇聚集。城镇化水平一般用城镇化率来表示，城镇化率是指城镇人口与全国总人口的比值，比值越大，城镇化水平越高。

2. 新型城镇化

新型城镇化（new-type urbanization）的"新"主要是相对于过去片面注重追求城市规模扩大、空间扩张的城镇化而言的。新型城镇化是指以"人的城镇化"为核心，以市场运作为主导，以内外需求为牵引，以创新要素为驱动，以内涵增长为重点，以适度聚集为原则，促进城乡协调一致，经济、社会等方面可持续发展的城镇化。① 针对我国劳动力素质整体偏低的状况，以"人的城镇化"为核心的新型城镇化成为必然选择。而当前新型城镇化面临的首要问题就是解决农民工和农村人口市民化问题。②

本书中的"新型城镇化"，是以"人的城镇化"为根本，以发展区域经济、推进社会融合为核心的城镇化，其内涵包括区域经济发展、社会融合和人的终身发展三个方面。

（三）人的城镇化

"人的城镇化"（people's urbanization）是相对于以城镇规模

① 甘露、马振涛：《新型城镇化的核心是人的城镇化："新型城镇化：发展与转型研讨会"述要》，载《人民日报》2012 年 10 月 29 日 23 版。

② 甘露、马振涛：《新型城镇化的核心是人的城镇化："新型城镇化：发展与转型研讨会"述要》，载《人民日报》2012 年 10 月 29 日 23 版。

扩张为特征的“物的城镇化”而提出的概念，强调不仅要让农村转移劳动力实现生活地域的转移和职业的转换，而且还要实现身份的转换，使其在就业方式、居住环境和社会保障等方面真正实现由乡到城的重大转变。

本书中的“人的城镇化”，指的是通过制度体系的保障，农村转移劳动力能获得一定的经济和社会地位，能主动融入城市生活，获取必要的归属感和幸福感，并具备可持续发展的意识和能力，从而促使转移人口城镇化质量不断提升。

（四）职业教育

已有的研究一般从狭义和广义两个维度对职业教育（vocational education）概念进行界定。就狭义而言，职业教育是指学校职业教育，即通过学校组织的教育活动，使学生获得相应的职业素养和知识技能。从广义上说，职业教育是指培养人的职业态度，增进人的职业知识和技能，使人能顺利从事某种职业的教育活动，包括职前学校教育和职后培训。

本书中的“职业教育”，指的是在城乡融合的大背景下，以促进区域经济、社会融合和人的发展为目的，对学生进行的职业知识、技能和情感态度方面的教育，使学生能为将来从事某一职业做好充分准备。从层次上说，包括中职教育和高职教育；从类型上说，包括职业学校教育和职后培训；从时间跨度上说，包括为未来职业发展做准备的各个阶段。总之，本书中的“职业教育”是一个开放的整体，指为了职业发展而开展的职业教育活动，可为人的终身发展提供支撑和助力。

（五）职业教育制度

1. 制度

关于制度（institutions）的含义，新制度经济学家给出的表述虽各不相同，但都认为制度是约束人们行为的一种规则。诺思（North，旧译“诺斯”）认为，“制度是一个社会的博弈规则，是人为设计的、型塑人们互动关系的约束"①。按照诺思的理解，制度由"正式的规则、非正式的约束以及它们的实施特征"② 三个部分构成。因此，依照此定义，制度乃是一种人类在其中发生相互交往的框架。③

2. 职业教育制度

一般而言，对职业教育制度（institutions of vocational education）的界定有广义和狭义之分。从广义而言，职业教育制度是指人们自觉制定的、要求全体社会成员共同遵守的职业教育活动的规范体系，是调节职业教育机构和其他利益相关者以及职业教育机构内部各种关系的规则，是保证职业教育质量的重要因素。而就狭义而言，职业教育制度是指国家根据特定社会的性质以及经济、文化发展水平而制定的，对职业教育进行组织、管理和领导的政策和法规。

本书中的"职业教育制度"，是指由各级教育行政部门、社会团体等制定的相对稳定的职业教育行为规则和规范体系。从类型上划分，主要包括专业设置制度、招生考试制度、人才培养制度、管理体制制度、劳动人事制度和经费保障制度。

（六）区域经济

区域经济（regional economy）是指在一定的区域范围内，经济发展的内部因素与外部条件相互作用而产生的经济综合体。区域经济是对不同地区经济发展的客观规律以及内涵和外延相互关系的反映。

---

① 道格拉斯·C. 诺思：《制度、制度变迁与经济绩效》，杭行译，上海格致出版社、上海人民出版社 2008 年版，第 3 页。

② 韦森：《代译序：再评诺思的制度变迁理论》，载《制度、制度变迁与经济绩效》，杭行译，上海格致出版社、上海人民出版社 2008 年版，前言第 6 – 7 页。

③ 道格拉斯·C. 诺思：《制度、制度变迁与经济绩效》，杭行译，上海格致出版社、上海人民出版社 2008 年版，第 3 – 5 页。

本书中的“区域经济”，其区域范围特指市域和县域，以县域为主。主要探讨职业教育通过设置与区域产业结构协调的专业结构，与当地行业、企业紧密合作开展人才培养，通过高素质职业人才推进产业转型和技术进步，从而推动区域经济的快速发展。

（七）社会融合

社会融合（social integration）是指通过适当的干预，使社会结构中处于弱势或遭到排斥的群体能获得必要的机会和资源的过程。通过社会融合，这些群体能享受到正常的社会福利，能有机会参与经济、社会、文化生活，并有能力保障自己的基本权利。

本书中的“社会融合”，从农村转移劳动力的角度而言，主要是指通过接受一定的职业教育与培训，获得相应的技能或证书，从而具备在城镇立足并融入城镇生活的能力；从制度提供者角度而言，主要是指通过制度建设，消除制度障碍，提升技能型劳动者的地位和待遇，为这一群体融入城镇生活提供通道；从依然留守在农村的劳动者角度而言，不管是留守农民、失地农民还是职业农民，社会融合是指这一群体通过参加职业教育与培训，提升适应现代农业生产以及产业化经营的能力，从而在生活品质上逐步向城镇靠拢，进而实现城乡一体化发展。

（八）终身发展

终身发展（lifelong development）是指在各种生活领域及人生的各个阶段，都保持一种积极向上的学习态度，从而使个体获得可持续发展的理念。促进终身发展的载体，既包括正规的学校教育，也包括就业后再接受教育和培训。

本书中的“终身发展”，主要是从制度提供者的角度，通过职业教育制度环境的改变、路径的优化及提供相应的保障，从而为技能型人才的可持续发展创造良好的条件。要实现技能型人才的可持续发展，既需要进一步完善职业教育体系，使职业人才在职业教育体系内获得持续发展的空间，同时也要加强职后生涯的制度建设，通过完善劳动人事等制度，使技能型人才获得良好的社会保障，从而获得持续发展的动力。

第五节 研究思路与方法

一、研究思路与假设

（一）研究思路

本书通过分析城乡融合的内涵、特征以及与职业教育的关系，了解到底什么是城乡融合，解决“是什么”的问题。通过对职业教育制度变迁的审视，了解职业教育服务城乡融合的制度困境，并剖析其根源，解决“为什么”的问题。通过比较借鉴发达国家职业教育服务城镇化的制度经验和我国职业教育服务城乡融合发展的典型案例，分析其制度经验和问题，解决“怎么样”的问题。在分析我国职业教育制度诉求和制度环境的基础上，构建职业教育服务城乡融合发展的“职业人才支持服务制度体系”，解决“如何做”的问题。

（二）研究假设

第一，新时期我国现代化进程要求以区域经济协调发展、城乡社会融合和人的终身发展为基础的城乡融合建设，职业教育对区域经济、社会融合和人的发展具有重要的推动作用。

第二，区域经济协调发展、城乡社会融合和人的终身发展构成城乡融合的三个主要方面。因此，区域经济的发展和社会融合的提升是实现城乡融合的基础，而为职业人才的终身发展提供必要通道，并提升其可持续发展的意识和能力则是城乡融合实现的关键。

第三，职业教育地位不高、发展遭遇困境的根源在于制度，制度建设是决定职业教育能否服务城乡融合发展的核心问题。职业教育的制度建设需要立足于人的发展，基于职业人才培养和培训的全过程来进行整体建构。

二、研究方法与内容

（一）研究方法

1. 文献研究法

本书采用文献研究法，对相关制度文本、论著、期刊论文、硕博士学位论文、年鉴、网络资源等文献资料进行梳理、总结和提炼，界定城乡融合的内涵，分析职业教育制度变迁的历程，探究职业教育制度变迁的路径及内在机制，为职业教育制度体系的整体构建提供思路。

2. 比较研究法

本书一方面通过对美国、德国和澳大利亚等发达国家职业教育服务城镇化的制度经验进行分析比较，为我国职业教育的制度建设提供借鉴；另一方面，通过对我国西部、中部和东部代表地区的调研情况进行分析，比较经济、文化发展水平不同的地区对职业教育制度建设预期的差异，从而为职业教育服务城乡融合的制度建设提供地区差异的视角。

3. 调查研究法

本书以云南、湖南和广东三省部分地区为样本采取区域，对职教园区发展情况、县级职教资源整合情况和人才培养改革情况进行调查，分析当前职业教育制度的困境和其根源，了解不同经济文化发展水平的地区对职业教育制度建设的诉求，为职业教育服务城乡融合发展的制度建设提供现实基础。

4. 案例研究法

本书选取云南嵩明职教园区的发展、湖南湘潭县县级职教资源的整合和广东中山职业技术学院人才培养模式的改革作为样本案例，三个案例分别聚焦于区域经济发展、社会融合和人的终身发展三个方面，通过横向和纵向分析比较，分析不同地区职业教育制度的经验和问题，为职业教育制度建设提供本土借鉴。

5. 专家咨询法

本书采用德尔菲专家咨询法对职业教育服务城乡融合发展的制度选项进行函询。共设计了两轮咨询，第一轮先对职业教育重要的制度选项进行确定，第二轮是针对这些选项进行延伸性追问，最后根据专家意见集中程度，从宏观、中观和微观三个层次构建起职业教育服务城乡融合的“职业人才支持服务制度体系”。

（二）研究内容

本书第一章为导论，通过论述城乡融合对职业教育提出的机遇和挑战，揭示开展制度建设的重要性。通过梳理国内外研究现状，明确本书的研究思路、方法和基本框架。第二章为理论分析，对本书的理论基础进行分析和说明，明确研究假设，并提出分析框架。第三章对改革开放以来职业教育的制度变迁进行分析和反思。第四章论述了职业教育服务城乡融合的制度困境和挑战。第五章对美国、德国和澳大利亚等发达国家的职业教育制度进行比较和分析。第六章是案例分析，总结职业教育制度经验与问题，并初步明确制度建设的基本方向。第七章是全书的重点，通过德尔菲专家咨询的方法，从宏观、中观和微观三个层面对职业教育服务城乡融合发展的制度体系进行构建。第八章论述职业教育服务城乡融合发展的制度保障。全书的结构框架如图 1－1 所示。

研究的技术线路如图 1－2 所示。

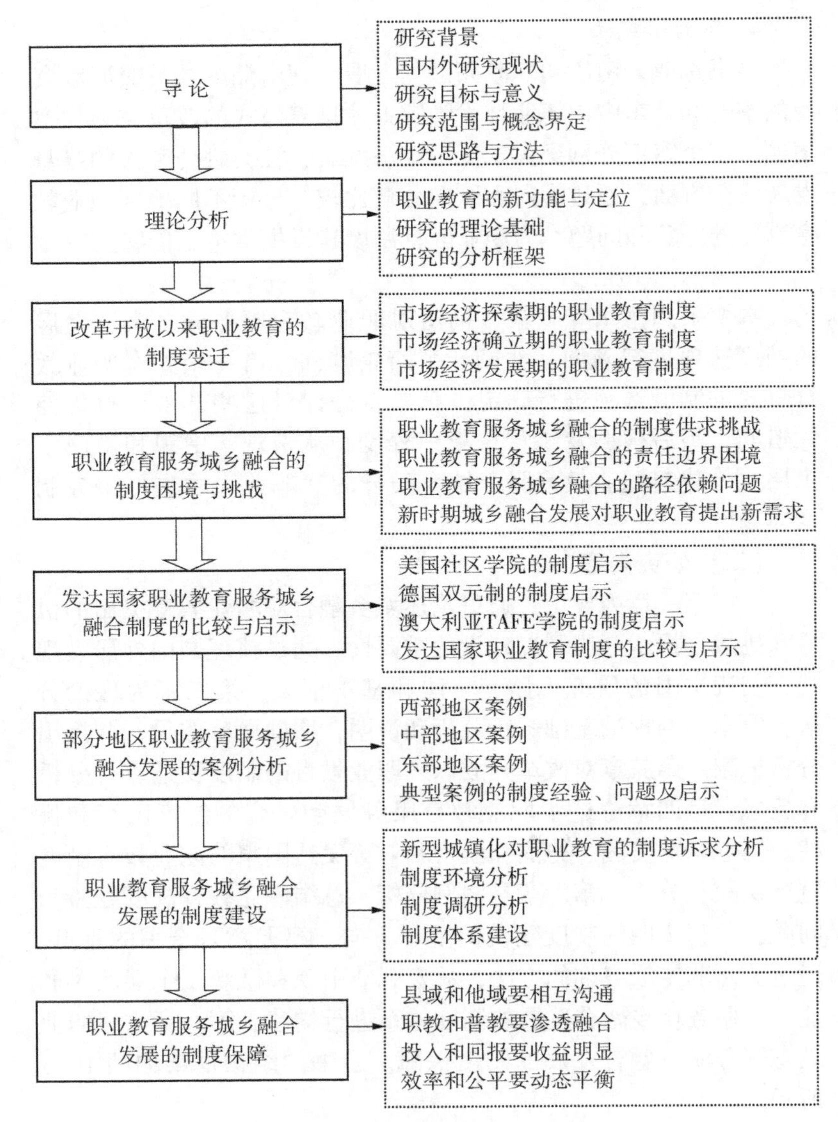
导论
研究背景
国内外研究现状
研究目标与意义
研究范围与概念界定
研究思路与方法
理论分析
职业教育的新功能与定位
研究的理论基础
研究的分析框架
改革开放以来职业教育的制度变迁
市场经济探索期的职业教育制度
市场经济确立期的职业教育制度
市场经济发展期的职业教育制度
职业教育服务城乡融合的制度困境与挑战
职业教育服务城乡融合的制度供求挑战
职业教育服务城乡融合的责任边界困境
职业教育服务城乡融合的路径依赖问题
新时期城乡融合发展对职业教育提出新需求
发达国家职业教育服务城乡融合制度的比较与启示
美国社区学院的制度启示
德国双元制的制度启示
澳大利亚TAFE学院的制度启示
发达国家职业教育制度的比较与启示
部分地区职业教育服务城乡融合发展的案例分析
西部地区案例
中部地区案例
东部地区案例
典型案例的制度经验、问题及启示
职业教育服务城乡融合发展的制度建设
新型城镇化对职业教育的制度诉求分析
制度环境分析
制度调研分析
制度体系建设
职业教育服务城乡融合发展的制度保障
县域和他域要相互沟通
职教和普教要渗透融合
投入和回报要收益明显
效率和公平要动态平衡

图1－1　本书的结构框架

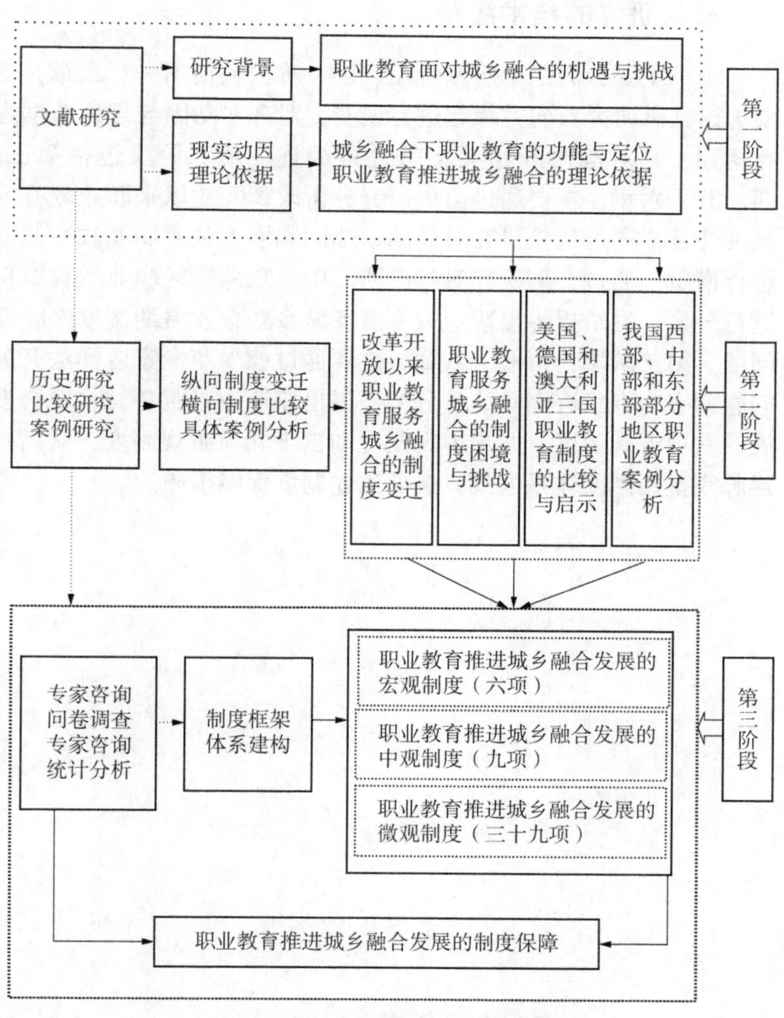

图1－2　研究的技术线路图

三、研究的技术线路

本书主要分为三个研究阶段。第一阶段包括第一、二章，主要通过文献研究对研究缘起进行说明，对现实动因与理论依据进行阐述，并对国内外相关文献进行综述。第二阶段包括第三、四、五、六章，主要通过历史研究分析改革开放以来职业教育的制度变迁，通过比较研究对美国、德国和澳大利亚职业教育制度进行借鉴，通过案例研究对我国西、中、东部地区职业教育案例进行分析，总结提炼出职业教育服务城乡融合发展的制度经验和问题。第三阶段为第七、八章，主要通过德尔菲专家咨询法开展问卷调查、专家咨询和统计分析，得出职业教育服务城乡融合发展的六项宏观制度、九项中观制度和三十九项微观制度，从而构建起完整的制度体系框架，最后论述制度保障措施。

第二章 职业教育服务城乡融合制度建设的理论分析

本章主要对职业教育服务城乡融合发展制度建设的理论基础进行分析，并在此基础上建立起研究的分析框架。首先，本章对城乡融合语境下职业教育的功能和定位进行了重新审视和阐述；其次，对职业教育服务城乡融合发展的合理性进行论证；再次，对理论基础的内在关系进行分析；最后，根据以上理论分析设计出研究的分析框架，并以此作为全书分析论证的依据。

第一节 城乡融合语境下职业教育的功能和定位

要使职业教育在服务城乡融合进程中发挥应有的作用，首先必须明确城乡融合与职业教育的关系。在厘清二者关系的基础上，要进一步分析城乡融合对职业教育提出的新要求，继而明确职业教育服务城乡融合发展的功能与定位。职业教育在城乡融合语境下的功能和定位，将成为制度建设的依据和前提。

一、城乡融合与职业教育的关系分析

（一）城乡融合发展对职业教育的作用

首先，新型城镇化带来的经济腾飞和产业转型升级，使我国二、三产业劳动力需求增加的同时，也提高了对技术技能人才职业素养和专业结构等方面的要求，这使职业教育大有可为。

其次，城乡融合进程中必然继续推进农村剩余劳动力有序转

移，如何提高农村转移劳动力的就业质量，使其能顺利融入城镇生活，是摆在政府和社会面前迫切需要解决的重大议题。这是推进职业教育培训的强烈现实需求。城镇化的发展趋势是乡城互动、城乡一体。现阶段我国劳动力市场呈现等级化特征，农村转移劳动力由于受到户籍制度、就业制度和自身技术技能缺乏等因素制约，往往只能在次级劳动力市场就业，经济收入和社会地位都相对较低。

最后，城乡融合在现阶段对我国经济社会发展具有至关重要的战略意义，职业教育作为与城乡融合联系最为紧密的一种教育类型，其发展的重要性也被国家提至空前的高度。这对职业教育的发展来说，是必须把握的良好契机。

（二）职业教育对城乡融合发展的作用

第一，职业教育对提高农村转移劳动力就业质量和推进城镇化发展具有重要的现实意义。在实现工业化和城市化的进程中，农村劳动力逐步向非农产业和城镇转移是一种必然趋势。近年，虽然我国农村劳动力接受技能培训的比例有所提高，但总体比例还是偏低。国家统计局发布的《2017 年农民工监测调查报告》[①]数据显示，未接受过技能培训的农民工占 67.1%。同时，随着我国产业进一步升级转型，劳动力市场需求变化明显，类似“技工荒”的劳动力结构性短缺经常出现。因此，有必要通过完善职业教育保障机制，加强职业教育和培训，提高劳动力的素质和技能，以此减轻劳动力市场上结构性短缺的压力。

第二，职业教育有利于扩大社会中间阶层、维护社会稳定和构建和谐社会。各级各类职业教育的实施，能提高农村转移劳动力的整体素质，对缓和化解转型进程中的社会矛盾具有显著作

① 国家统计局：《2017 年农民工监测调查报告》，见国家统计局（www.stats.gov.cn/tjsj/zxfb/201804/t20180427-1596389.html），2018-04-27。

用。对农村转移劳动力而言，职业教育和培训有助于提高其文化程度和综合素质，稳定他们在城市的就业，增加工资收入，从而有望促使他们逐步融入城市生活，告别“候鸟”式迁徙，摆脱“既融不进城市，又回不去乡村”的两难困境。

第三，职业教育有利于更好地推进农村群体的终身发展。为提升底层群体的生活质量和发展空间，职业教育有必要从人才培养模式、职业体系建构、相关制度保障等方面做出相应的调整。首先，在人才培养上要转变重技术轻人文的思想，要求学生在掌握技术技能的同时，全面提升职业素养，成为有担当、有责任感、有温度的职业人才。其次，要构建面向人的终身发展的职业教育体系。这就要求突破仅在职业学校体系内构建职教体系的常规思维，不仅研究中、高职衔接，打通专科、本科和“本科后”的节点，还要研究院校和企业、院校之间和企业之间的合作，以及职前和职后的衔接等，使职业教育真正形成面向平民的终身教育体系。最后，要不断完善职业资格认证制度、学分认证和转换制度、职业准入制度、从业人员晋升制度等，使起点较低的底层群体有望通过多样化选择，不断提升人力资本，改善生活质量，实现社会流动。

（三）二者的关系分析

城乡融合发展带来的产业结构调整、城乡统筹和一体化发展趋势，在带给职业教育发展机遇的同时，也带来巨大的挑战。职业教育发展模式面临转型，以适应和推进城乡融合发展。

职业教育作为一种面向平民的教育，是与城镇化建设关系最为紧密的一种教育类型。面对城乡融合发展进程中出现的种种职业教育需求，如农村转移劳动力、留守农民、失地农民和职业农民的职业教育与培训，职业教育的未来发展空间巨大，有望能在服务城乡融合发展中发挥重要作用。就理论上而言，城乡融合发展能推进职业教育的发展，改变其弱势教育形象，增强职业教育的吸引力。而职业教育具有“化民”“安民”“富民”和“育民”的功能，[①] 如能充分发挥这些功能，必能有效服务城乡融合的发展。

要使城乡融合发展和职业教育之间实现相互促进的良性互动，就必须进行相关制度建设，使职业教育形成统筹发展的机制、合理的学校布局、完善的培训网络、教产对接的专业结构、覆盖面广的终身教育体系等，使服务城乡融合发展的功能和定位更加清晰，并促进教育行政部门推动职业教育管理体制改革、专业课程改革、人才培养模式改革等，从政策层面建立有利于服务城乡融合发展的职业教育制度。

二、城乡融合发展对职业教育的新要求

为推进区域协调、社会融合和人的可持续发展，职业教育必须转变“片面城市化”的人才培养观，关注“四类农民”[②] 的职业教育与培训，并从区域统筹发展的战略高度，使职业教育服务区域经济社会发展，推动城乡融合进程。

传统的职业教育发展思维主要存在四个方面的问题。第一，将职业教育理解为狭义的职业学校教育，重职前教育轻职后培训。第二，将职业教育的办学主体局限在政府一维，企业和社会力量的职业教育功能未得到充分释放。第三，以就业为导向的职业教育办学目的观和“片面城市化”的人才培养观，将职业教育异化为向沿海企业输送普通操作工，而实际上未受过职业教育的普通人经过短期培训也能胜任这种工作。第四，单兵作战型的

① 马建富、袁丽英：《职业教育促进农村劳动力转移的功能及模式选择》，载《江苏技术师范学院学报（职教通讯）》2008 年第 5 期，第 15 - 18 页。

② 这“四类农民”是指上文提到的“农村转移劳动力、留守农民、失地农民和职业农民”。

职业教育和培训无法有效统筹区域内职业教育资源，资源过剩和资源不足现象同时存在，职业培训缺乏系统规划、有效组织和科学管理，培训的低效和组织的无序现象比较突出。

综上所述，在过去十余年中，尽管国家对职业教育的投入逐年增加（从2005年起，职业教育经费总量年均增长达18%，而财政性教育经费年均增长则为25%）[①]，但职业教育在普通民众心中的地位却仍在渐趋下降，招生越来越困难，甚至陷入一种摆脱不掉的恶性循环，致使投入与产出比呈现不协调态势。重振职业教育，充分发挥其应有作用，是城乡融合发展进程中的强烈诉求。新时期城乡融合发展对职业教育提出了新的要求，具体体现在以下四点。

第一，对职业教育内涵的理解由片面的职业学校教育和职业培训转变为人的终身教育。从前文对职业教育的定义可知，本书中的“职业教育”是一个开放的整体，它是指为了职业发展而开展的职业教育活动，为人的终身发展提供支撑。从层次上说，包括中职教育和高职教育；从类型上说，包括职业学校教育和职后培训；从时间跨度上说，包括为未来职业发展做准备的各个阶段。因此，构建服务城乡融合发展的职业教育制度体系，就要突破仅在职业学校体系内构建的常规思维，不仅要研究中、高职衔接，打通专科、本科和“本科后”的节点，还要研究校内和校外的结合，职前和职后的连接。不断完善职业资格认证制度、学分认证和转换制度、职业准入制度、从业人员晋升制度等，使职业教育真正形成面向平民的终身教育体系。

第二，职业教育的办学主体由单一政府主体转变为政府、企业、行业、协会和社会力量多主体办学。单一政府主体办学已不

① 参见《教育部十年为职业教育投入1.2万亿元》，载《北京晨报》2014年7月1日。

能适应城乡融合对职业教育的多样化需求。多主体办学在提供多样化的职业教育选择的同时，还有助于形成优胜劣汰的竞争机制，从整体上有利于职业教育办学质量的提升。政府可通过购买相关职业教育服务，将主要精力由“划桨”转变为“掌舵”，通过制定相关政策和制度，引导职业教育进入良性发展的轨道。

第三，职业教育由“重城市，轻农村”的发展定位转变为城乡融合发展。十九大报告和2018年中央一号文件都提出“乡村振兴战略”，要求政策、资源和服务等都要向农村倾斜。城乡融合发展的一个重要目标就是要实现城乡一体化发展，体现在职业教育方面，就是要重视发展面向农村的职业教育。以往的职业教育有种“片面城市化”倾向，培养的职业教育人才大都输送到沿海发达地区的企业工作。城乡融合语境下的职业教育，应是推进城乡一体化发展的职业教育。

第四，职业教育由单兵作战型发展模式转变为区域统筹型发展模式。城乡统筹、协调发展，是城乡融合的发展诉求，职业教育通过区域统筹的发展模式，在推进自身发展的同时，也有利于整合职教资源，推动区域经济社会发展和人的终身发展。

三、区域统筹职业教育的功能和定位

在现代汉语词典中，“统筹”的意思是统一筹划。“区域统筹”的意思即是在一定区域的范围内（主要指市、县，以县为主）进行统一筹划，以期达到效益最大化。在现阶段，职业教育主要是面向平民，特别是农村群体的教育类型，市县区域是与这一群体的生活联系最为紧密的区域。在城乡融合语境下，职业教育的功能和定位引入区域统筹的理念，有利于充分发挥政府的导向作用，整合资源，统筹规划，合理布局，建立有利于社会融合和城乡一体化的职业教育公共服务体系。区域统筹职业教育的功能和定位主要体现在以下三个方面。

（一）推进区域经济

城乡融合的重要理念是实现城乡统筹、城乡一体，提高适应城镇生活的能力，提高职业素养和创业技能，增强未来从业领域的可选择性。区域统筹职业教育将统筹的重心放在县级，有利于发挥政府的主导作用，统筹全局，协调发展。同时，因地制宜发展特色专业，培养技术技能人才，开展常规性的职业培训，推动新兴产业发展，有利于推动区域经济的整体发展。我国的城镇化主要是以发展中小城镇为主的城镇化，因此，促进农村群体在当地城镇就业，服务当地经济，进而融入当地城镇生活，已成为职业教育的重要功能。职业教育对区域经济的直接影响虽然有限，但可通过人才培养和培训来服务经济发展。在我国，县域内企业多以中小型企业为主，职业教育一方面可通过各种形式的农民工培训，使农民工具备相应的从业资格和技能，从而能在当地获得一份与异地就业相差不大的薪酬，促进本地就业，实现当地融合。另一方面，职业学校与企业联合培养高端技术人才，同时对农民工中具有特定培训需求的人群开展系统培训，使其获得当地市场紧缺的技术技能。这两种人才服务当地企业，引领企业的技术革新和产业转型升级，从而促进当地经济的发展。

（二）促进社会融合

区域统筹职业教育的对象主要是农村群体，主要包括四类人群。第一类是转移农民，也叫农村转移劳动力。根据地域和产业归属的不同，农村转移劳动力可以划分为两种类型：一种是工作地域未发生改变，只是由原来从事农业生产转为从事非农产业，以进入农村企业为主，属于就地转移的农村劳动力；另一种是不仅从事的工作实现非农化，同时工作地域也发生改变，从农村转移进入城镇，这一种属于异地转移的农村劳动力。[①] 第二类是留守农民，是指留守在农村，继续从事农业生产的农民。第三类是失地农民，是指城镇近郊的农民，因为土地、房屋被征收而脱离农业生产的这部分人群。第四类是职业农民，指的是具备一定的现代农业知识，并有一定的资本积累，有志从事农业产业化投资、开发的人群。

区域统筹职业教育主要面向以上四类农民群体，研究这四类群体的特征和需求，从全局着眼，开展职业培训的规划、设计、实施、监督和反馈工作。对于进入城镇工作和生活的转移农民，职业教育主要通过培训的开展使其获得必备的技能和资格证书，同时在就业制度、劳动人事制度等方面进行制度供给，推动转移农民融入城镇生活。对于生活和工作场域未发生改变的其他类型的农民群体，职业教育通过培训的供给，使其更新工作技能和观念，提升生活品质，享受到与城镇生活差别不大的生活质量，真正实现社会融合。

（三）助力终身发展

职业教育主要是培养和培训技能人才的教育类型。在技能人才培养方面，首先，专业的设置要与当地产业相结合，使人才培养的类型、层次和数量与区域产业的需求保持一致，使职业人才具有良好的成长空间。其次，要探索和建立从业经历认证体制和学分转换机制，使具有一定工作经历且愿意继续深造的农民工群体能获得便利。同时，还要建立职业培训证书与学校课程学分的转换制度，使具有相关职业培训证书的人群能免修相应课程。最后，应进一步完善各行业的职业晋升制度，使具有一定技能的职业人才能获得升职通道，实现社会地位和收入水平的提升。在职

---

① 刘倩：《陕西省农村劳动力转移分类培训研究》（博士学位论文），西北农林科技大学2013年，第25页。

业培训方面，要针对不同的群体特点，了解其需求，在区域内组织统一规划、层次分明、特色明显的技能培训，并根据统一安排和自愿选择相结合的原则，设计和推广职业培训课程包，逐步构建能满足不同类型需求的职业培训体系。通过职业人才的培养和职业培训的广泛开展，加强制度供给以保障职业人才的可持续发展，为实现人的终身发展提供助力。

第二节　研究的理论基础

本书选取区域经济增长理论、社会分层理论、人力资本理论和制度变迁理论作为主要理论基础，对职业教育服务区域经济、社会融合和人的发展的适用性进行分析，从而使职业教育服务城乡融合发展的合理性得到验证。同时，对理论基础的内在关系进行分析。区域经济增长理论、社会分层理论和人力资本理论分别为城乡融合的三个核心方面提供理论支撑，制度变迁理论则作为贯穿始终的理论基础，将另外三种理论有机联合起来，使之在本书中相互联系、互为补充。

一、区域经济增长理论

（一）基本内容

1. 传统的区域经济增长理论

传统的区域经济增长理论主要包括两种，一种是均衡增长理论，另一种则是非均衡增长理论。均衡增长理论认为，经济欠发达区域要获得发展，就必须采取措施促进整个地区经济的同时增长，从而打破生产与消费的低水平均衡状态。[①] 均衡增长理论主

① 埃德加：《区域经济学导论》，上海远东出版社 2003 年版，第 48 – 50 页。

要包括内尔森的低水平均衡陷阱理论[①]、罗森斯坦－罗丹（Rosenstein-Rodan）的大推进理论和纳克斯（Nurkse）的贫困恶性循环理论等[②]。由于现实生活中区域经济往往并不能保持区域均衡发展的状态，为了解释现实问题并为经济欠发达地区经济增长提供理论依据，于是就产生了非均衡增长理论。非均衡增长理论认为，经济欠发达地区由于资源缺乏，同时向所有部门进行大规模投资以保持平衡增长是不现实的。只能有针对性和选择性地在部分区域进行投资，通过这些区域带动其他区域和部门的发展。

2. 区域经济增长理论的新发展

区域经济增长理论的新发展主要指的是后来出现的新贸易理论、新经济地理理论、新增长理论以及区域收敛和发散理论等几种研究区域经济增长的新理论。新贸易理论主要突破了完全竞争市场和规模报酬不变的假定，揭示了核心—边缘结构的形成原因及发展区域经济一体化的好处等。新经济地理理论主要分析聚集经济、规模经济和外部性等因素，对区域经济非均衡增长的机制进行探索，强调不完全竞争、收益递增等因素在区域经济发展中的作用。新增长理论认为经济的增长是因系统内因素的作用而产生，不由人口的增长和技术的进步来决定。区域收敛和发散理论通过对区域内劳动收入趋同或趋异的研究，可为政府推进区域经济协调发展提供依据。当前由于区域经济差距呈扩大趋势，因此对这一理论的研究愈发显得重要。[③]

① 宋晓巍：《东北三省外贸结构及其优化问题研究》（博士学位论文），东北师范大学 2011 年，第 12 页。

② 昝德银、陈华：《区域经济增长理论与中国非均衡协调发展模式》，载《金融教学与研究》2006 年第 2 期，第 31－33 页。

③ 李红锦：《区域经济增长理论述评》，载《生产力研究》2007 年第 7 期，第 138－139 页。

3. 影响区域经济增长的因素

影响区域经济增长的因素主要包括以下六种：第一，自然条件因素。不同地区自然条件的优劣，直接影响劳动生产率的高低。交通是否便利，是否接近原料产区等，都会对区域经济产生影响。但应该看到的是，随着科技的进步，自然条件因素对区域经济的影响力在不断减弱。第二，劳动力因素。通过提高劳动者素质，促进劳动力在地区间合理流动等，都能在很大程度上提高劳动生产率，从而促进区域经济的发展。第三，资金因素。资金因素对区域经济增长的作用是不言而喻的。增加投入、提高资金利用水平以及保证区域社会再生产等方式，都可有效促进区域经济的增长。第四，科技进步因素。依靠科技进步，可以改善装备、提高管理经营水平、提高劳动力素质，从而大幅提升生产力，促进区域经济的增长。第五，资源配置因素。在资金、技术和劳动力都给定的情况下，通过优化资源的配置，同样可以促进区域经济的增长。第六，区际贸易因素。区际贸易的一定量的增长，通常可以带来区域社会产品或劳动收入的倍数增长，从而大幅提升区域经济增长水平。

（二）适用性分析

城乡融合的发展趋势是区域快速协调，城乡一体，产城互动，地区差异缩小。区域经济增长理论的相关观点能为职业教育推动区域经济的发展提供理论支撑。

一方面，伴随着经济发展和产业转型升级，职业教育要想实现创新发展，在城乡融合进程中发挥重要作用，就必须转变观念，由被动适应经济发展和产业转型升级，转变为主动引领和推动经济发展。从区域经济非均衡增长理论可以看出，由于欠发达地区的发展资本和资源不足，这就决定了投资不可能完全均等，只能遵循梯度发展的规律，先在有条件的若干区域进行，其他区域通过前期投资带来的外部经济逐步发展。新增长理论则强调了知识积累、人力资本和投资等诸因素对区域经济增长的作用。区域经济增长理论的发展和演变、核心观点和理论框架，可为职业教育推动区域经济发展的制度建设提供重要的理论支撑。

另一方面，由区域经济增长的影响因素可知，决定区域经济增长的三个基本要素是人力资本、资金和技术。这三种因素如能相互配合、互相促进，将在很大程度上推进区域经济发展。要使这几种因素相互配合，发挥最优效应，还必须重视资源配置的作用。需要不断优化区域产业结构，对区域内产业进行合理布局，最大限度地提高区域内生产要素投入的总体产出水平。就这点而言，区域经济增长理论可为职业教育推进区域经济发展的制度建设提供思路。

二、社会分层理论

（一）基本内容

社会分层是社会成员或群体由于对社会资源的占有量不同而产生的阶层差异[①]，其本质在于社会成员之间的社会资源占有的关系[②]。也就是说，对社会分层的研究，主要在于研究社会资源是经历怎样的途径、怎样在个人或群体之间进行配置的。伦斯基（Lenski）在《权力与特权：社会分层理论》一书中提出了讨论社会分层的两个基本问题："谁得到了什么？为什么会得到？"[③]对于"谁得到了什么？"这个问题，帕金（Parkin）用地位分层结构进行了回答；而对于"为什么会得到？"这一问题，帕金则用了地位准入机制给予解答。[④] 以上两个问题，探讨的是社会资

① 李强：《社会分层与贫富差别》，鹭江出版社2000年版，第5页。

② 李强：《转型时期的中国社会分层结构》，黑龙江人民出版社2002年版。

③ 伦斯基：《权力与特权：社会分层的理论》，关信平等译，浙江人民出版社1988年版，第8页。

④ Parkin, *The Social Analysis of Class Structure*, Tavistock Publication, 1974, p. 8.

源的分配规则、途径和原则以及决定社会资源多寡的因素，因此构成了相对完整的社会分层研究体系。关于社会分层，社会学界主要存在三种经典的分层观。

1. 马克思的阶级分层论

马克思（Marx）认为，阶级的产生从根本上讲是由生产关系决定的，不平等的生产资料占有制和劳动雇佣关系造就了“有产”和“无产”两种直接对立的阶级，而“历史发展的直接动力则是阶级斗争”。[①] 赖特·米尔斯将“阶级分层论”概括为一种“关系理论”[②]，这种“关系”指的是统治、剥削和雇佣等各种不平等关系。布洛维（Burawoy）和赖特（Wright）则认为，阶级关系实际是一种“剥削关系”[③]。马克思及他后来的追随者将生产资料看作最重要的社会资源，并根据生产资料的有无将社会成员划分为两大对立阶级。不过马克思显然对社会中间阶层的力量认识不足，资本主义社会极端两极分化的社会结构并未出现，反而社会中间阶层得到了持续增长。

2. 韦伯的阶层分层论

韦伯主张以多元分层的方式开展社会分层研究。他认为，对个人或群体所处阶层进行划分，需要从政治、经济和社会三个维度进行综合考量。政治方面，主要考量社会成员或群体对他人的控制和影响能力的大小。经济方面，主要考量社会成员或群体拥有财富或占有商品的能力。社会方面，主要考量社会成员或群体身处社会中所能得到的声誉和敬重，也即社会声望，这跟人们的教育方式和水平、生活方式、身份地位水平等有关。由于这三种

---

① 马克思：《哲学的贫困》，人民出版社 1961 年版。

② 赖特：《阶级》，刘磊、吕梁山译，高等教育出版社 2006 年版。

③ Burawoy & Wright, “Sociological Marxism”, in *The Handbook of Sociological Theory*, Turner (ed.), Plenum Books, 2002, p. 65.

分层标准相互独立又相互联系，因此韦伯主张将三种标准综合起来进行分层。

3. 涂尔干的分工分层论

涂尔干（Durkheim）认为，社会存在不同分工，每个社会成员分工不同，因而在社会中承担不同的角色。不同的社会分工将整个社会作为一个整体联系起来，从而对整个社会产生作用。[①]在涂尔干看来，在一个社会中，每一个社会成员的能力是有差异的，因此必然要进行有区别的分工，使每一个成员都能去合适的岗位发挥作用，在此基础上形成不同的职业角色以及相应的角色比例。为解决这种功能性分层带来的社会矛盾，涂尔干又提出了关于职业群体的理论。他认为，要解决由于分工带来的社会分化以及由此引起的社会失范问题，有必要通过一个群体建立起规范的体系，这个群体就是职业群体。涂尔干的分工分层论为人们在解释社会地位差异时提供了一个比较容易接受的理由，也就是“社会分工不同”。

以上三种分层理论虽然对社会分层的核心观点各不相同，但理论探寻的意义都在于希冀形成更加公平和合理的社会结构。对社会分层的三种不同解释，可使后来的研究者更清醒地认识身处其中的社会。[②]

国内学者则在借鉴马克思的阶级理论和韦伯多元分层理论等国外社会分层研究成果的基础上，结合我国社会历史传统和社会变迁的实际情况，提出了各具特色的社会分层主张。代表性的观点主要有陆学艺的层化论、李强的利益群体范式论和孙立平的断裂论等。这些观点对进一步研究我国社会结构的变迁，具有一定

---

① 涂尔干：《社会分工论》，三联出版社 2000 年版。

② 陈鹏：《经典三大传统社会分层观比较：以“谁得到了什么”和“为什么得到”为分析视角》，载《社会科学管理与评论》2011 年第 3 期，第 85－91、112 页。

的理论和实际指导作用。

（二）适用性分析

综合国内外学者对社会分层的研究可知，虽然他们对社会分层的划分标准观点不同，但以下四点认识却是共同坚持的。其一，社会成员的社会地位的获得与其占有的社会资源直接相关。其二，在寻找导致社会不平等以及影响社会成员地位的因素时，权力、财富、受教育程度、声望、消费方式等，多被作为社会层化的重要因素，由此形成了社会分层研究的逻辑分析框架和诸如阶级、财富、权力、职业、社会资本、文化资本、社会变迁、分化、社会流动等一系列研究社会地位的重要概念工具。其三，社会分层问题具有复杂性和多变性的特征，特定社会的分层与其存在的社会背景密切相关。其四，从国内外社会学家的观点来看，虽然其确立的分层依据不尽相同，但都把经济因素作为社会分层的首要依据。经济指标已成为当代社会分层中占据主导地位的因素。

社会分层理论对本研究的适用性主要体现在以下三个方面。首先，人们各安其所，阶层间有序流动是城乡融合对社会发展提出的要求。而要保持社会流动通道畅通，维护社会公平和正义，核心在于以制度保障社会弱势阶层的基本权益，提升其经济收入和社会地位。这可为职业教育推动社会发展和进步的制度建设提供参照。其次，社会分层理论可为职业教育受教育者的社会经济地位评价提供参照，这有利于制度的设计。如前所述，权力、财富、受教育程度、职业、声望、消费方式等，都可作为社会分层的重要因素。这些因素是制定职业教育受教育者社会经济地位评价指标体系的重要参照，同时也能为制度建设提供思路和参考。最后，无论是马克思的阶级分层论、韦伯的阶层分层论还是涂尔干的分工分层论，在制度的设计上都要避免集体排他现象的出现，要打破某一阶层因为先天和后天的因素无法享受基本公共资源和服务的局面。职业教育作为一种面向平民的教育类型，在推动社会分层合理化、促进社会流动科学有序、维护社会和平稳定等方面责任重大。社会分层理论能为这方面的制度建设提供理论支撑。

三、人力资本理论

（一）基本内容

1. 发展过程

人力资本理论是将人力作为生产力而加以研究的理论，最初由舒尔茨和贝克尔于20世纪60年代创立。舒尔茨认为，一些国家在战争中受到重创却能快速恢复，而有些国家自然资源严重匮乏却仍能在经济方面取得成功，这说明不能单纯从实物和自然资源的角度来看生产力提高的问题，人力资本也是非常重要的生产要素，不应被忽视。作为该理论的开创者，舒尔茨对人力资本的形成过程和途径进行了研究，同时还对教育在经济增长中的贡献率以及教育投资的收益率等问题开展了研究。[①] 他将人的发展能力列为决定人类前途的最重要因素。[②] 针对舒尔茨研究中存在的只重宏观分析、微观数据不足的缺陷，[③] 贝克尔进一步从微观层面对人力资本和个人收入分配的关系进行了研究。贝克尔着重探讨了人力资本的形成过程，教育投资、培训等有助于人力资本提升的途径都是他关注的重点。[④] 丹尼森对人力资本理论的贡献主

---

① 袁庆禄：《人力资本、教育投资对经济增长的贡献及效应分析》（硕士学位论文），贵州大学2006年，第8－9页。

② 佟爱琴：《知识型企业人力资本介入治理及其制度创新研究》（博士学位论文），同济大学2008年，第29页。

③ 朱晓明：《人力资本差异性与区域经济增长：以浙江、陕西两省为例》（博士学位论文），浙江大学2005年，第15页。

④ 佟爱琴：《知识型企业人力资本介入治理及其制度创新研究》（博士学位论文），同济大学2008年，第32页。

要在于，他对人力资本的作用进行了令人信服的计量分析。比如，他经过精细分解计算，对美国 1929—1957 年间经济增长中教育所起的作用进行分析，得出教育作用也即人力资本的作用，占比达到 23% 的结论。[①] 这种对人力资本作用量化的分析结果，引发了很长一段时间内各国对教育经费的投入热潮。其后，明赛尔（Mincer）研究了人力资本投资与收入的关系，并完成了人力资本收益模型。同时，他还对在职培训对人力资本形成的作用进行了研究。[②] 进入 20 世纪 80 年代以后，以卢卡斯（Lucas）和罗默尔（Romer）为代表的新经济增长理论兴起。这一理论的主要贡献在于，它以人力资本为核心，并将其作为内生变量，建立了经济增长模型。[③] 这一研究使人力资本理论得到进一步发展。

纵观人力资本理论的发展过程，可以看出人力资本在劳动生产中的决定性作用已得到认识。这一理论将对人的投资，也就是对教育的投资，作为一种重要的投资方式。[④] 经济增长模型的建立，也进一步证实，具有专业技能的高素质人才是促进经济发展的持久动力。

2. 主要观点

人力资本理论认为，决定经济发展的资本有两种，一种是物质资本，一种是人力资本，人力资本在经济增长中的作用要大于物质资本。投资人力资本的核心在于通过教育投资提高人口质

---

① 李振跃：《高校学生工作者人力资本及其定价研究》（硕士学位论文），厦门大学 2008 年，第 19 页。

② 张小红：《智力资本及其管理研究》（博士学位论文），中国农业科学院 2007 年，第 5 页。

③ 李振跃：《高校学生工作者人力资本及其定价研究》（硕士学位论文），厦门大学 2008 年，第 20 页。

④ 段钢：《人力资本理论研究综述》，载《复印报刊资料（劳动经济与劳动关系）》2003 年第 5 期，第 11－16 页。

量，教育投资是人力资本投资的主体。在对教育的投资中，应关注市场的供求关系，以实现教育投资效能的最大化。

（二）适用性分析

人力资本理论对本研究的适用性主要体现在以下三个方面。

首先，人力资本理论反映了教育通过作用于人力从而促进经济增长的过程，使人们认识到教育蕴含的经济价值，表明投资于教育可以得到较高经济回报。该理论的完善和发展也成为职业教育进行制度完善的逻辑前提。

其次，强调人的发展和“人的城镇化”，是城乡融合的重要理念之一，也是本书的制度建设的重要立足点。人力资本理论论证了投资于人力比投资于物力具有更大的收益率，有可能促使经济成倍增长。这可为本书从促进区域经济增长和人的终身发展的角度对职业教育的制度建设提供依据。

最后，人力资本理论认为，通过人力资本投资，可有效提高人口质量，产生相对较大的经济和社会效益。要使人力资本对经济增长的效益最大化，需提供良好的制度促进人力资本作用发挥。因此，人力资本理论的相关观点可为职业教育的制度建设提供思路。

四、制度变迁理论

（一）基本内容

1. 发展过程

制度变迁理论最初由凡勃伦（Veblen）创立，后经过克拉克（Clark）、加尔布雷斯（Galbraith）、科斯（Coase）和诺思等人的发展、深化，[①] 逐步走向丰富和成熟，成为制度经济学派的重要理

---

① 蒋雅文：《论制度变迁理论的变迁》，载《经济评论》2003 年第 4 期，第 73 - 79 页。

论。诺思是制度变迁理论的集大成者。他认为，制度是对人们相互交往关系的约束，主要由正式的规则、非正式的约束以及它们的强制性三部分组成。为进一步降低交易费用和减少不确定性，以及更好地对个人行为进行约束，制度会不断发展进化，制度变迁就是指制度的演进过程。① 制度变迁的主体包括个人、组织和政府，是基于经济人假设的广义企业家。② 制度变迁的方式分为渐进性方式和革命性方式。渐进式变迁是一种连续的变迁，即是一个演进的过程。革命式变迁是一种非连续性变迁，通常通过武力征服和革命产生。③ 在此基础上，林毅夫进一步将制度变迁的方式分为由内而外发生的诱致性变迁和由外而内发生的强制性变迁。④

2. 制度变迁的动因

根据制度变迁的动因，经济学家形成了以下五种假说。⑤ 第一种是经济增长推动说，这种假说认为制度变迁是由经济增长造成的。以舒尔茨和拉坦（Ruttan）⑥ 为代表。第二种是利益格局调整说，这种假说认为制度变迁是由于利益相关者之间的利益格

① 韦森：《社会制序的经济分析导论》，刘守英等译，上海三联书店 2001 年版。

② 科斯、阿尔钦、诺思等：《财产权利与制度变迁：产权学派与新制度学派译文集》，刘守英等译，上海人民出版社 1994 年版。

③ 道格拉斯 · C. 诺思：《制度、制度变迁与经济绩效》，刘守英译，生活 · 读书 · 新知三联书店上海分店 1994 年版。

④ 林毅夫：《关于制度变迁的经济学理论：诱致性变迁与强制性变迁》，载科斯等《财产权利与制度变迁：产权学派与新制度学派译文集》，生活 · 读书 · 新知三联书店上海分店 1991 年版，第 384 页。

⑤ 史晋川、沈国兵：《论制度变迁理论与制度变迁方式划分标准》，载《经济学家》2002 年第 1 期，第 41 – 46 页。

⑥ 拉坦：《诱致性制度变迁理论》，载科斯等《财产权利与制度变迁：产权学派与新制度学派译文集》，生活 · 读书 · 新知三联书店上海分店 1991 年版，第 333 页。

局发生改变而产生的。戴维斯（Davis）和诺思[①]秉持此种观点。第三种是技术决定论，这种假说认为技术变迁导致了制度变迁。持这种观点的有马克思[②]和凡勃伦[③]及其追随者。第四种是自我循环累积论，这种假说认为制度变迁是由于制度本身就具有自我循环累积机制。以诺思和托马斯（Thomas）[④] 为代表。第五种是技术与制度互动论，这种假说认为技术变迁与制度变迁是一个互动过程。拉坦在《诱致性制度变迁理论》[⑤] 中表达了这种观点。

（二）适用性分析

制度变迁理论作为制度经济学中的重要理论，在经济学、行政学、管理学、社会学中都得到了较为广泛的运用。本书主要探究职业教育服务城乡融合发展的制度建设，制度变迁理论对本研究具有相当的适切性。

第一，制度变迁理论为本研究提供了一种历时的视角，了解职业教育制度的历史和发展路径，有利于更好地规划未来，探索制度建设的路径。

第二，分析制度变迁中的路径依赖有利于制度建设路径的选择。路径依赖是制度变迁理论中的一个重要概念。通过对职业教育制度的历时审视，分析职业教育制度发展的路径，可以发现路径依赖呈现怎样的状态，有助于发现路径依赖背后的深层原因。

第三，根据制度变迁理论动因的几种假说，结合我国经济社

---

① 戴维斯、诺斯：《制度变迁的理论：概念与原因》，载科斯等《财产权利与制度变迁》，生活·读书·新知三联书店上海分店 1991 年版，第 274 页。

② 马克思：《政治经济学批判》序言，载《马克思恩格斯选集》第二卷，人民出版社 1995 年版，第 83 页。

③ 凡勃伦：《有闲阶级论：关于制度的经济研究》，商务印书馆 1964 年版，第 261 页。

④ 诺思、托马斯：《西方世界的兴起》，华夏出版社 1999 年版，第 150 页。

⑤ 拉坦：《诱致性制度变迁理论》，载科斯等《财产权利与制度变迁：产权学派与新制度学派译文集》，生活·读书·新知三联书店上海分店 1991 年版，第 338 页。

会发展变迁的历史，可以梳理出我国职业教育制度变革的原因，这有利于决策对职业教育制度思路、方式和力度的选择。

五、研究理论基础内在关系分析

虽然区域经济增长理论、社会分层理论、人力资本理论和制度变迁理论都有各自不同的适用范围和研究对象，但作为城乡融合背景下职业教育制度保障的理论基础，四者并不是各自为政的，而是既分别作用于制度设计的不同部分，又具有内在一致性，共同为研究的系统性和完整性提供支撑。

一方面，四种理论都建立在"理性经济人"的人性假设之上。不论个体和群体，不论是区域经济的推进、社会阶层的划分、人力资本的投入，还是制度的安排和变革，均基于成本与收益分析的内在逻辑，这就保证了研究基础的统一性。职业教育制度建设的执行主体，无论是政府、学校还是社会，都是由个体或群体的人组成，同样也具有"理性经济人"的特征。在制度建设的过程中，变革主体同样会受到自身认识、群体利益和意识形态等多种因素的影响，势必会根据成本和收益分析的结果调整自己或群体的行为。因此，共存于四种理论之中的"理性经济人"假设有效保证了本书理论基础的内在一致性。

另一方面，由四种理论的适用性分析可以看出，区域经济增长理论强调了区域经济发展过程中政府干预的作用，对于解决地区经济发展差异问题具有重要指导作用，这对以发展中小城镇为重点，促进人们安居乐业的城乡融合提供了理论指导，也为职业教育制度设计提供了借鉴。社会分层理论为受教育者的社会经济地位评价指标体系和地位提升路径提供参照，有利于统筹协调、城乡一体、集约高效、生态宜居的城乡融合的推进。人力资本理论从人的可持续发展和终身发展的视角对人才专业化程度的提高提出要求，可从人的发展的角度为职业教育的制度建设提供支撑。运用制度变迁理论从历时的角度审视改革开放以来我国职业教育制度变迁历程，从经济、社会和人的发展等综合的视角对制度变迁路径进行分析，可为职业教育制度建设提供重要依据。

综上，城乡融合主要表现在经济、社会和人的发展三个方面，这三方面也是职业教育制度建设的基点和参照，区域经济增长理论、社会分层理论和人力资本理论分别为其提供理论支撑。制度变迁理论则作为贯穿始终的理论基础，将另外三种理论有机联合，使之在本书中相互联系、互为补充。最终，四种理论在城乡融合发展的统摄之下，共同为职业教育的制度建设服务。

第三节　研究的理论分析框架

城乡融合的建设目标，是以“人的城镇化”为核心，强调地方产业支撑、社会保障体系完善和人的发展通道畅通，逐步实现城乡一体和可持续发展。教育的主要职能是培养人才，教育对城乡融合发展的作用主要也是通过人才的培养，进而促进经济、社会、文化等多方面的发展。职业教育促进城乡融合发展，必须选好抓手。这些抓手的选择，一方面要从本书的研究假设来思考，另一方面要从历时的制度变迁、横向的国际比较和现实的典型案例中进行提炼。基于此，本书最终从三个维度来确定职业教育服务城乡融合发展的抓手，即经济的发展、社会的融合和人的终身发展。

城乡融合的特征主要体现在区域协调发展、社会融合和人的终身发展等三个方面。职业教育要通过三个抓手来实现区域协调发展、社会融合和人的终身发展，需要开展以人的培养为核心的“职业人才支持服务制度体系”的建设，这个制度体系主要包括区域经济推进制度、社会融合支撑制度和终身发展保障制度。在制度建设的过程中，区域经济增长理论、社会分层理论、人力资本理论和制度变迁理论为制度体系的框架设计提供理论支撑。研究的理论分析框架如图2-1所示。

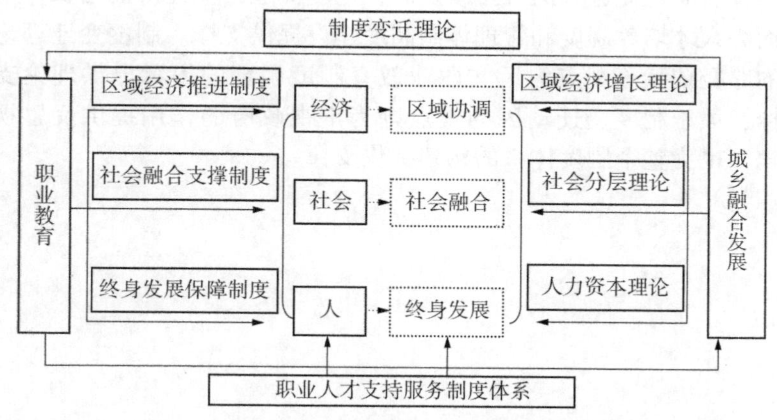

图2-1 研究的理论分析框架

职业教育在城乡融合的语境下，其功能和定位应调整为推进区域经济发展、社会融合和人的终身发展。由于现阶段职业教育尚存在不少制度困境，因此需要通过推出区域经济推进制度、社会融合支撑制度和终身发展保障制度来达到区域协调、社会融合和终身发展的目标，而区域经济增长理论、社会分层理论、人力资本理论和制度变迁理论可为这种制度建设提供理论支撑。同时，区域经济协调发展、社会融合和人的终身发展这三方面也是城乡融合的本质特征。这三个目标一经实现，实际上也就推进了城乡融合的发展。

在后文的制度建设中，区域经济增长理论中关于人力、资本和技术资源合理配置的观点可为专业设置及经费保障制度建设提供重要支撑。社会分层理论揭示了当前阶层固化的现状和根源，要打破阶层固化，实现社会流动，就必须提供制度保障，从而为本书的招生就业制度、人才培养制度和劳动人事制度建设提供思路。人力资本理论则证明了投资教育对经济增长的作用，人力资本投资既可促进人的可持续发展，也能促进区域经济的增长，从而为人才培养制度和管理体制制度建设提供支撑。制度变迁理论的路径依赖等观点为后文职业教育制度困境的揭示提供理论支撑，关于制度变迁动因的观点则为审视政府的作用提供反思视角，也为整个制度体系的构建提供支撑。

第三章　改革开放以来职业教育的制度变迁

探究职业教育的制度变迁，有利于我们弄清楚职业教育从何处来、发展历程如何、未来应该走向何处。对这一问题的研究，需要阐释清楚两个层面的问题。其一是职业教育制度如何分类和选择，其二是制度变迁的逻辑理路是什么。

就职业教育制度而言，从宏观、中观和微观层面进行划分，相关的制度不下数十种。本书通过文献分析和专家咨询，同时考虑到制度的完整性，最后提炼出办学制度、管理制度、招生就业制度、经费制度、课程制度和教师制度共同组成职业教育制度的主体内容。其中，经费制度包括经费的投入、分配和使用，课程制度包括课程的目标、内容和实施，教师制度包括对教师的要求、管理和待遇等。

就制度变迁的逻辑理路而言，本书遵循的是探寻制度演进的历史过程，分析制度演进的动因、路径和影响因素，解析制度变迁的路径依赖和现实困境的思路，力图对改革开放 30 年来我国职业教育制度变迁进行历时、立体审视和理性分析，为职业教育服务城乡融合发展的制度建设奠定基础。

第一节　市场经济探索期的职业教育制度（1978—1991年）

一、市场经济探索期的政治经济和城镇化背景

改革开放初期，关于“计划和市场”的问题就一直在争议中探索前行。最初，国家要求以公有制为基础，以计划经济为主，同时以市场调节为辅。[①]到1984年，又对这“一主一辅”进一步明确具体规定，提出了“商品经济”的概念，要求改变传统的将计划经济和商品经济对立的观念，要求认识到我国是发展“在公有制基础上的有计划的商品经济”。[②]在商品经济的基础上，1985年，“市场经济”的概念正式提出，并明确“市场经济和社会主义并不矛盾，只有把计划经济和市场经济结合起来，才能促进我国经济快速发展”。[③]1990年，我国再次强调经济体制改革的决心和态度，提出要“发展有计划的商品经济，并实现计划经济与市场经济相结合”。[④]这个论断在当时的社会历史环境下，对深化我国经济体制改革及推进社会主义现代化建设意义重大。

在城镇化方面，20世纪80年代是我国城镇化发展增速较快的一个时期。由于受自然灾害和政治风波的影响，从1960年到1978年改革开放前，这十多年间我国的城镇化是倒退的。正因如此，进入改革开放后，我国的城镇化进入了一个补偿性发展的

① 中国共产党十一届六中全会：《关于建国以来党的若干历史问题的决议》，1981年6月27日。

② 中国共产党十二届三中全会：《中共中央关于经济体制改革的决定》，1984年10月20日。

③ 《邓小平文选》（第3卷），人民出版社1993年版，第148－149页。

④ 《中国共产党第十三届六中央委员会第七次全体会议公报》，1990年12月30日。

时期。加上20世纪80年代中期乡镇企业开始兴起，大量农村劳动力向城镇流动，城镇化发展迅速，各行各业对人才的需求也特别旺盛。

二、市场经济探索期的职业教育制度变迁过程

为了便于论述和分析，本书中职业教育制度分为办学制度、管理制度、招生就业制度、经费制度、课程制度和教师制度六大类别。

（一）办学制度

这一时期的职业教育办学制度体现为由单一办学主体转变为多样化主体，办学形式也趋于灵活多变，总体促进了初级和中级职业技术教育的发展。（见表3－1）

表3－1　市场经济探索期的职业教育办学制度

时间	政策文件	办学主体	办学形式	主要内容	制度目标
1980年	《国务院批转教育部、国家劳动总局关于中等教育结构改革的报告》	政府办学	对初中毕业生开展2～3年职业教育	将部分普通高中改办为职业中学	促进职业高中的恢复和发展
1983年	《关于改革城市中等教育结构、发展职业技术教育的意见》	国家办学与业务部门、厂矿企事业单位、集体经济单位办学并举	全日制学校与半工半读学校、业余学校并举	将部分高中改职业学校，在普通高中设职业班，发动各行各业举办职业教育	推动城市中等职业教育的发展

续表 3－1

时间	政策文件	办学主体	办学形式	主要内容	制度目标
1985 年	《中共中央关于教育体制改革的决定》	鼓励集体、个人和其他社会力量办学	灵活多样，充分调动企事业单位和业务部门的积极性	自办、联办或合办职业技术学校	丰富办学形式，提高职业教育办学效益
1986 年	《关于经济部门和教育部门加强合作促进就业前职业技术教育发展的意见》	教育部门与经济部门和企业合作	大力兴办各种形式职业技术教育	调整普通高中，发展职业高中或增设职业班，试办培训中心，新办中专技工学校	扩大招生能力，为企业发展生产培养急需人才
1987 年	《国务院办公厅转发国家教育委员会等部门关于全国职业技术教育工作会议情况报告的通知》	多部门合作	形式灵活，长期与短期结合，大力开展周期短、见效快的培训	农村职业教育为“三农”服务	将农村职业教育由单纯应对升学转变为为地区经济社会发展服务
1991 年	《国务院关于大力发展职业技术教育的决定》	多种办学主体	农村可采用“三加一”、初三分流、四年制渗透职业技术内容或办职业初中	发展初中阶段职业教育	促进农村初级阶段职业教育发展

资料来源：根据 1978—1991 年国家职业教育政策文件整理而成

就办学主体而言，呈现出由单一政府主体办学转变为多主体办学的特征。1983 年，国家教委等四部委提出“国家办学与业务部门、厂矿企事业单位、集体经济单位办学并举”[①] 的方针。国务院在 1985 年也明确提出，要“鼓励集体、个人和其他社会力量办学”[②]。1986 年颁布实施的《关于经济部门和教育部门加强合作促进就业前职业技术教育发展的意见》也提倡“教育部门与经济部门和企业合作”[③]。

就办学形式而言，1983 年国家教委等四部委联合发文，明确提出“全日制学校与半工半读学校、业余学校并举”[④] 的方针。1987 年，《国务院办公厅转发国家教育委员会等部门关于全国职业技术教育工作会议情况报告的通知》也提出要开展形式灵活的职业教育，“大力开展周期短、见效快的培训”[⑤]。国务院文件提出，农村可因地制宜，采用“三年初中教育加一年职业教育或举办职业初中”[⑥] 的形式发展初级职业教育。

就主要内容而言，这一时期的政策文件关于职业教育办学制度的内容包括以下四个方面。第一，通过“将部分高中改为职业

① 国家教委、劳动人事部、财政部、国家计委：《关于改革城市中等教育结构、发展职业技术教育的意见》（〔1983〕教中字 006 号），1983 年 5 月 9 日。

② 中共中央：《中共中央关于教育体制改革的决定》（中发〔1985〕12 号），1985 年 5 月 27 日。

③ 国家教委、计委、经委：《关于经济部门和教育部门加强合作促进就业前职业技术教育发展的意见》（〔1986〕教职字 011 号），1986 年 6 月 23 日。

④ 国家教委、劳动人事部、财政部、国家计委：《关于改革城市中等教育结构、发展职业技术教育的意见》（〔1983〕教中字 006 号），1983 年 5 月 9 日。

⑤ 国务院办公厅：《国务院办公厅转发国家教育委员会等部门关于全国职业技术教育工作会议情况报告的通知》（国办发〔1987〕1 号），1987 年 1 月 3 日。

⑥ 国务院：《国务院关于大力发展职业技术教育的决定》（国发〔1991〕55 号），1991 年 10 月 17 日。

学校，在普通高中设职业班，发动各行各业举办职业教育"① 等方式，大力推进中等职业教育的发展。第二，办学形式趋于多样化，自办、联办和合办等多种形式并举，充分调动企事业单位和业务部门的积极性，提高职业教育办学效益。第三，将农村职业教育由单纯应对升学转变为为地区经济社会发展服务。第四，大力发展初中阶段的职业教育，促进农村初级职业教育发展。

总之，通过政策的制定和制度的推行，这一时期的初级和中级职业技术教育逐步得到恢复和发展。通过鼓励多元主体办学，采用灵活多样的办学形式，有效地扩大了职业学校的招生培养能力，为企业的发展培养了一大批急需的专业人才。同时，也注重农村初级职业教育的发展，及时调整了农村职业教育的功能定位，要求农村职业教育要为"三农"服务。② 这为农村和城市的职业教育协调发展打下了较好的基础。

（二）管理制度

1980 年颁布的《关于全日制中等专业学校领导管理体制的暂行规定》提出，要"对中专学校进行分工分级，按系统开展归口管理"③。这种分级管理的形式明确了各级管理主体的职责，提高了地方政府在中等专业学校领导管理中的参与度。1985 年，中央进一步提出，要在"加强宏观管理的同时，坚决实行简政放权，扩大学校的办学自主权"④。这一举措是针对当时职业教育

① 国家教委、劳动人事部、财政部、国家计委：《关于改革城市中等教育结构、发展职业技术教育的意见》（〔1983〕教中字 006 号），1983 年 5 月 9 日。

② 国务院办公厅：《国务院办公厅转发国家教育委员会等部门关于全国职业技术教育工作会议情况报告的通知》（国办发〔1987〕1 号），1987 年 1 月 3 日。

③ 教育部：《关于全日制中等专业学校领导管理体制的暂行规定》（〔1980〕教专字 012 号），1980 年 11 月 5 日。

④ 中共中央：《中共中央关于教育体制改革的决定》（中发〔1985〕12 号），1985 年 5 月 27 日。

管理体制中存在的“政府统得过死，学校缺乏活力”的问题提出的，对提高学校的办学管理内在动力起到了促进作用。1987年，国务院同意国家教育委员会等部门《关于全国职业技术教育工作会议情况的报告》，强调要“宏观统筹，协同管理，以地方政府为主”①。在职业教育的规划和管理方面，报告明确提出要“以地方政府为主进行统筹领导”②。报告还特别提到面向农村的职业技术教育的管理，应在省市政府的领导下，“由县统筹负责”③，县级政府在职业教育管理中的职责由此开始明确。1991年，国务院文件再次强调，“发展职业技术的教育主要责任在地方，关键在市、县”④。(见表3－2)

表3－2　市场经济探索期的职业教育管理制度

时间	政策文件	主要做法	作用或影响
1980年	《关于全日制中等专业学校领导管理体制的暂行规定》	分工分级，按系统归口管理	分级管理的形式明确了各级管理主体的职责
1985年	《中共中央关于教育体制改革的决定》	加强宏观管理的同时，坚决实行简政放权，扩大学校的办学自主权	下放了办学管理自主权

① 国务院办公厅：《国务院办公厅转发国家教育委员会等部门关于全国职业技术教育工作会议情况报告的通知》(国办发〔1987〕1号)，1987年1月3日。

② 国务院办公厅：《国务院办公厅转发国家教育委员会等部门关于全国职业技术教育工作会议情况报告的通知》(国办发〔1987〕1号)，1987年1月3日。

③ 国务院办公厅：《国务院办公厅转发国家教育委员会等部门关于全国职业技术教育工作会议情况报告的通知》(国办发〔1987〕1号)，1987年1月3日。

④ 国务院：《国务院关于大力发展职业技术教育的决定》(国发〔1991〕55号)，1991年10月17日。

续表 3－2

时间	政策文件	主要做法	作用或影响
1987 年	《国务院办公厅转发国家教育委员会等部门关于全国职业技术教育工作会议情况报告的通知》	宏观统筹，协同管理，以地方政府为主	确立了国家统筹，地方为主的领导管理体制
1991 年	《国务院关于大力发展职业技术教育的决定》	明确地方政府（特别是县、市）发展职业技术教育的责任	进一步明确地方政府在职业技术教育中的作用

资料来源：根据 1978—1991 年国家职业教育政策文件整理而成

从纵向来看，市场经济探索期的职业教育管理制度呈现出管理重心下移，突出地方政府和职业院校的管理责任和管理自主权的特征。首先，分级管理的形式明确了各级管理主体的职责。其次，在加强宏观管理的同时，实行简政放权，扩大了学校的办学自主权。再次，加强了宏观统筹和协同管理，确立了国家统筹，地方为主的领导管理体制。最后，明确发展职业技术教育主要责任在地方，关键在市、县，进一步明确地方政府在职业技术教育中的作用。

（三）招生就业制度

1983 年，国家教委等四部委联合发文，强调要“逐步做到先培训后就业”①，以此促进职业技术教育的发展，提高劳动者

① 国家教委、劳动人事部、财政部、国家计委：《关于改革城市中等教育结构、发展职业技术教育的意见》（〔1983〕教中字 006 号），1983 年 5 月 9 日。

的素质。1984 年，商业部、劳动人事部规定“供销合作系统技校定向对农村进行招生”。这项政策为中专学校定向招生提供了先例，也突破了以往报考技校需要城镇户口的限制，给农村学子带来改变命运的机会。翌年，教育部颁布《关于 1985 年普通中等专业学校招生规定》，开始对农村地区实行定向招生①。同年，国务院文件提出，要在现有基础上，“充分挖潜，扩大中专和技校招生规模”②，技工学校和中等专业学校开始大规模招收自费生。这样经过几年的发展，就使大多数地区职高招生的体量与普高相当，逐步改变了中等教育结构不合理的状况。1986 年，《关于经济部门和教育部门加强合作促进就业前职业技术教育发展的意见》颁布，要求“对口的企业应积极接纳师生下厂进行生产实习和实践”③。这一要求开校企合作之先河，使毕业生能熟悉生产过程，具有较强的实践动手能力。1987 年，国家教委对中专学校的招生明确了国家任务、委托培养和自费生三种生源，对条件艰苦地区实行“定向招生、定向分配”④，从而保证了人才的有效供应。同年，国家教委等部门提出要推行“先培训，后就业”原则，要求必须经过培训后才能从事技术性、专业性强的工作。同时，进一步完善了技术工人的职务等级制度，为工人的晋升提供通道。⑤ 这样就进一步完善了就业前的培训制度，并为工

---

① 曹茂甲：《建国以来中等职业学校招生就业制度的演变》，载《职教通讯》2011 年第 17 期，第 61 - 66 页。

② 中共中央：《中共中央关于教育体制改革的决定》（中发〔1985〕12 号），1985 年 5 月 27 日。

③ 国家教委、计委、经委：《关于经济部门和教育部门加强合作促进就业前职业技术教育发展的意见》（〔1986〕教职字 011 号），1986 年 6 月 23 日。

④ 国家教委：《编制普通中等专业学校跨省招生计划的试行办法》，1987 年 12 月 31 日。

⑤ 国务院办公厅：《国务院办公厅转发国家教育委员会等部门关于全国职业技术教育工作会议情况报告的通知》（国办发〔1987〕1 号），1987 年 1 月 3 日。

人开辟一条进修提高的道路。1988 年，国家教委颁发《普通中等专业学校招生暂行规定》，再次将中专生源分为国家任务、委托培养和自费生三种,[①] 从而形成了中职学校的“双轨制”模式。同年，国家教委、财政部等八部委联合发文，开始面向农村招收立志务农的初、高中毕业生，毕业后不包分配。[②] 该规定的出台，进一步完善了招生就业模式，规范了中职学校的招生就业要求。(见表 3－3)

表 3－3　市场经济探索期的职业教育招生就业制度

时间	政策文件	主要做法	作用或影响
1983 年	《关于改革城市中等教育结构、发展职业技术教育的意见》	逐步做到先培训后就业	促进职业技术教育的发展，提高劳动者的素质
1984 年	《供销合作系统技工学校主要面向农村招生，实行定向招生》	技工学校开始面向农村招生	为中专实行定向招生提供借鉴
1985 年	《关于 1985 年普通中等专业学校招生规定》	对农村地区实行定向招生	打通了艰苦地区人才培养的路子

① 国家教委：《普通中等专业学校招生暂行规定》，1988 年 3 月 14 日。

② 国家教委、财政部等：《关于农业中等专业学校招收农村青年不包分配班的若干规定》(〔1988〕农（教）字 4 号)，1988 年 4 月 11 日。

续表3-3

时间	政策文件	主要做法	作用或影响
1985年	《中共中央关于教育体制改革的决定》	发掘中专和技校的潜力，扩大招生	使职高招生数与普高相当，改变了中等教育不合理的结构
1986年	《关于经济部门和教育部门加强合作促进就业前职业技术教育发展的意见》	对口的企业应积极接纳师生下厂进行生产实习和实践	开校企合作先河，使毕业生能熟悉生产过程，具有较强的实践动手能力
1987年	《编制普通中等专业学校跨省招生计划的试行办法》	明确中专招生的国家任务、委托培养和自费生三种生源；条件艰苦地区实行“定向招生、定向分配”	保证人才供应
1987年	《国务院办公厅转发国家教育委员会等部门关于全国职业技术教育工作会议情况报告的通知》	推行“先培训，后就业”原则，完善了工人技术等级制度	完善了就业前的培训制度，并为工人开辟了一条进修提高的道路
1988年	《普通中等专业学校招生暂行规定》	再次明确国家任务、委托培养和自费生三种生源	形成了中职学校的“双轨制”模式

续表3-3

时间	政策文件	主要做法	作用或影响
1988年	《关于农业中等专业学校招收农村青年不包分配班的若干规定》	主要面向农村招生，对农业中专招收不包分配班	进一步完善了招生就业模式，规范了中职学校的招生就业要求

资料来源：根据1978—1991年国家职业教育政策文件整理而成

根据对已有政策文本的分析，市场经济探索期的职业教育招生就业制度呈现以下三个特点。第一，不断拓宽招生来源，扩大招生规模。首先是供销合作系统技工学校招生打破只招城镇户口的限制，开始面向农村生源招生。其次是普通中等专业学校开始面向农村、林区、山区等条件艰苦地区实行定向招生。最后是扩大中等专业学校和技工学校的招生潜力，开始大规模招收自费生。第二，加强就业前职业教育与培训，提高毕业生的实践能力。首先，推行“先培训，后就业”原则，规定职业院校学生要做到先培训后就业，特别是某些专业性和技术性较强的岗位要求强制培训并取得合格成绩，有效保证了劳动者素质的提高。其次，要求对口的企业积极接纳师生下厂进行生产实习和实践，这样就使毕业生能熟悉生产过程，具有较强的实践动手能力。最后，完善工人技术等级制度，为工人晋升提供一条进修提高的道路。第三，丰富了招生录取和毕业分配的类型。中专学校将招生录取分为三种类型，即国家任务、委托培养和自费生，按照一定比例确定招生名额。对条件艰苦地区实行“定向招生、定向分配”，并对农业中专招收不包分配班，主要面向农村招生。

（四）经费制度

1983年，国家教委等四部委联合发文，大力提倡“通过勤工俭学和半工半读等方式创收，用于补贴办学经费和教师福利，减轻国家财政负担”[1]。1985年，《中共中央关于教育体制改革的决定》对中央和地方政府的教育经费划拨做出规定，要求经费的增长要高于财政经常性收入的增长。[2] 翌年，国家教委出台《国家教育委员会印发关于职业中学经费问题的补充规定的通知》，进一步拓展了职业教育经费来源：一是“在自愿的基础上，鼓励社会力量、单位、集体和个人捐资助学”；二是按照自愿互利的原则，采用委托培养或向用人单位收取培养费的办法来促进职业中学发展；三是在职业中学中“提倡勤工俭学、半工（农）半读”，利用举办校办工厂和商店的营业收入改善学校办学条件和教师福利待遇。[3] 这一规定的出台在一定程度上拓宽了职业教育办学经费的来源，减轻了财政的负担。1987年，《国务院办公厅转发国家教育委员会等部门关于全国职业技术教育工作会议情况报告的通知》进一步明确要利用多种渠道筹集职业教育经费，要求各办学单位要提供经费支持。同时，继续提倡开展勤工俭学，通过“举办小型的工厂、农场、商店或服务性企业”的形式筹措办学经费。[4] 1991年，国家教委和国家物价局等四部委联合下发《关于颁发〈中等职业技术学校收取学费的暂行规定〉的通知》，提出“除中师外的中专、技校和职高从1991年开始要适当收取学费”[5]。

---

① 国家教委、劳动人事部、财政部、国家计委：《关于改革城市中等教育结构、发展职业技术教育的意见》（〔1983〕教中字006号），1983年5月9日。

② 中共中央：《中共中央关于教育体制改革的决定》（中发〔1985〕12号），1985年5月27日。

③ 国家教委：《国家教育委员会印发关于职业中学经费问题的补充规定的通知》（〔1986〕教计字109号），1986年6月23日。

④ 国务院办公厅：《国务院办公厅转发国家教育委员会等部门关于全国职业技术教育工作会议情况报告的通知》（国办发〔1987〕1号），1987年1月3日。

⑤ 国家教委、国家物价局、财政部、劳动部：《国家教育委员会、国家物价局、财政部、劳动部关于颁发〈中等职业技术学校收取学费的暂行规定〉的通知》（教财〔1991〕66号），1991年7月20日。

自此，中等专业学校、技校和职业高中结束免费教育，开始进入收费教育的时期。(见表3-4)

表3-4　市场经济探索期的职业教育经费制度

时间	政策文件	主要做法	作用或影响
1983年	《关于改革城市中等教育结构、发展职业技术教育的意见》	提倡勤工俭学、半工半读，所得收入用于办学和发放福利，以此减轻国家财政负担	积极支持城乡职业技术教育发展
1985年	《中共中央关于教育体制改革的决定》	中央和地方政府的教育拨款增长要高于财政经常性收入增长	增加投资发展教育事业
1986年	《关于职业中学经费问题的补充规定》	在自愿的基础上，鼓励社会力量、单位、集体和个人助学； 实行委托培养或收取用人单位培养费，支持职业中学发展； 职业中学提倡勤工俭学、半工（农）半读	多渠道解决经费问题
1987年	《国务院办公厅转发国家教育委员会等部门关于全国职业技术教育工作会议情况报告的通知》	职业技术教育的经费，要采取多渠道集资的办法；开展勤工俭学活动，结合专业举办小型工厂、农场等	使职业技术教育的经费能实现“两个增长”

续表 3-4

时间	政策文件	主要做法	作用或影响
1991 年	《中等职业技术学校收取学费的暂行规定》	开始对中专学校、技工学校和职业高中学生适当收取学费	多渠道筹措经费

资料来源：根据 1978—1991 年国家职业教育政策文件整理而成

综观这一时期的经费制度，主要呈现出“注重利用多种渠道拓宽经费来源”的特点，提倡通过多种途径实现职业教育办学经费部分自给，从而减轻国家财政负担。职业教育的办学经费来源，一是通过举办小型的工厂、农场、商店或服务性企业等获得合法营收，以勤工俭学的方式获取办学经费，并改善教师福利。二是继续加大中央和地方政府的财政投入，要求政府教育拨款的增长要高于财政经常性收入增长。三是尊重个人意愿，鼓励社会力量、单位、集体和个人助学。四是实行委托培养或收取用人单位培养费的办法，所得经费用来支持职业中学发展。五是从 1991 年起，对中等师范学校以外的中专学校、技工学校和职业高中学生适当收取学费。通过多渠道拓展经费来源，在一定程度上缓解了国家财政投入不足导致的办学经费短缺问题。

（五）课程制度

1983 年，国家教委等四部委联合发文提出，要“做好专业设置，组织编写教材，尽快实现每个专业都有适合的教材”①。1986 年，《关于制订职业高级中学（三年制）教学计划的意见》出台，对职业高中的课程设置进行了规定，要求必须合乎培养目标，并将课程划分为政治、文化、专业和实习四类，同时还要处

① 国家教委、劳动人事部、财政部、国家计委：《关于改革城市中等教育结构、发展职业技术教育的意见》（〔1983〕教中字 006 号），1983 年 5 月 9 日。

理好政治与业务的关系、文化课与专业课的关系、理论与实践的关系。[①] 1986 年，国家教委发文提倡“学校和教师要灵活运用统编教材，可结合实际对教材内容进行调整，条件成熟时，可以自编补充教材”[②]。1987 年，国家教委等部门再次发文，提出要“正确处理好文化与专业、理论与技能的关系”[③]。(见表 3－5)

表 3－5　市场经济探索期的职业教育课程制度

时间	政策文件	主要做法	作用或影响
1983 年	《关于改革城市中等教育结构、发展职业技术教育的意见》	安排专业设置，制定教学大纲，编审推荐教材	使大部分专业都有适用的教材
1986 年	《关于制订职业高级中学（三年制）教学计划的意见》	课程设置分为政治、文化、专业和实习四类； 要处理好政治与业务、文化与专业、理论与实践的关系	明确了课程的类型和设置要求
1986 年	《国家教育委员会关于在中专、中师贯彻〈中共中央关于改革学校思想品德和政治理论课程教学的通知〉的意见》	提倡灵活、创造性地使用国家教委的统编教材	提倡学校和教师灵活、创造性地处理课程内容

① 国家教委：《关于制订职业高级中学（三年制）教学计划的意见》（〔1986〕教职字 008 号），1986 年 6 月 5 日。

② 国家教委：《国家教育委员会关于在中专、中师贯彻〈中共中央关于改革学校思想品德和政治理论课程教学的通知〉的意见》（〔1986〕教政字 012 号），1986 年 8 月 30 日。

③ 国务院办公厅：《国务院办公厅转发国家教育委员会等部门关于全国职业技术教育工作会议情况报告的通知》（国办发〔1987〕1 号），1987 年 1 月 3 日。

续表 3－5

时间	政策文件	主要做法	作用或影响
1987 年	《国务院办公厅转发国家教育委员会等部门关于全国职业技术教育工作会议情况报告的通知》	要求正确处理文化基础和专业教育、理论知识和技能训练的关系	使职业教育改变了只重单一岗位技能训练的倾向，趋向于培养复合型人才

资料来源：根据 1978—1991 年国家职业教育政策文件整理而成

总的来看，这一时期的课程制度建设还相对薄弱，在课程设置和实施过程中，还存在着专业设置不太合理，课程内容比较陈旧，教师教学方法比较单一，实践环节未得到充分重视等问题。[①] 这反映出在市场经济探索期，职业教育的课程设置和实施在一定程度上脱离了经济和社会发展的需要，有必要通过制度的建设纠正这一偏向，进行必要的课程改革。在课程目标方面，这一时期的职业高中、中等专业学校和技工学校普遍以培养特定岗位的工人为课程目标，其专业设置和课程安排都是围绕这一目标进行。这种模式被研究者称为“岗位定向式教育模式”[②]。这种模式因职业高中不包分配政策的出台而受到较强冲击。为了生存和发展，20 世纪 80 年代末期，职业高中开始针对课程目标进行改革，“针对岗位定向教育模式，提出多工种、复合型、岗位群的教育模式”[③]。也就是说，将培养目标由培养学生单一岗位工

① 中共中央：《中共中央关于教育体制改革的决定》（中发〔1985〕12 号），1985 年 5 月 27 日。

② 王军伟：《面向 21 世纪的中等职业教育课程改革》，载《职业技术教育》2001 年第 10 期，第 12－17 页。

③ 王军伟：《面向 21 世纪的中等职业教育课程改革》，载《职业技术教育》2001 年第 10 期，第 12－17 页。

作能力变为培养学生具有从事同类专业多个岗位的工作能力，以此应对就业竞争。

（六）教师制度

1983年，教育部和劳动人事部等四部委下发《关于改革城市中等教育结构、发展职业技术教育的意见》，对不同性质学校的师资建设提出不同的要求。其中，由企事业单位自办的职业学校的师资需自行解决。由普通中学改办的职业学校的师资，专业课教师可由业务部门帮助解决，同时也可聘请部分兼职教师。该意见还要求通过试办职业技术师范学院以及要求大专院校、师范院校和教育学院培养职业教育师资的方式解决师资来源不足的问题。① 1985年国务院文件再次重申，"要建立若干职业技术师范院校，有关大专院校、研究机构都要担负培训职业技术教育师资的任务"②，以保障师资来源。"数量不足"与"质量不高"是这一时期职业教育师资的主要问题。为解决这两大问题，1986年，国家教委印发《关于加强职业技术学校师资队伍建设的几点意见》，重点从五个方面来解决教师来源和培训问题。③ 1987年，国家教委发文提出，要采用保送的方式，从中职和中专学校招收少数应届毕业生进入普通高校学习，毕业后充当中职学校师资④，以此来应对职业教育师资短缺的挑战，加速中职学校师资的培养。同年，国务院办公厅转发《国家教育委员会等部门关于

① 教育部、劳动人事部、财政部、国家计委：《关于改革城市中等教育结构、发展职业技术教育的意见》（〔1983〕教中字006号），1983年5月9日。

② 中共中央：《中共中央关于教育体制改革的决定》（中发〔1985〕12号），1985年5月27日。

③ 国家教委：《关于加强职业技术学校师资队伍建设的几点意见》（〔1986〕教职字012号），1986年6月26日。

④ 国家教委：《普通高等学校招收少数职业技术学校应届毕业生的暂行规定》（〔1987〕教学字12号），1987年3月24日。

全国职业技术教育工作会议情况报告的通知》，提出缺乏师资是当前面临的严峻问题，要采取多种途径加以解决。① 1991 年，《国务院关于大力发展职业技术教育的决定》指出，要通过建立"职业技术教育教师、干部的轮训进修制度"② 来提高职业教育教师素质。(见表3-6)

表3-6　市场经济探索期的职业教育教师制度

时间	政策文件	主要做法	作用或影响
1983 年	《关于改革城市中等教育结构、发展职业技术教育的意见》	根据职业学校的类别实行不同的师资建设方式，企事业单位自办的学校自行解决师资问题，由中学改办的，业务部门帮助解决，也可聘请兼课教师；试办职业技术师范学院，开设师资培训班	采用多种方式和途径培养和培训师资，缓解师资不足问题
1985 年	《中共中央关于教育体制改革的决定》	建立职业技术师范院校；有关大专院校和研究机构要承担师资培训任务	解决职业教育师资数量不足和质量不高问题

① 国务院办公厅：《国务院办公厅转发国家教育委员会等部门关于全国职业技术教育工作会议情况报告的通知》(国办发〔1987〕1号)，1987年1月3日。

② 国务院：《国务院关于大力发展职业技术教育的决定》(国发〔1991〕55号)，1991年10月17日。

续表 3 - 6

时间	政策文件	主要做法	作用或影响
1986 年	《关于加强职业技术学校师资队伍建设的几点意见》	从五个方面提出解决教师来源问题的办法	就教师来源和在职培训问题提出解决措施
1987 年	《普通高等学校招收少数职业技术学校应届毕业生的暂行规定》	从中职和中专学校保送优秀学生进入高校学习，毕业后充当职业教育师资	加速培养中职学校师资
1987 年	《国务院办公厅转发国家教育委员会等部门关于全国职业技术教育工作会议情况报告的通知》	多方培养和培训职业教育教师	多渠道解决师资缺乏问题
1991 年	《国务院关于大力发展职业技术教育的决定》	建立师资轮训进修制度； 规定职业教育教师任职条件	培养和培训、专职和兼职相结合，解决优秀师资来源问题

资料来源：根据 1978—1991 年国家职业教育政策文件整理而成

这一时期的职业教育教师制度，总的来说主要针对师资严重不足和质量不高的问题，提出师资培养和培训的思路和措施。在师资培养方面，主要有以下五种做法：一是通过试办师范学院自己培养师资；二是通过各地师范院校和教育学院培养；三是通过外聘科技人员、专业技师和能工巧匠兼任教师；四是选拔优秀中职毕业生赴高校深造，毕业后分配到中职任教；五是在高等院校设立中职师资班。在师资培训方面，主要有三种方式：一是建立职业技术教育教师、干部的轮训进修制度；二是要求大专院校、研究机构培训职业技术教育师资；三是选派教师出国进修，学习国外先进经验。通过多渠道拓展师资来源和加强师资培训，职业学校师资不足和质量不高的问题逐步得到缓解。

三、市场经济探索期职业教育制度的横向分析

20 世纪 80 年代，改革伊始，百废待兴。职业教育面临着师资不足、经费短缺、课程单一、办学粗放等问题的挑战。为了尽快恢复办学，促进职业教育快速发展，培养经济社会发展急需的人才，国家教委和其他相关部门相继出台了一系列制度，保障了当时的初等和中等职业教育稳步和快速发展。

办学制度方面，办学主体由政府单一主体转变为厂矿企事业单位、集体经济单位等多种办学主体；办学形式提倡全日制与半工半读学校、业余学校并举，并大力开展见效快的短期职业培训。通过以上职业教育制度的推出，有效扩大了职业学校的办学和招生能力，为当时经济社会发展培养了大批急需的职业技能人才。管理制度方面，这一时期的职业教育管理制度呈现出管理重心下移、突出地方政府和职业院校的管理责任和管理自主权的特征；明确发展职业技术教育主要责任在地方，关键在市、县。招生就业制度方面，不断拓宽招生来源、扩大招生规模；加强就业前职业教育与培训，要求师生到对口的企业实习和实践，提高毕业生的实践能力；将中专学校的招生计划分为国家任务、委托培养和自费生三种，丰富了招生录取和毕业分配的类型。经费制度方面，除国家财政继续加大投入外，还通过多种方式拓宽经费来源，补充办学经费，解决办学经费不足的问题：一是通过举办小型的工厂、农场等形式获得办学经费，二是鼓励社会力量、单位、集体和个人进行捐助，三是通过收取委托培养单位和用人单

位培养费的方式获得办学经费，四是自1991年起开始收取除中师外的中专学校、技校和职业高中学费。课程制度方面，针对课程设置和实施脱离经济社会发展需要的现状，开展课程制度改革，将培养目标由培养学生单一岗位工作能力变为培养学生具有从事同类专业多个岗位的工作能力，以此应对就业竞争。教师制度方面，这一时期主要针对师资不足和质量不高的问题，提出师资培养和培训的思路和措施。通过多渠道拓宽师资来源和加强师资培训，缓解职业学校师资不足和质量不高的问题。

从横向比较来看，这一时期的职业教育制度主要是针对改革开放初期师资不足、质量不高、经费缺乏、课程单一、招生办学能力不强等问题，推出相应的制度，拓宽办学主体，下放管理权限，改革课程设置，多方筹措办学经费，多方培养培训职业师资，通过多种制度改进，促进初等和中等职业教育的恢复和发展。

第二节　市场经济确立期的职业教育制度（1992—1999年）

一、市场经济确立期的政治经济和城镇化背景

20世纪80年代，我国虽逐步明确了社会主义市场经济的地位，但在面对“计划和市场”的问题时，总免不了“犹抱琵琶半遮面”式的铺垫和补充，尚未将市场经济单独明确为经济体制改革的目标。党的十四大召开以后，开始明确将市场经济定位为我国经济体制改革的目标，并强调要通过引入价格杠杆和竞争机制，优化资源的配置。[①] 1993年，党的十四届三中全会进一步对

① 中国共产党十四大报告：《加快改革开放和现代化建设步伐，夺取有中国特色社会主义事业的更大胜利》，1992年10月12日。

市场经济体制改革的目标、原则和内容做了具体规定，从生产、流通到消费等各个环节，对改革任务进行了进一步细化，[①] 基本构建起社会主义市场经济体制的框架。

在城镇化发展方面，进入20世纪90年代后，我国的城镇化发展进入一个平稳成长的时期。这一时期的工业化加速发展，加上县改市、乡改镇的举措，使全国新增了两百多个城市以及八千多个建制镇。新的城镇的设立有力地推进了工业化和城镇化的发展。20世纪90年代的城镇化发展速度与80年代相比虽增速略低，但还是呈现逐年上升的趋势，城镇化率从1992年的27.63%提高到1999年的30.89%，[②] 提高了3.26个百分点。

二、市场经济确立期的职业教育制度变迁过程

（一）办学制度

市场经济确立期的办学制度主要体现在《中国教育改革和发展纲要》（1993年）[③]、《中华人民共和国职业教育法》（1996年）[④]、《面向21世纪教育振兴行动计划》（1998年）[⑤]、《关于实施〈职业教育法〉加快发展职业教育的若干意见》（1998年）[⑥]、

---

① 十四届三中全会：《中共中央关于建立社会主义市场经济体制若干问题的决定》，1993年11月14日。

② 国家统计局：《中国城市化率统计数据（1949—2013）》，见国家统计局（http://www.stats.gov.cn），2014-07-07。

③ 中共中央、国务院：《中国教育改革和发展纲要》（中发〔1993〕3号），1993年2月13日。

④ 第八届全国人大：《中华人民共和国职业教育法》，1996年5月15日。

⑤ 国务院：《国务院批转教育部〈面向21世纪教育振兴行动计划〉的通知》（国发〔1999〕4号），1999年1月13日。

⑥ 国家教委、国家经贸委、劳动部：《关于印发〈关于实施《职业教育法》加快发展职业教育的若干意见〉的通知》（教职〔1998〕2号），1998年3月16日。

《关于加快中西部地区职业教育改革与发展的意见》（1998年）[1]、《中共中央国务院关于深化教育改革全面推进素质教育的决定》（1999年）[2] 等教育法律法规和政策文件中。（见表3－7）

表3－7 市场经济确立期的职业教育办学制度

时间	政策文件	办学体制	主要内容	制度目标
1993年	《中国教育改革和发展纲要》	以政府办学为主体、社会各界共同办学，产教结合，发展校办产业，以厂（场）养校	依靠行业、企业、事业单位和社会力量联合办学	增强学校自我发展能力
1996年	《中华人民共和国职业教育法》	政府主管部门、行业组织、企事业单位应当举办或者联合举办职业学校、职业培训机构	国家鼓励社会力量举办职业学校、职业培训机构。	联合社会力量发展职业教育
1998年	《面向21世纪教育振兴行动计划》	用3～5年时间，形成政府为主、社会参与、公办和民办学校共同发展的办学体制	制定优惠政策，大力发展社会力量办学	积极鼓励，大力支持，正确引导，加强管理

① 国家教委：《关于加快中西部地区职业教育改革与发展的意见》（教职〔1998〕3号），1998年2月11日。

② 中共中央、国务院：《中共中央国务院关于深化教育改革全面推进素质教育的决定》（中发〔1999〕9号），1999年6月13日。

续表 3-7

时间	政策文件	办学体制	主要内容	制度目标
1998 年	《关于实施〈职业教育法〉加快发展职业教育的若干意见》	实行多种形式的联合办学	大力倡导和支持发展多种形式的民办职业教育	推进办学体制改革，有重点地发展职业教育
1998 年	《关于加快中西部地区职业教育改革与发展的意见》	实行多种形式的联合办学体制	集中力量兴办示范性中等职业学校，办学形式灵活	探索符合中西部地区实际的职教模式
1999 年	《中共中央国务院关于深化教育改革全面推进素质教育的决定》	以政府办学为主体、公办学校和民办学校共同发展	支持和鼓励社会力量联合办学	满足日益增长的教育需求

资料来源：根据 1992—1999 年国家职业教育政策文件整理而成

这一时期的职业教育办学制度继续延续“以政府办学为主体，实行多种形式的联合办学”的思路。从纵向来看，市场经济确立期与市场经济探索期的职业教育办学制度相比，主要在两个方面存在不同。第一个不同之处是职业教育从大面积发展转变为有重点的发展，提倡区域内要集中力量建设一两所示范性骨干学校，以发挥辐射引领作用，推进职业教育发展。1998 年，国家教委等三部委联合发文，要求“中心城市的各大行业及各县都要建设一到两所骨干职业学校”①。同年，国家教委又要求探索符

① 国家教委、国家经贸委、劳动部：《关于印发〈关于实施《职业教育法》加快发展职业教育的若干意见〉的通知》（教职〔1998〕2 号），1998 年 3 月 16 日。

合中西部地区实际的职教模式，“县级以上各级人民政府应集中力量兴办骨干示范性中等职业学校”[①]。第二个不同之处在于，大力支持发展民办职业教育，形成政府为主、社会参与的多元办学体制。这一时期的办学制度不再像上一个时期，强调兴办校办企业，强调“以厂养校”。这一时期仅在1993年颁布的《中国教育改革和发展纲要》提到“以厂养校”的做法，其后的文件均未再提。这说明，校办企业、农场等作为特定时期的特定事物，已完成历史使命，不再具有继续发展的根基。与之相对的是，民办职业教育被推上历史舞台，国家积极鼓励和支持社会力量以多种形式办学，并制定优惠政策吸纳社会资金兴办民办职业学校。[②] 1999年，《中共中央国务院关于深化教育改革全面推进素质教育的决定》颁布，进一步提出要鼓励和支持社会力量联合办学，逐步形成公办和民办学校共同发展的格局。[③]

（二）管理制度

市场经济确立期的职业教育主要有中等职业教育（包括中专学校、技工学校）和高等职业教育两种类型。就中等职业教育而言，总的管理制度是统筹规划、综合协调和下放权限、分级管理，在《中国教育改革和发展纲要》（1993年）[④] 和《中华人民共和国职业教育法》（1996年）[⑤] 中都有明确表述。其间又经历了三个发展阶段。第一阶段以1995年国家教委出台的《关于普

① 国家教委：《关于加快中西部地区职业教育改革与发展的意见》（教职〔1998〕3号），1998年2月11日。

② 国务院：《国务院批转教育部〈面向21世纪教育振兴行动计划〉的通知》（国发〔1999〕4号），1999年1月13日。

③ 中共中央、国务院：《中共中央国务院关于深化教育改革全面推进素质教育的决定》（中发〔1999〕9号），1999年6月13日。

④ 中共中央、国务院：《中国教育改革和发展纲要》（中发〔1993〕3号），1993年2月13日。

⑤ 第八届全国人大：《中华人民共和国职业教育法》，1996年5月15日。

通中等专业教育（不含中师）改革与发展的意见》为标志，首次将招生管理权限下放到地方，规定地方在招生时“可根据实际需要，确定国家任务计划和调节性计划的比例”①。该意见标志着中职教育从计划管理体制向市场管理体制的过渡。第二阶段以1998年《国务院关于调整撤并部门所属学校管理体制的决定》为代表，开始调整撤并部属学校，将原来部属的46所中专和技校划归地方管理。② 这意味着国家有进一步下放管理权限到地方的意愿。第三阶段以1999年颁布的《关于调整中等职业学校布局结构的意见》为代表，开始注重中等职业学校的布局结构调整，要求“在当地政府的统筹规划下，改变‘条块分割’的现状，建立适应区域经济和社会发展需求的布局结构，促进中等职业教育进一步协调发展”③。就高等职业教育而言，自1999年起，高等职业教育开始兴办。从一开始，国家就明确高等职业教育的管理权限在省级政府一级。在高等职业教育领域，国家一开始就要求“加大省级政府发展和管理本地区教育的权力和统筹力度”④，表达了简政放权的意愿。(见表3－8)

纵向来看，如果说市场经济探索期的职业教育管理制度已经呈现出重心下移、突出地方政府和院校管理的特征，那么市场经济确立期的职业教育管理制度则进一步用行动证明了国家简政放权的意志和决心。如将中等专业学校招生管理权限下放

① 国家教委：《国家教育委员会关于印发〈关于普通中等专业教育（不含中师）改革与发展的意见〉的通知》（教职〔1995〕9号），1995年4月1日。

② 国务院：《国务院关于调整撤并部门所属学校管理体制的决定》（国发〔1998〕21号），1998年7月1日。

③ 教育部：《关于印发〈关于调整中等职业学校布局结构的意见〉的通知》（教职成〔1993〕3号），1999年9月9日。

④ 中共中央、国务院：《中共中央国务院关于深化教育改革全面推进素质教育的决定》（中发〔1999〕9号），1999年6月13日。

到地方，将原来部属的数十所中等专业学校和技工学校划归地方管理，明确高等职业教育的招生管理权限在省一级政府，等等，较好地实现了“统筹规划、综合协调和下放权限、分级管理”的制度目标。

表3-8　市场经济确立期的职业教育管理制度

时间	政策文件	主要内容	作用或影响
1993年	《中国教育改革和发展纲要》	推进农村、城市和企业教育改革，促进教育同经济、科技的结合	完善了分级办学、分级管理的体制
1995年	《国家教育委员会关于印发〈关于普通中等专业教育(不含中师)改革与发展的意见〉的通知》	国家对中专只下达招生总数，各省自行确定国家任务和调节性计划比例	使中职教育由计划管理体制向市场管理体制过渡
1996年	《中华人民共和国职业教育法》	分级管理，加强县级以上职业教育领导与管理	加强了统筹规划、综合协调和分级管理
1998年	《国务院关于调整撤并部门所属学校管理体制的决定》	将46所中专和技校划归地方管理	国家进一步下放管理权限到地方，原来部属中专失去以往优势
1998年	《关于加快中西部地区职业教育改革与发展的意见》	要求地方各级政府要把职业教育纳入当地经济建设和社会发展规划	提高了教育教学质量和办学效益

续表 3－8

时间	政策文件	主要内容	作用或影响
1998 年	《关于印发〈关于实施《职业教育法》加快发展职业教育的若干意见〉的通知》	坚持在政府领导下，教育部门统筹协调，各有关部门分工协作，统一和协调对各类中等职业学校的政策	使各类职业教育能在统一、协调的政策下健康发展
1999 年	《中共中央国务院关于深化教育改革全面推进素质教育的决定》	将发展高职高专的权责交给省级政府	加大省级政府发展和管理本地区教育的权力及统筹力度
1999 年	《关于印发〈关于调整中等职业学校布局结构的意见〉的通知》	布局结构调整要根据实际实行分区规划，分类指导	建立适应区域经济和社会发展需求的布局结构，促进中等职业教育进一步协调发展

资料来源：根据 1992—1999 年国家职业教育政策文件整理而成

（三）招生就业制度

自 1992 年党中央明确提出建立市场经济体制开始，我国的职业教育招生就业制度也开始了市场化程度不断提高的进程。(见表 3－9)

在招生方面，1993 年颁布的《中国教育改革和发展纲要》提出要“将委托培养和自费生的招生比重进一步扩大”①。这一

① 中共中央、国务院：《中国教育改革和发展纲要》(中发〔1993〕3 号)，1993 年 2 月 13 日。

规定实现了在招生计划上将国家任务计划和调节性计划有机结合。同年，《劳动部关于深化技工学校教育改革的决定》开始实行学校自主招生，扩大委托培训和定向招生的比例，并且开始招收农村生源。[①] 1994 年，《国务院关于〈中国教育改革和发展纲要〉的实施意见》提出，要使 50%～70% 的初中毕业生进入中等职业学校或职业培训中心，[②] 在这种背景下，全国上下开始对普通高中进行大规模改造，大部分普通高中都被改为职业中学。但后期由于硬件、师资等问题，这类职业中学发展受限。1996 年出台的《技工学校“九五”时期改革与发展实施计划》进一步放宽招生对象条件限制，企业职工和成人学员也可以入学。[③] 1997 年，《国家教育委员会、国家计划委员会关于普通中等专业学校招生并轨改革的意见》出台，正式结束了多年来的招生就业双轨制，开始对普通中专实行统一招生计划、统一录取标准、学生缴费上学。[④] 同年，国家教委发文开展高职试点，我国开始举办高等职业教育。[⑤]

在就业方面，中职学校市场化进程逐步加快，国家包分配的比例越来越低。[⑥] 1994 年，国家教委开始改革毕业生统包统配的

---

① 劳动部：《劳动部关于深化技工学校教育改革的决定》（劳部发〔1993〕255 号），1993 年 9 月 29 日。

② 国务院：《国务院关于〈中国教育改革和发展纲要〉的实施意见》（国发〔1994〕39 号），1994 年 7 月 3 日。

③ 劳动和社会保障部：《劳动部关于印发〈技工学校“九五”时期改革与发展实施计划〉的通知》（劳部发〔1996〕385 号），1996 年 11 月 25 日。

④ 国家教委、国家计委：《国家教育委员会、国家计划委员会关于普通中等专业学校招生并轨改革的意见》（教职〔1997〕10 号），1997 年 12 月 25 日。

⑤ 国家教委：《关于招收应届中等职业学校毕业生举办高等职业教育试点工作的通知》（教学〔1997〕9 号），1997 年 5 月 27 日。

⑥ 十四届三中全会：《中共中央关于建立社会主义市场经济体制若干问题的决定》，1993 年 11 月 14 日。

制度，逐步实行招生面向社会，毕业生自主择业，人才走向市场。[①] 1995 年，《关于普通中等专业教育（不含中师）改革与发展的意见》提出要改变“统招统分”的传统模式，要求根据招生的具体情况，实行多种方式就业。[②]

总体来看，这一时期的中职教育呈现不断扩大招生范围，逐步实现学校自主招生的特点。就业则是开始打破“统招统分”的传统，开始实行毕业生自主择业的制度。我国中等职业教育的招生和就业体制在这一时期加速了市场化的进程。

表 3－9　市场经济确立期的职业教育招生就业制度

时间	政策文件	主要做法	作用或影响
1993 年	《中共中央关于建立社会主义市场经济体制若干问题的决定》	国家包分配的比例越来越低	中职学校市场化进程加快
1993 年	《中国教育改革和发展纲要》	逐步扩大委托培养和自费生的招生比重	实行国家任务和调节性计划相结合的招生形式
1993 年	《劳动部关于深化技工学校教育改革的决定》	实行学校自主招生、毕业生自主择业的制度，扩大招生范围	提高了对农村生源的吸引力，对技工学校的发展起到了一定的推动作用

① 国家教委：《关于印发〈关于普通中等专业学校招生与就业制度改革的意见〉的通知》（教职〔1994〕3 号），1994 年 3 月 9 日。

② 国家教委：《国家教育委员会关于印发〈关于普通中等专业教育（不含中师）改革与发展的意见〉的通知》（教职〔1995〕9 号），1995 年 4 月 1 日。

续表 3 – 9

时间	政策文件	主要做法	作用或影响
1994 年	《国务院关于〈中国教育改革和发展纲要〉的实施意见》	大力发展中职教育，逐步使初中毕业生进入中职学校学习的比例达到 50%～70%	全国开始将大部分普通高中改为职业中学
1994 年	《关于印发〈关于普通中等专业学校招生与就业制度改革的意见〉的通知》	改革毕业生统包统配的制度，逐步实行招生面向社会，毕业生自主择业，人才走向市场	中等专业学校招生就业制度随着经济改革的深化加速了改革的步伐
1995 年	《国家教育委员会关于印发〈关于普通中等专业教育（不含中师）改革与发展的意见〉的通知》	国家任务生源实行双向选择； 委托培养生按合同就业； 自费生实行自主择业	打破“统招统分”，实行不同方式就业
1996 年	《劳动部关于印发〈技工学校“九五”时期改革与发展实施计划〉的通知》	企业职工和成人学员允许入学	对招生对象的身份和年龄限制进一步放宽
1997 年	《国家教育委员会、国家计划委员会关于普通中等专业学校招生并轨改革的意见》	中专统一招生、统一录取、学生缴费	招生并轨

续表 3－9

时间	政策文件	主要做法	作用或影响
1997 年	《关于招收应届中等职业学校毕业生举办高等职业教育试点工作的通知》	从当年起在北京、上海等十个省、直辖市开展招收应届中等职业学校毕业生举办高等职业教育试点工作	开始举办高等职业教育

资料来源：根据 1992—1999 年国家职业教育政策文件整理而成

（四）经费制度

这一时期的经费制度开始呈现“以国家财政拨款为主，学费、社会捐资、设立基金和校办产业等多渠道筹措经费”的特征。（见表 3－10）

首先，建立以国家财政拨款为主的经费制度。1993 年颁布的《中国教育改革和发展纲要》提出，要通过增加投资落实教育战略地位，逐步建立国家财政投入为主，社会多种渠道筹措为辅的经费体制，并通过立法的方式对教育经费的稳定支出和增长予以保障。[①] 1996 年颁布的《中华人民共和国职业教育法》进一步要求，各级政府和部门用于举办职业教育的财政性经费应当逐步增长。[②]

其次，提出要适当增加学费在培养成本中的比例。1998 年颁布的《面向 21 世纪教育振兴行动计划》提出，除义务教育阶段外，其他教育阶段要适当增加学费在培养成本中所占比例，并

① 中共中央、国务院：《中国教育改革和发展纲要》（中发〔1993〕3 号），1993 年 2 月 13 日。

② 第八届全国人大：《中华人民共和国职业教育法》，1996 年 5 月 15 日。

要逐步建立适当的财政拨款政策和教育成本分担机制。[①] 同年，《关于实施〈职业教育法〉加快发展职业教育的若干意见》进一步提出要“积极推进中等专业学校招生、收费并轨改革，实行缴费上学”并于“2000年基本完成新旧体制转轨”，自此，中等专业学校开始全面实行缴费上学。

最后，增加对中西部地区的贷款投入。1998年，国家教委要求增加职业教育投入，并表示“将会增加中西部地区的职业教育专项贷款”[②]。

表3-10　市场经济确立期的职业教育经费制度

时间	政策文件	主要做法	作用或影响
1993年	《中国教育改革和发展纲要》	通过增加投资落实教育战略地位，逐步建立国家财政投入为主，社会多种渠道筹措为辅的经费体制，并通过立法的方式对教育经费的稳定支出和增长予以保障	建立以国家财政投入为主的经费制度
1996年	《中华人民共和国职业教育法》	按生均经费拨款，使职业教育财政性经费逐步增长	鼓励增加职业教育财政投入

① 国务院：《国务院批转教育部〈面向21世纪教育振兴行动计划〉的通知》（国发〔1999〕4号），1999年1月13日。

② 国家教委：《关于加快中西部地区职业教育改革与发展的意见》（教职〔1998〕3号），1998年2月11日。

续表 3-10

时间	政策文件	主要做法	作用或影响
1998 年	《面向 21 世纪教育振兴行动计划》	除义务教育阶段外，其他教育阶段要适当增加学费在培养成本中所占比例，并要逐步建立适当的财政拨款政策和教育成本分担机制	千方百计增加教育投入
1998 年	《关于加快中西部地区职业教育改革与发展的意见》	增加中西部地区的职业教育专项贷款，加大对中西部地区职业教育投入	要求多方采取有效措施，增加对职业教育的投入
1998 年	《关于印发〈关于实施《职业教育法》加快发展职业教育的若干意见〉的通知》	推进中专招生、收费并轨，2000 年基本完成新旧体制转轨	全面实行缴费上学

资料来源：根据 1992—1999 年国家职业教育政策文件整理而成

（五）课程制度

市场经济确立期的课程制度主要针对职业教育中存在的脱离经济建设和社会发展需求的状况，调整课程结构，更新课程内容，开展课程改革。1993 年颁布的《中国教育改革和发展纲要》提出，职业技术学校要“注重职业道德和实际能力的培养”①。

① 中共中央、国务院：《中国教育改革和发展纲要》（中发〔1993〕3 号），1993 年 2 月 13 日。

这为职业教育更新课程内容和调整课程结构指明了大的方向。随后，1996年颁布的《中华人民共和国职业教育法》提出，“普通中学也可以开设适当的职业教育课程，或者在教学内容中适当增加职业教育的内容”[①]。这为普通教育和职业教育的相互融通打下基础。1998年，《面向21世纪教育振兴行动计划》颁布，“行动计划”提出要“实施课程改革和教材建设规划”[②]，争取办出一批有较高社会声誉的职业技术学校。同年，国家教委发文提出，“专业设置，课程开发须以社会和经济需求为导向”，“要建立健全课程标准，优化课程结构”，“切实加强实验、实习、职业技能训练等实践性课程和教学环节”[③]。进一步增强了专业设置、课程开发与实际需求的融合度。1999年，中央提出，要“加强课程的综合性和实践性，要重视实验课教学，注重培养学生实际操作能力”[④]。这为改革职业教育的课程指明了方向，即只有培养宽专多能型人才，才能适应劳动力市场的变化。（见表3－11）

表3－11　市场经济确立期的职业教育课程制度

时间	政策文件	主要做法	作用或影响
1993年	《中国教育改革和发展纲要》	职业技术学校要注重职业道德和实际能力的培养	更新教学内容，调整课程结构

① 第八届全国人大：《中华人民共和国职业教育法》，1996年5月15日。

② 国务院：《国务院批转教育部〈面向21世纪教育振兴行动计划〉的通知》（国发〔1999〕4号），1999年1月13日。

③ 国家教委：《关于印发〈面向二十一世纪深化职业教育教学改革的原则意见〉的通知》（教职〔1998〕1号），1998年2月16日。

④ 中共中央、国务院：《中共中央国务院关于深化教育改革全面推进素质教育的决定》（中发〔1999〕9号），1999年6月13日。

续表 3－11

时间	政策文件	主要做法	作用或影响
1996 年	《中华人民共和国职业教育法》	普通中学可开设职业课程，或适当增加职业教育的教学内容	为普通教育和职业教育的相互融通打下基础
1998 年	《面向 21 世纪教育振兴行动计划》	实施课程改革和教材建设规划，改革中职的专业和课程结构	办出一批有较高社会声誉的职业技术学校
1998 年	《关于印发〈面向二十一世纪深化职业教育教学改革的原则意见〉的通知》	专业设置、课程开发须以社会和经济需求为导向；要建立健全课程标准，优化课程结构；切实加强实验、实习、职业技能训练等实践性课程和教学环节	增强了专业设置、课程开发与实际需求的融合度
1999 年	《中共中央国务院关于深化教育改革全面推进素质教育的决定》	加强课程的综合性和实践性，重视实验课教学，培养学生实际操作能力	改变课程过于强调学科体系、与社会发展和学生需求脱节的状况

资料来源：根据 1992—1999 年国家职业教育政策文件整理而成

（六）教师制度

这一时期的职业教育教师制度建设主要围绕提高教师队伍素质和建设“双师型”教师队伍展开。1995 年，国家教委下发的

《关于开展建设示范性职业大学工作的通知》要求，示范性职业大学的专业课教师和实习指导教师要基本达到“双师型”要求。[1] 随后，这一要求进一步扩大到所有高职与中职学校。1997年，全国职教师资队伍建设工作座谈会明确提出，今后中职学校师资建设要以“双师型”师资队伍建设为重点，要求到2010年左右，“双师型”教师占到教师总数的60%以上。[2] 同年颁布的《国家教委关于加强中等职业学校教师队伍建设的意见》提出，通过多渠道解决职教师资来源，加大在职教师培训力度，切实加强师资队伍建设。[3] 1998年颁布的《面向21世纪教育振兴行动计划》提出，要“加强和改革师范教育，提高新师资的培养质量”[4]。同年颁布的《面向二十一世纪深化职业教育教学改革的原则意见》进一步提出，要通过加强师资建设深化职业教育教学改革。[5] 1999年，中央提出，要加大从企业引进优秀人才到职业学校任教的力度[6]，从而进一步推动“双师型”教师队伍建设。(见表3-12)

总体来看，市场经济确立期与市场经济探索期的职业教育教师制度的不同之处主要在于，市场经济探索期的教师制度重点是

① 国家教委：《关于开展建设示范性职业大学工作的通知》(教职〔1995〕15号)，1995年12月19日。

② 贺文瑾：《“双师型”职教教师的概念解读》，载《江苏技术师范学院学报(职教通讯)》2008年第7-8期。

③ 国家教委：《国家教委关于加强中等职业学校教师队伍建设的意见》，1997年9月24日。

④ 国务院：《国务院批转教育部〈面向21世纪教育振兴行动计划〉的通知》(国发〔1999〕4号)，1999年1月13日。

⑤ 国家教委：《关于印发〈面向二十一世纪深化职业教育教学改革的原则意见〉的通知》(教职〔1998〕1号)，1998年2月16日。

⑥ 中共中央、国务院：《中共中央国务院关于深化教育改革全面推进素质教育的决定》(中发〔1999〕9号)，1999年6月13日。

加强教师培养，着重解决教师来源问题，而市场经济确立期的教师制度则着重提高教师队伍整体素质，以及加强“双师型”教师队伍建设。两个时期职业教育教师制度的发展，体现了一个从“量”的解决到“质”的提升的过程。

表3－12　市场经济确立期的职业教育教师制度

时间	政策(座谈会)文件	主要做法	作用或影响
1995年	《关于开展建设示范性职业大学工作的通知》	要求1/3以上专业课教师和实习指导教师达到“双师型”要求	要求专业课教师和实习指导教师符合“双师型”要求
1997年	全国职教师资队伍建设工作座谈会	到2010年左右，中职学校“双师型”教师占教师总数的比例应在60%以上	明确以“双师型”师资队伍建设为重点
1997年	《国家教委关于加强中等职业学校教师队伍建设的意见》	多渠道解决职教教师的来源，大力开展教师培训，多方解决教师问题	多方加强教师队伍建设，提高教师素质
1998年	《面向21世纪教育振兴行动计划》	要加强和改革师范教育，提高新师资的培养质量	大力提高教师队伍的整体素质
1998年	《关于印发〈面向二十一世纪深化职业教育教学改革的原则意见〉的通知》	加强教师进企业锻炼，从企业聘请能工巧匠任教，重视教师培养	通过加强师资建设深化职业教育教学改革

续表 3 - 12

时间	政策(座谈会)文件	主要做法	作用或影响
1999 年	《中共中央国务院关于深化教育改革全面推进素质教育的决定》	吸收企业人才到学校任教，加快建设“双师型”教师队伍	继续推进“双师型”教师队伍建设

资料来源：根据 1992—1999 年国家职业教育政策文件整理而成

三、市场经济确立期职业教育制度的横向分析

20 世纪 90 年代，我国加速了社会主义市场经济体制建设的进程。职业教育领域，特别是在办学、管理、招生就业和经费等制度方面，同样也加速了市场化的进程。

办学制度方面，市场经济确立期的职业教育办学制度继续延续了“以政府办学为主体，实行多种形式的联合办学”的思路。一是职业教育从大面积发展转变为有重点的发展，通过集中力量建设一两所示范性骨干学校，推进职业教育发展。二是大力倡导和支持发展多种形式的民办职业教育，基本形成以政府办学为主、社会力量参与、公办和民办共同发展的办学体制。管理制度方面，这一时期国家开始将中等专业学校招生管理权限下放到地方，将原来部属的数十所中等专业学校和技工学校划归地方管理，明确高等职业教育的招生管理权限在省一级政府，较好地实现了“统筹规划、综合协调和下放权限、分级管理”的制度目标，也进一步用行动展现了国家简政放权的意志和决心。招生就业制度方面，这一时期的中职学校不断扩大招生范围，并逐步实现学校自主招生。就业则开始打破“统招统分”，逐步实行毕业生自主择业制度。从总体来看，这一时期我国中等职业教育的招

生和就业都加快了市场化进程。经费制度方面，市场经济确立期的经费制度有以下三个特征：一是建立以国家财政拨款为主的经费制度，二是提出要适当增加学费在培养成本中的比例，三是增加对中西部地区的贷款投入。总体来看，这一时期的经费制度，开始呈现“以国家财政拨款为主，学费、社会捐资、设立基金和校办产业等多渠道筹措经费”的特征。课程制度方面，市场经济确立期的课程制度主要针对职业教育中存在的脱离经济建设和社会发展需求的状况，调整课程结构，更新课程内容，开展课程改革，进一步增强了专业设置、课程开发与实际需求的融合度。教师制度方面，市场经济确立期的教师制度着重提高教师队伍整体素质及加强“双师型”教师队伍建设，体现了从关注教师数量增加到关注教师质量提升的转变。

从横向比较来看，这一时期的职业教育制度一方面适应市场经济体制改革的要求，转变之前大面积发展职业教育的思路，从注重数量转变为关注提升质量。不仅提出了要在区域内建设一两所示范性骨干学校，也在教师队伍建设方面重点关注提高教师的整体素质。另一方面，进一步简政放权，并开始全面实行学生缴费上学、毕业后自主择业的制度。总体而言，这一时期的职业教育制度适应经济体制改革的需求，通过制度改进，推动职业教育市场化程度不断提升。

第三节　市场经济发展期的职业教育制度（2000—2020 年）

一、市场经济发展期的政治经济和城镇化背景

进入 21 世纪，我国已初步构建起社会主义市场经济体制。这一时期的重点已不是“名实之争”，而是“修炼内功”，也就

是要通过不断完善市场经济秩序，保证市场经济体制平稳运行。因此，党的十六大将“完善市场经济体制”作为未来二十年内经济建设和改革发展的主要任务。[①] 2003 年，十六届三中全会进一步明确了完善社会主义市场经济体制的目标任务以及指导思想和原则，提出要通过统筹发展，更进一步发挥市场在资源配置中的作用，为社会经济的发展提供强有力的体制保障。[②] 随后，党的十七大再次提出，我国要实现经济发展目标，完善社会主义市场经济体制是关键。[③] 2012 年，党的十八大提出，要以城镇化为重点，着重解决制约经济发展的结构性问题，要推进经济结构调整，进一步深化经济体制改革。[④]

城镇化发展方面，这一时期的城镇化发展进入加速发展的繁荣期。部分地区适应经济社会发展的要求，推行了户籍制度改革，促进了城镇化的进一步发展。从城镇化率方面看，2000 年我国城镇化率为 36.22%，至 2020 年年底，我国常住人口城镇化率已超过 60%。[⑤] 20 年间提高了 20 多个百分点，我国城镇化进入加速发展的时期。这一时期的城镇化发展，开始从注重“物的城镇化”向注重“人的城镇化”转变，着重提高人的融入城市生活以及可持续发展能力，体现了从注重“数量”向注重“质量”转变的过程。

---

① 中国共产党十六大报告：《全面建设小康社会，开创中国特色社会主义事业新局面》，2002 年 11 月 8 日。

② 中国共产党十六届三中全会：《关于完善社会主义市场经济体制若干问题的决定》，2003 年 1 月 11 日。

③ 中国共产党十七大报告：《高举中国特色社会主义伟大旗帜，为夺取全面建设小康社会新胜利而奋斗》，2007 年 10 月 15 日。

④ 中国共产党十八大报告：《坚定不移沿着中国特色社会主义道路前进，为全面建成小康社会而奋斗》，2012 年 11 月 8 日。

⑤ 国家统计局：《统计公报丨2020 年国民经济和社会发展统计公报》，见澎湃新闻网（https://www.thepaper.cn/newsDetail_forward_11633370），2021 - 04 - 15。

二、市场经济发展期的职业教育制度变迁过程

(一) 办学制度

这一时期的办学制度主要特点是强调以政府为主导，在多元办学格局下要充分发挥行业企业的办学作用。2002 年颁布的《国务院关于大力推进职业教育改革与发展的决定》提出，职业院校要加强与企业合作，逐步形成在政府主导下，充分发挥行业、企业作用，充分利用社会力量的多元办学格局。[①] 2004 年教育部提出，要大力提倡和鼓励支持职业学校与行业企业合作办学，并建立相应的合作、协调机制，体现了“深化办学体制改革，促进多元办学格局的形成”[②] 的制度目标。同年，《教育部关于以就业为导向深化高等职业教育改革的若干意见》出台，要求加大订单式培养力度，并从专业设置、教学实施、实践操作和就业等全过程加强企业和用人单位的参与力度[③]，逐步建立起产学研结合的长效机制。2005 年，国务院文件提出，要进一步推动校企合作办学，继续探索“以公有制为主导、产权明晰、多种所有制并存的办学体制”[④]。同年，《教育部关于加快发展中等职业教育的意见》出台，提倡中等职业学校采用联合办学、集团化经营等办学模式，提高自身的办学能力。[⑤] 2014 年《国务院关于

---

① 国务院：《国务院关于大力推进职业教育改革与发展的决定》(国发〔2002〕16 号)，2002 年 8 月 24 日。

② 教育部等：《教育部等七部门关于进一步加强职业教育工作的若干意见》(教职成〔2004〕12 号)，2004 年 9 月 14 日。

③ 教育部：《教育部关于以就业为导向深化高等职业教育改革的若干意见》(教高〔2004〕1 号)，2004 年 4 月 2 日。

④ 国务院：《国务院关于大力发展职业教育的决定》(国发〔2005〕35 号)，2005 年 10 月 28 日。

⑤ 教育部：《教育部关于加快发展中等职业教育的意见》(教职成〔2005〕1 号)，2005 年 2 月 28 日。

加快发展现代职业教育的决定》提出，要通过出台促进校企合作的相关法规和激励政策，提高行业企业参与职业教育的动力，进一步发挥企业在办学中的重要作用。[①] 2020 年，教育部等九部门印发的《职业教育提质培优行动计划（2020—2023 年）》提出，要强调地方主责，构建政府行业企业学校协同推进职业教育高质量发展的新机制，强化省级政府统筹，加强计划执行的过程管理、检查验收和结果应用，确保各项改革措施取得实效。[②]（见表 3－13）

表 3－13　市场经济发展期的职业教育办学制度

时间	政策文件	办学体制	主要内容	制度目标
2002 年	《国务院关于大力推进职业教育改革与发展的决定》	政府为主，行企、社会参与	职业院校加强与企业合作	逐步形成在政府主导下，充分发挥行业、企业作用的多元办学格局
2004 年	《教育部等七部门关于进一步加强职业教育工作的若干意见》	大力提倡和鼓励支持职业学校与行业企业合作办学，并建立相应的合作、协调机制	政府主导，行企合作，建立机制，加快发展民办职业教育	深化办学体制改革，促进多元办学格局的形成

① 国务院：《国务院关于加快发展现代职业教育的决定》（国发〔2014〕19 号），2014 年 5 月 2 日。

② 教育部等：《教育部等九部门关于印发〈职业教育提质培优行动计划（2020—2023 年）〉的通知》（教职成〔2020〕7 号），2020 年 9 月 16 日。

续表 3-13

时间	政策文件	办学体制	主要内容	制度目标
2004 年	《教育部关于以就业为导向深化高等职业教育改革的若干意见》	产学研结合，校企全程合作	加大订单式培养力度，并从专业设置、教学实施、实践操作和就业等全过程加强企业和用人单位的参与力度	建立产学研结合的长效机制
2005 年	《国务院关于大力发展职业教育的决定》	探索以公有制为主导、产权明晰、多种所有制并存的办学体制	进一步推动校企合作办学	继续完善在政府主导下，充分发挥行业企业作用的多元办学格局
2005 年	《教育部关于加快发展中等职业教育的意见》	提倡中等职业学校采用联合办学、集团化经营等办学模式	发挥行业和企业作用，发展中等职业教育	增强中等职业教育培养能力
2014 年	《国务院关于加快发展现代职业教育的决定》	引导支持社会力量办学，进一步发挥企业在办学中的重要作用	出台法规促进校企合作，提高行业和企业的参与动力	建立健全企业参与职业教育制度

续表3－13

时间	政策文件	办学体制	主要内容	制度目标
2020年	《教育部等九部门关于印发〈职业教育提质培优行动计划（2020—2023年）〉的通知》	构建政府行业企业学校协同推进职业教育高质量发展的新机制	强化省级政府统筹，加强计划执行的过程管理、检查验收和结果应用	确保各项改革措施取得实效

资料来源：根据2000—2020年国家职业教育政策文件整理而成

（二）管理制度

市场经济发展期的职业教育管理制度主要针对政府管理和院校管理推出。在政府管理方面，2002年《国务院关于大力推进职业教育改革与发展的决定》出台，提出“发展职业教育的主要责任在地方，要强化市（地）级人民政府在统筹职业教育发展方面的责任”①，开始建立起分级管理、地方为主、政府统筹和社会参与的职业教育管理体制。2011年出台的《教育部等九部门关于加快发展面向农村的职业教育的意见》则提出要“推动县级人民政府加强统筹新型农民培训工作的力度”，形成“政府统筹、齐抓共管的工作机制”。② 在院校管理方面，2005年，中央提出，要“以人事分配制度为重点，深化公办职业学校管理体制改革”③，从而进一步落实职业院校的办学自主权。（见表3－14）

① 国务院：《国务院关于大力推进职业教育改革与发展的决定》（国发〔2002〕16号），2002年8月24日。

② 教育部等：《教育部等九部门关于加快发展面向农村的职业教育的意见》（教职成〔2011〕13号），2011年10月25日。

③ 国务院：《国务院关于大力发展职业教育的决定》（国发〔2005〕35号），2005年10月28日。

表 3-14　市场经济发展期的职业教育管理制度

时间	政策文件	主要内容	作用或影响
2002 年	《国务院关于大力推进职业教育改革与发展的决定》	以地方为主发展职业教育，要强化市（地）级人民政府在统筹职业教育发展方面的责任	建立并完善分级管理、地方为主、政府统筹和社会参与的职业教育管理体制
2005 年	《国务院关于大力发展职业教育的决定》	深化公办职业学校管理体制改革	落实职业院校的办学自主权
2011 年	《教育部等九部门关于加快发展面向农村的职业教育的意见》	推动县级人民政府加强统筹新型农民培训工作的力度	形成政府统筹、齐抓共管的工作机制

资料来源：根据 2000—2020 年国家职业教育政策文件整理而成

（三）招生就业制度

招生、就业以及收费并轨之后，职业教育既要面对全面收费和不包分配政策带来的冲击，又要面对企业裁员带来的就业困难，同时还要面对自 1999 年高校扩招后导致的生源流失。① 种种因素的叠加，使得职业教育在进入市场经济发展期后面临一定的挑战。为应对挑战，国家出台了一系列相关制度。

在招生制度方面，开始“允许有条件的地方和学校可以适当放宽招生年龄限制，多种形式招收应届和往届初中毕业生，并允

① 曹茂甲：《建国以来中等职业学校招生就业制度的演变》，载《职教通讯》2011 年第 17 期，第 61-66 页。

许接受其他高中阶段教育的学生转入中等职业学校学习”①。2001年，教育部发文要求“学校招生取消年龄限制，简化入学手续，适度开展注册入学，允许分阶段完成学业”②。该通知可视为职业高中尤其是农村职业中学办学方向改变的重要标志。农村职业教育一改片面为农村培养人才的办学思想，开始将推动农村剩余劳动力转移作为新的价值取向。2004年，开始“试行跨地区和跨省招生，与农村和西部地区中等职业学校合作办学”③。从而进一步扩大中等职业学校招生规模，推动中等职业教育真正成为面向社会全体成员的教育。2005年，《教育部关于加快发展中等职业教育的意见》出台，提出“力争到2007年，中等职业教育达到与普通高中教育相当的招生规模”④，反映了国家优化高中阶段教育结构，努力扩大中等职业教育规模的发展目标。同年，国务院文件提出，要“进一步推进东西部地区和城乡之间职业院校的合作办学”⑤，促进了农村职业教育的发展。

在就业制度方面，2002年，《国务院关于大力推进职业教育改革与发展的决定》出台，开始在中等专业学校确立起学历证书和职业资格证书“双证书”制度。⑥ 2004年，《教育部关于以就

① 教育部：《教育部关于印发〈关于全面推进素质教育、深化中等职业教育教学改革的意见〉的通知》（教职成〔2000〕1号），2000年3月21日。

② 教育部：《教育部关于中等职业学校面向农村进城务工人员开展职业教育与培训的通知》（教职成〔2001〕7号），2001年5月14日。

③ 教育部：《教育部关于贯彻落实全国职业教育工作会议精神　进一步扩大中等职业学校招生规模的意见》（教职成〔2004〕9号），2004年7月15日。

④ 教育部：《教育部关于加快发展中等职业教育的意见》（教职成〔2005〕1号），2005年2月28日。

⑤ 国务院：《国务院关于大力发展职业教育的决定》（国发〔2005〕35号），2005年10月28日。

⑥ 国务院：《国务院关于大力推进职业教育改革与发展的决定》（国发〔2002〕16号），2002年8月24日。

业为导向深化高等职业教育改革的若干意见》提出，“毕业生的就业状况将作为检验学校办学水平的核心指标，就业状况将作为专业设置及其结构调整的依据”[①]。国家开始明确以就业为导向，完善高等职业教育人才培养工作水平评估制度。2008 年颁布的《教育部办公厅关于中等职业学校面向返乡农民工开展职业教育培训工作的紧急通知》[②] 和 2009 年颁布的《教育部关于切实做好返乡农民工职业教育和培训等工作的通知》[③] 都把招收有学习愿望的返乡农民工接受中等职业学历教育作为扩招工作的重要任务，帮助返乡农民工提高就业和再就业的能力。2020 年颁布的《职业教育提质培优行动计划（2020—2023 年)》提出，要健全高职分类考试招生制度，规范职业教育考试招生形式，完善“文化素质 + 职业技能”评价方式，[④] 持续开展招生评价方式改革。(见表 3 - 15)

① 教育部：《教育部关于以就业为导向深化高等职业教育改革的若干意见》(教高〔2004〕1 号)，2004 年 4 月 2 日。

② 教育部办公厅：《教育部办公厅关于中等职业学校面向返乡农民工开展职业教育培训工作的紧急通知》(教职成厅〔2008〕6 号)，2008 年 11 月 24 日。

③ 教育部：《教育部关于切实做好返乡农民工职业教育和培训等工作的通知》(教职成〔2009〕5 号)，2009 年 2 月 20 日。

④ 教育部等：《教育部等九部门关于印发〈职业教育提质培优行动计划(2020—2023 年)〉的通知》(教职成〔2020〕7 号)，2020 年 9 月 16 日。

表3-15　市场经济发展期的职业教育招生就业制度

时间	政策文件	主要做法	作用或影响
2000年	《教育部关于印发〈关于全面推进素质教育、深化中等职业教育教学改革的意见〉的通知》	放宽招生年龄限制，多种形式招收应届和往届初中毕业生，并允许接受其他高中阶段教育的学生转入中等职业学校学习	应对实行全面收费和不包分配的制度使学校的招生吸引力下降的局面
2001年	《教育部关于中等职业学校面向农村进城务工人员开展职业教育与培训的通知》	推动国家劳动预备制度和职业资格证书制度的实施	农村职业教育开始改变片面为农村培养人才的办学思想，将推动农村剩余劳动力转移作为新的价值取向
2002年	《国务院关于大力推进职业教育改革与发展的决定》	规定毕业生在获得学历证书的同时，亦可取得相应的职业资格证书	中等专业学校基本确立起“双证书”制度
2004年	《教育部关于以就业为导向深化高等职业教育改革的若干意见》	毕业生的就业状况将作为检验学校办学水平的核心指标，就业状况将作为专业设置及其结构调整的依据	进一步完善高职教育人才培养评估制度

续表 3-15

时间	政策文件	主要做法	作用或影响
2004 年	《教育部关于贯彻落实全国职业教育工作会议精神进一步扩大中等职业学校招生规模的意见》	试行跨地区和跨省招生，加强合作办学	推动中等职业教育真正成为面向社会全体成员的教育
2005 年	《教育部关于加快发展中等职业教育的意见》	力争到 2007 年，中职教育和普通高中教育体量相当	优化高中阶段教育结构，努力扩大中等职业教育规模
2005 年	《国务院关于大力发展职业教育的决定》	加强东西部之间、城乡之间职业院校的合作	促进了农村职业教育发展
2008 年	《教育部办公厅关于中等职业学校面向返乡农民工开展职业教育培训工作的紧急通知》	面向返乡农民工实施学历教育和短期职业技能培训	帮助返乡农民工提高就业和再就业的能力
2009 年	《教育部关于切实做好返乡农民工职业教育和培训等工作的通知》	把招收有学习愿望的返乡农民工接受中等职业学历教育作为扩招工作的重要任务，积极组织职业学校、成人学校帮助返乡农民工获得必要的职业技能	提高农民工就业能力

续表 3－15

时间	政策文件	主要做法	作用或影响
2020 年	《教育部等九部门关于印发〈职业教育提质培优行动计划（2020—2023 年）〉的通知》	健全高职分类考试招生制度，规范职业教育考试招生形式，完善“文化素质＋职业技能”评价方式	激发职业学校办学活力

资料来源：根据 2000—2020 年国家职业教育政策文件整理而成

（四）经费制度

这一时期的职业教育经费制度主要体现在三个方面。第一是强调要继续增加各级政府的教育拨款[①]，并逐步形成政府、受教育者、企业和社会共同分担的教育成本分担机制，同时建立起多方筹措教育经费的经费来源机制[②]，从而为职业教育发展提供坚实的条件保障。第二是加大公共财政对农村、农业职业教育投入，进一步落实和完善国家中等职业教育助学金和免学费政策。以 2005 年颁布的《国务院关于大力发展职业教育的决定》为标志，开始建立职业教育贫困家庭学生助学制度。[③] 2011 年，《教育部等九部门关于加快发展面向农村的职业教育的意见》出台，开始“督促各级人民政府增加对农村、农业职业教育投入，加快

① 国务院：《国务院关于大力推进职业教育改革与发展的决定》（国发〔2002〕16 号），2002 年 8 月 24 日。

② 教育部等：《教育部等七部门关于进一步加强职业教育工作的若干意见》（教职成〔2004〕12 号），2004 年 9 月 14 日。

③ 国务院：《国务院关于大力发展职业教育的决定》（国发〔2005〕35 号），2005 年 10 月 28 日。

推进农村中等职业教育免费进程”①。第三是发挥好各类职业教育资金的作用，提高资金使用效益。2014 年国务院文件明确提出，“企业要依法承担职工教育培训和筹集培训经费的责任”②，通过发挥企业在职业教育培训中的作用，进一步提高经费的使用效益。（见表 3－16）

表 3－16 市场经济发展期的职业教育经费制度

时间	政策文件	主要做法	作用或影响
2002 年	《国务院关于大力推进职业教育改革与发展的决定》	继续增加各级政府的教育拨款	多方筹措经费，增加职业教育经费投入
2004 年	《教育部等七部门关于进一步加强职业教育工作的若干意见》	形成政府、受教育者、企业和社会共同分担的教育成本分担机制，同时建立起多方筹措教育经费的经费来源机制	保障职业教育发展
2005 年	《国务院关于大力发展职业教育的决定》	加大政府支持力度，进一步落实城市教育费附加用于职业教育的政策；建立职业教育贫困家庭学生助学制度	多渠道增加经费投入，建立职业教育学生资助制度

① 教育部等：《教育部等九部门关于加快发展面向农村的职业教育的意见》（教职成〔2011〕13 号），2011 年 10 月 25 日。

② 国务院：《国务院关于加快发展现代职业教育的决定》（国发〔2014〕19 号），2014 年 5 月 2 日。

续表 3-16

时间	政策文件	主要做法	作用或影响
2011 年	《教育部等九部门关于加快发展面向农村的职业教育的意见》	督促各级人民政府增加对农村、农业职业教育投入，加快推进农村中等职业教育免费进程	加大公共财政对农村、农业职业教育投入，完善国家中等职业教育助学金和免学费政策
2014 年	《国务院关于加快发展现代职业教育的决定》	企业要依法承担职工教育培训和筹集培训经费的责任	通过发挥企业在职业教育培训中的作用，进一步提高经费的使用效益

资料来源：根据 2000—2020 年国家职业教育政策文件整理而成

(五) 课程制度

市场经济发展期的职业教育课程制度，主要从三个方面对课程设置和实施进行了改革。第一，将专业设置、课程设计、教材开发与社会需求结合，增强职业教育的适应性。① 2002 年，国务院文件提出，要“增强专业设置的适应性，积极开设和发展面向新兴产业和现代服务业的专业”②。2004 年，《教育部等七部门关于进一步加强职业教育工作的若干意见》出台，提出要进一步“加强职业教育服务经济社会的能力”③。2005 年，《国务院关于大力发展职业教育的决定》提出，要“根据市场和社会需要，

① 教育部等：《教育部等七部门关于进一步加强职业教育工作的若干意见》(教职成〔2004〕12 号)，2004 年 9 月 14 日。

② 国务院：《国务院关于大力推进职业教育改革与发展的决定》(国发〔2002〕16 号)，2002 年 8 月 24 日。

③ 教育部等：《教育部等七部门关于进一步加强职业教育工作的若干意见》(教职成〔2004〕12 号)，2004 年 9 月 14 日。

合理调整专业设置，推进精品专业、课程和教材建设”①。以上种种政策的出台，促使职业教育专业设置与经济社会发展需求紧密契合，提高了职业教育的针对性和适应性。第二，以培养学生的职业能力为目标，强调课程设置的综合性和实践性。2000 年，《关于制定中等职业学校教学计划的原则意见》提出，专业课程要以突出综合性和实践性为原则，按照职业岗位的具体要求进行设置。② 自此开始强调学生职业能力培养的综合性和实践性。2001 年，《教育部办公厅关于在部分有条件的中等职业学校做好综合课程教育试验工作的意见》提出要对中职学生“开展综合课程教育，为终身学习和未来发展打下基础”③。这表明职业教育从片面强调就业转向注重对学生综合能力的培养。2006 年，教育部进一步提出，要加强在课程开发领域与行业企业合作，根据职业岗位的要求进行课程改革。④ 2008 年颁布的《教育部关于进一步深化中等职业教育教学改革的若干意见》提出“以培养学生的职业能力为导向”⑤，推动中等职业学校教学从学科本位向能力本位转变。2010 年，《中等职业教育改革创新行动计划（2010—2012 年）》提出要“贴近岗位实际工作过程，对接职业

① 国务院：《国务院关于大力发展职业教育的决定》（国发〔2005〕35 号），2005 年 10 月 28 日。

② 教育部：《关于印发〈关于制定中等职业学校教学计划的原则意见〉的通知》（教职成〔2000〕2 号），2000 年 3 月 21 日。

③ 教育部办公厅：《教育部办公厅关于在部分有条件的中等职业学校做好综合课程教育试验工作的意见》（教职成厅〔2001〕2 号），2001 年 12 月 6 日。

④ 教育部：《关于全面提高高等职业教育教学质量的若干意见》（教高〔2006〕16 号），2006 年 11 月 16 日。

⑤ 教育部：《教育部关于进一步深化中等职业教育教学改革的若干意见》（教职成〔2008〕8 号），2008 年 12 月 13 日。

标准，更新课程内容、调整课程结构"①，全面提高学生的综合职业能力。第三，以应用为主旨构建职业教育课程和教学的完整体系。2000 年，教育部文件提出，要"按照突出应用性、实践性的原则重组课程结构，更新教学内容"②，构建完整的课程和教学体系。同年，教育部又提出，要开展"适应于学分制的模块式课程和综合化课程的探索和实验"③，进一步提高课程的针对性、适应性和灵活性，建设和完善与经济社会和个人发展相协调的课程体系。2014 年，《国务院关于加快发展现代职业教育的决定》颁布，提出要"推进专业设置、专业课程内容与职业标准相衔接，推进中等和高等职业教育培养目标、专业设置、教学过程等方面的衔接"④，力争形成对接紧密、特色鲜明、动态调整的职业教育课程体系。2020 年，《职业教育提质培优行动计划(2020—2023 年)》颁布，为进一步提升专业和课程教学质量提供了制度保障。⑤（见表3－17）

① 教育部：《教育部关于印发〈中等职业教育改革创新行动计划（2010—2012年）〉的通知》(教职成〔2010〕13 号)，2010 年 11 月 27 日。

② 教育部：《关于印发〈教育部关于加强高职高专教育人才培养工作的意见〉的通知》(教高〔2000〕2 号)，2000 年 1 月 17 日。

③ 教育部：《教育部关于印发〈关于全面推进素质教育、深化中等职业教育教学改革的意见〉的通知》(教职成〔2000〕1 号)，2000 年 3 月 21 日。

④ 国务院：《国务院关于加快发展现代职业教育的决定》(国发〔2014〕19号)，2014 年 5 月 2 日。

⑤ 教育部等：《教育部等九部门关于印发〈职业教育提质培优行动计划(2020—2023 年)〉的通知》(教职成〔2020〕7 号)，2020 年 9 月 16 日。

表3－17　市场经济发展期的职业教育课程制度

时间	政策文件	主要做法	作用或影响
2000年	《关于印发〈教育部关于加强高职高专教育人才培养工作的意见〉的通知》	要按照突出应用性、实践性的原则重组课程结构，更新教学内容	以应用为主旨和特征构建课程和教学内容体系
2000年	《关于印发〈关于制定中等职业学校教学计划的原则意见〉的通知》	根据职业岗位要求设置专业课程，突出综合性和实践性	强调学生职业能力培养的综合性和实践性
2000年	《教育部关于印发〈关于全面推进素质教育、深化中等职业教育教学改革的意见〉的通知》	探索模块式和综合化课程	构建和完善适应经济社会和个人发展的课程体系
2001年	《教育部办公厅关于在部分有条件的中等职业学校做好综合课程教育试验工作的意见》	开展综合课程教育，使中等职业学校学生既可就业，也可继续接受高等职业教育或普通高等教育	职业教育从片面强调就业转向注重学生综合能力的培养，为终身学习和未来发展打下基础
2002年	《国务院关于大力推进职业教育改革与发展的决定》	开展面向新兴产业和现代服务业的专业设置	调整专业设置，推进课程改革

续表 3－17

时间	政策文件	主要做法	作用或影响
2004 年	《教育部等七部门关于进一步加强职业教育工作的若干意见》	将专业设置、课程设计、教材建设与社会需求结合，增强职业教育的适应性	增强职业教育主动服务经济社会发展的能力
2005 年	《国务院关于大力发展职业教育的决定》	根据市场和社会需要，合理调整专业设置，推进精品专业、课程和教材建设	根据市场需求开展精品专业、课程和教材建设
2006 年	《关于全面提高高等职业教育教学质量的若干意见》	加强在课程开发领域与行业企业合作，根据职业岗位的要求进行课程改革	加大课程建设与改革的力度，增强学生的职业能力
2008 年	《教育部关于进一步深化中等职业教育教学改革的若干意见》	以培养学生的职业能力为导向	推动中等职业学校教学从学科本位向能力本位转变
2010 年	《教育部关于印发〈中等职业教育改革创新行动计划（2010—2012 年）〉的通知》	贴近岗位实际工作过程，对接职业标准，更新课程内容、调整课程结构	提高学生综合职业能力

续表 3-17

时间	政策文件	主要做法	作用或影响
2014 年	《国务院关于加快发展现代职业教育的决定》	推进专业设置、专业课程内容与职业标准相衔接，推进中等和高等职业教育培养目标、专业设置、教学过程等方面的衔接	形成对接紧密、特色鲜明、动态调整的职业教育课程体系
2020 年	《教育部等九部门关于印发〈职业教育提质培优行动计划（2020—2023 年）〉的通知》	推动依据国家战略和区域产业发展需求、专业建设水平、就业质量等合理规划引导专业设置，建立退出机制；规范人才培养方案研制发布程序，建立职业学校人才培养方案公开制度	提升专业和课程教学质量

资料来源：根据 2000—2020 年国家职业教育政策文件整理而成

（六）教师制度

这一时期的职业教育教师制度主要体现在三个方面。第一，继续加强“双师型”教师队伍建设，提高教师队伍的整体素质。2000 年，《教育部关于加强高职高专教育人才培养工作的意见》提出，要逐步消除理论课教师和专业课教师的界限，推动教师向综合型发展。① 同年，教育部文件又提出，要“优化教师队伍结

① 教育部：《关于印发〈教育部关于加强高职高专教育人才培养工作的意见〉的通知》（教高〔2000〕2 号），2000 年 1 月 17 日。

构，培养骨干教师，吸收企业优秀工程技术和管理人员到中等职业学校任教”[①]。2002 年，教育部提出了“双师型”教师队伍建设的两种途径，一是通过培训提高现有教师队伍的‘双师素质’，二是重视从企事业单位引进既有工作经验，又有扎实理论基础的高技术人员和管理人员充实教师队伍。[②] 第二，进一步出台政策，促进专兼结合的教师团队建设。2005 年颁布的《国务院关于大力发展职业教育的决定》提出，要制定教师定期到企业实践的制度，完善兼职教师的聘用制度，[③] 以此加强“双师型”教师队伍建设。2006 年，教育部提出，要进一步加大从行业企业聘请能工巧匠到学校任教的力度，加大兼职教师的比例。[④] 2012 年，《国务院关于加强教师队伍建设的意见》提出，要规范高技能人才到学校任教的制度，进一步提高行业企业在培养“双师型”教师中的作用。[⑤] 第三，不断深化职业教育职称和人事制度改革，进一步促进教师队伍结构优化。2004 年，教育部等部委发文提出，要“要深化职业院校人事制度改革，促进‘双师型’教师队伍建设，优化人才聘任制度”[⑥]。2010 年，《国家中长期教育改革和发展规划纲要（2010—2012 年）》提出，要“完

---

① 教育部：《教育部关于印发〈关于全面推进素质教育、深化中等职业教育教学改革的意见〉的通知》（教职成〔2000〕1 号），2000 年 3 月 21 日。

② 教育部：《关于加强高职（高专）院校师资队伍建设的意见》（教高厅〔2002〕5 号），2002 年 5 月 15 日。

③ 国务院：《国务院关于大力发展职业教育的决定》（国发〔2005〕35 号），2005 年 10 月 28 日。

④ 教育部：《关于全面提高高等职业教育教学质量的若干意见》（教高〔2006〕16 号），2006 年 11 月 16 日。

⑤ 国务院：《国务院关于加强教师队伍建设的意见》（国发〔2012〕41 号），2012 年 9 月 7 日。

⑥ 教育部等：《教育部等七部门关于进一步加强职业教育工作的若干意见》（教职成〔2004〕12 号），2004 年 9 月 14 日。

善符合职业教育特点的教师资格标准和专业技术职务（职称）评聘办法”①，开始通过改革职称评聘办法，促进教师队伍优化。2014 年，《国务院关于加快发展现代职业教育的决定》提出，要“探索在职业学校设置正高级教师职务（职称）”② 制度，进一步完善教师资格标准，实施教师专业标准。2020 年，教育部等九部门颁布的《职业教育提质培优行动计划（2020—2023 年）》提出，要探索有条件的优质高职学校转型为职业技术师范类院校或开办职业技术师范专业，支持高水平工科院校分专业领域培养职业教育师资，构建“双师型”教师培养体系，提升教师“双师”素质。③（见表 3－18）

表 3－18　市场经济发展期的职业教育教师制度

时间	政策文件	主要做法	作用或影响
2000 年	《关于印发〈教育部关于加强高职高专教育人才培养工作的意见〉的通知》	淡化基础课教师和专业课教师的界限，逐步实现教师一专多能	抓好“双师型”教师培养，提高高职高专教育教学质量
2000 年	《教育部关于印发〈关于全面推进素质教育、深化中等职业教育教学改革的意见〉的通知》	优化教师队伍结构，培养骨干教师，提高具有研究生学历教师的比例，并加大从企业引进优秀人才的力度	加快“双师型”教师队伍建设

① 中共中央、国务院：《中共中央国务院印发〈国家中长期教育改革和发展规划纲要（2010—2020 年）〉》，2010 年 7 月 29 日。

② 国务院：《国务院关于加快发展现代职业教育的决定》（国发〔2014〕19 号），2014 年 5 月 2 日。

③ 教育部等：《教育部等九部门关于印发〈职业教育提质培优行动计划（2020—2023 年）〉的通知》（教职成〔2020〕7 号），2020 年 9 月 16 日。

续表 3－18

时间	政策文件	主要做法	作用或影响
2002 年	《关于加强高职（高专）院校师资队伍建设的意见》	加大教师培训力度，重视从企业引进人才任教	不断提高教师的整体素质
2004 年	《教育部等七部门关于进一步加强职业教育工作的若干意见》	改革人事制度，优化教师队伍结构	促进人才合理流动，提高教师队伍整体素质
2005 年	《国务院关于大力发展职业教育的决定》	建立职业教育教师到企业实践制度，制定和完善职业教育兼职教师聘用政策	加强师资队伍建设，促进职业教育发展
2006 年	《关于全面提高高等职业教育教学质量的若干意见》	增加专业教师中具有企业工作经历的教师比例，聘请行业企业的专业人才和能工巧匠到学校兼职，逐步加大兼职教师的比例	加强专兼结合的教学团队建设
2010 年	《中共中央国务院印发〈国家中长期教育改革和发展规划纲要（2010—2020 年）〉》	完善符合职业教育特点的教师资格标准和专业技术职务（职称）评聘办法	改革职称评聘办法，促进教师队伍优化
2012 年	《国务院关于加强教师队伍建设的意见》	发挥行企培养“双师型”教师的作用	完善“双师型”教师培养培训体系

续表 3－18

时间	政策文件	主要做法	作用或影响
2014 年	《国务院关于加快发展现代职业教育的决定》	健全教师专业技术职务（职称）评聘办法，探索在职业学校设置正高级教师职务（职称）	完善教师资格标准，实施教师专业标准
2020 年	《教育部等九部门关于印发〈职业教育提质培优行动计划（2020—2023 年）〉的通知》	探索有条件的优质高职学校转型为职业技术师范类院校或开办职业技术师范专业，支持高水平工科院校分专业领域培养职业教育师资，构建“双师型”教师培养体系	提升教师“双师”素质

资料来源：根据 2000—2020 年国家职业教育政策文件整理而成

三、市场经济发展期职业教育制度的横向分析

进入 21 世纪后，我国经济社会发展进入飞速发展的快车道。职业教育随着全面收费和不包分配制度的实施，市场化程度不断提高。

在办学制度上，市场经济发展期的办学制度主要强调要以政府为主导，充分发挥行业、企业和社会力量办学的作用，逐步促进多元办学格局的形成。在管理制度上，这一时期的管理制度主要体现在两个方面：一是政府管理方面，要求建立分级管理、地方为主、政府统筹、社会参与的职业教育管理体制；二是院校管理方面，要求进一步深化以人事分配制度为重点的内部管理体制

改革，落实职业院校的办学自主权。在招生就业制度上，这一时期主要针对收费并轨和不包分配制度的全面实施带来的冲击，出台了一系列扩大招生规模、完善招生就业形式的制度，以此应对职业院校吸引力下降的问题。在经费制度上，这一时期的经费制度主要表现为三方面：一是要求增加各级政府的财政投入；二是加大公共财政对农村、农业职业教育投入，进一步落实和完善国家中等职业教育助学金和免学费政策；三是发挥各类资金在职业培训中的作用，提高资金的使用效益。在课程制度上，这一时期课程制度也主要体现三个方面：一是要求专业设置、课程设计、教材建设与社会需求结合，增强职业教育的适应性；二是以培养学生的职业能力为目标，强调课程设置的综合性和实践性；三是强调以应用为主旨，构建职业教育课程和教学的完整体系。在教师制度上，这一时期的教师制度同样体现在三个方面：一是要求继续加强“双师型”教师队伍建设，提高教师素质；二是进一步出台政策，促进专兼结合的教师团队建设；三是深化职称人事制度改革，不断优化教师队伍结构。

从横向比较来看，这一时期的职业教育制度不但要应对与市场接轨带来的招生、就业压力，同时也要应对普通高等学校持续扩招带来的冲击。这一时期，虽然各级政府对职业教育的投入逐年加大，从制度方面也一再强调扩大招生范围、改革招生形式、优化师资队伍、提高培养水平，但职业教育的吸引力还是逐步下降，逐渐沦为面向社会弱势群体举办的“二流教育”。

第四章　职业教育服务城乡融合的制度困境与挑战

改革开放以来，职业教育的发展经历了20世纪80年代和90年代初期的快速发展阶段，职业教育的社会认可度和地位较高，对当时经济、社会和人的发展发挥了重要作用。进入90年代中后期，由于国家全面收费制度和不包分配制度的实施，职业教育的吸引力开始逐步下降。随着1999年高校扩招和高等教育大众化时代的到来，职业教育在招生、就业和人才培养等方面制度未能及时做出有效应对，职业教育的社会认可度逐年降低。职业院校学生进入职场后地位较低，发展受限，职业教育推进区域经济、社会和人的发展的功能未能有效发挥。新形势下要发挥职业教育服务城乡融合发展的功能，需厘清职业教育制度变迁的动力机制，破除制度变迁的路径依赖，并明确政府的责任边界，有的放矢地开展制度建设。

第一节　职业教育服务城乡融合的制度供求挑战

从制度供给与需求角度审视我国改革开放后职业教育制度变迁的三个主要阶段，不难看出，制度供给与需求的矛盾都不同程度地存在。

一、职业教育制度供给未能实现“质”的保障

在市场经济探索期，国家出台的职业教育制度主要是针对扩

大招生范围和提高职业学校办学能力方面的，目的是使初等和中等职业教育尽快走上正轨，为经济社会发展培养急需的人才。但在全力促进职业教育体量提升的同时，保障职业教育人才培养质量的相关制度却未能及时跟上。

在专业和课程设置方面，尚存在结构单一、未能与当地的经济社会发展需求相适应的问题。在人才培养制度方面，虽然也规定学生要到对口企业实习和实践，但由于管理和考核等制度不完善，学生的实习和实践在一定程度上沦为形式，未能突出职业教育特色。在经费制度方面，国家出台制度鼓励职业学校通过举办小型工厂、农场等形式获得办学经费，以应对办学经费不足的局面。在经济百废待兴、国家财力有限的情况下，鼓励地方通过勤工俭学的方式自行筹集办学经费，在特定时期曾发挥了良好作用。但由于会分散职业学校的办学精力，阻碍办学质量提升，随着经济步入正轨并开始快速发展，这一制度在20世纪90年代初期就已失去继续存在的根基。但国家对职业学校的财政投入规模未达满意程度，阻碍了职业学校的发展进程。

总之，在这一阶段，国家制度总的特点是注重“量”的突破，而“质”的保障却未引起足够的重视，未能出台有效制度保障“质”与“量”齐升，这无疑为后一阶段职业教育“质”的提升设置了障碍。

二、职业教育制度未能充分顺应职业教育发展

在市场经济确立期，随着经济上市场化程度的不断提高，职业教育也逐步加速了市场化进程。

在招生就业方面，从这一时期起，我国职业教育开始打破“统招统分”的传统制度，不断扩大招生范围，逐步实现职业学校自主招生；就业则逐步开始实施毕业生自主择业制度。在

人才培养方面，这一时期主要针对专业和课程设置中脱离经济建设和社会发展需求的状况，出台相关制度，开展课程改革，进一步增强专业设置、课程开发与实际需求的融合度。但在专业和课程的设置上，对于区域经济的融合方面考虑较少，中西部地区普遍存在为沿海发达地区培养人才的倾向。经费制度方面，在确立了以国家财政拨款为主，多渠道筹措经费的制度同时，还提出“要适当增加学费在培养成本中的比例”的经费制度。

综观市场经济确立期的职业教育制度，我们不难看出，在招生就业、人才培养和经费保障等方面都存在着制度供给与需求的矛盾，在职业教育逐步走向市场化的过程中，国家提供了开放的“走出去”的制度，但在保持职业教育吸引力方面却缺乏相应的制度予以保障。在这种情况下，随着“统招统分”制度的打破，职业教育专业和课程设置与区域产业发展又未能有效融合，职业教育对区域经济社会发展作用有限，导致当地政府对职业教育增加投入的兴致不高，职业教育办学经费紧张，而在学费的缴纳上，学费的标准又在逐步提高。这种种因素叠加，已使职业教育失去往年优秀学子争先恐后报考的优势。更为重要的是，1999年高等学校开始扩招，在生源上又进一步对职业教育进行了掠夺。

在这一时期，职业教育在跟随经济市场化的过程中，出台了一系列制度促使职业教育逐步走向开放办学和自主管理，学生普遍实行缴费上学和自主择业，但由于未能突出职业教育的特色，更重要的是未能在制度供给上保障职业教育发展，导致职业教育的发展在20世纪90年代后期开始掉头向下。

三、职业教育制度供给未能有效切合发展需求

在市场经济发展期，我国经济社会进入快速发展通道，职业

教育的市场化程度进一步得到提高。这一时期的职业教育制度不仅要应对招生、就业等制度与市场接轨带来的压力，同时还要应对高校持续扩招带来的职业院校生源萎缩的挑战。

在这一阶段，虽然政府对职业教育的经费投入比前两个阶段明显增大，制度方面也延续了前一阶段的思路，不断扩大招生范围，进一步丰富招生形式，提高“双师型”教师比例，力图提升职业人才培养水平，但职业教育的社会认可度还是不断降低。究其原因，职业教育的制度供给未能有效切合市场和职业教育的发展需求是一大重要因素。

从制度的需求角度而言，在专业设置方面，职业院校应在充分论证的基础上，紧密结合地方产业结构开展专业建设，使专业设置与产业结构高度融合。职业教育只有立足地方，与地方产业紧密结合，为地方经济社会发展培养优秀人才，职业教育才能获得持续发展，才能与区域经济发展形成良性互动。在招生方面，要缓冲高等本科院校扩招带来的压力，应以制度保障具有职教特色的招生考试方式，使职业院校能招录到一批具有一定操作天赋的、真正喜欢技术技能工作的学生。在人才培养方面，应以制度保障校企合作深度开展，而不是仅在实习阶段进入企业熟悉流程。只有在人才培养上突出技能型人才的不可替代性，职业院校学生在就业市场上才能有较大的竞争力。在经费支持方面，应以制度保障国家财政继续加大投入，并以相应制度激励和约束地方政府加大支持力度。

相比于这一时期的制度需求，职业教育的制度供给却由于陷入某种“锁定”（lock in）效应，在长时间内未能提供有效供给。制度供给与需求的不平衡进一步加剧了职业教育的发展困境。

第二节　职业教育服务城乡融合的责任边界困境

新制度经济学认为，制度供给与需求的平衡一旦被打破，就会引起制度变迁。纵观我国职业教育制度的变迁过程，不管是自上而下的强制性变迁还是自下而上的诱致性变迁，政府始终在其中充当制度变迁的主体。但成功的制度变迁，不仅需要制度变迁主体的积极作为，同时也需要对政府等相关主体的责任和边界进行界定，[①] 明确责任，加强监督和制约。长期以来，我国政府作为职业教育的举办者发挥着主导职业教育的作用。然而，政府主导下的职业教育也出现职业院校缺乏自主办学主动性、企业难以有效参与等问题。因此，有必要厘清政府、学校和企业之间的利益关系，明确各自的责任边界。

一、学校与企业的利益关系不清

职业院校是以培养具有良好素质的高技能人才并实现教育公共性为目标，企业则是以生产合格优质产品并获得最大经济利益为目标，两者是完全不同性质的社会组织，具有不同的利益追求。但企业的经济效益实现要依靠高新技能人才，对高质量的技能人才具有强烈需求，职业院校则是企业所需人才的供给者，二者在技能人才方面存在着需求与供给的关系。

从学校维度思考企业参与校企合作动力不足的原因，一方面在于企业在职业院校人才培养过程中未能发挥主体作用，在专业设置、课程设计、实践教学和人才评价等方面未能全程和深度参

① 卢伟：《流动人口子女义务教育制度变迁路径分析：基于新制度经济学的视角》，载《社会科学辑刊》2011 年第 6 期，第 49 – 50 页。

与，因此在人才培养方面缺乏相应的话语权。另一方面，由于在现有体制下，校企合作培养的人才最终只有少数会留在参与校企合作的企业工作，因此企业也很难有动力将学生当作未来员工来全力培养。

针对问题产生的根源，要理顺学校和企业的利益关系，学校应当创造条件，突出企业在人才培养中的主体地位。比如，在专业设置上设立专门的专业设置委员会，使来自行业和企业的专家占重要席位；提高在企业聘任兼职教师的比例，使企业有机会深度参与学校人才培养的全过程等。同时，学校应保证参与校企合作企业在人员选聘上享有优先权。遵循双向选择原则，让参与校企合作培养的学生自愿选择为企业服务的形式和年限，并以合同形式予以明确，以此保障企业享用优秀人才的权利，提高企业培养人才的积极性。

二、政府与学校的利益关系不明

从公共选择理论看，政府也是“理性经济人”，但其本质上仍是公共利益的最大代表，是以政策制定、执行、管理与监督等职能实现公共利益最大化为目标的组织；职业教育是公共事业，职业院校是公共事业部门，其追求的同样是公共利益，通过技能人才培养实现公共利益。尽管二者在职能定位、利益范围、工作内容、工作方式手段方面完全不同，但在利益取向方面具有共性。从学校办学方面，校企合作是为了培养高水平技能人才；从政府投入职业教育方面看，政府希望通过支持校企合作实现高素质技能人才培养的目标。因此，政府和学校在校企合作方面是利益共同体，具有高度的利益一致性。

尽管如此，政府和学校关系方面的问题也同样不容忽视。就政府而言，主要问题在于政府的责任边界还不够明晰，在权力下放和政策、经费支持上力度还不够。就学校而言，主要问题在于政府长期主导职业教育的管理方式和学校随之产生的心理依赖，导致学校缺乏自主办学的主动性。学校并不缺乏参与校企合作的内在动机，但缺乏把校企合作人才培养办出成效、办成精品的驱动力。因此，政府应进一步明确责任边界，进一步下放办学自主权，加大对校企合作的政策经费支持，并定期对校企合作办出成效的学校和企业进行奖励。

三、政府与企业的利益关系不顺

政府与企业在利益取向上完全不同，前者追求的是公共利益最大化，而后者追求的是经济利益最大化，但二者之间同样存在利益共同点。政府总是希望企业能够最大化提供产值和利润，促进经济增长，满足人民的经济需求，将更多税收用于公共事业发展。政府支持校企合作也是出于这个目的，希望学校能够为企业提供优秀的技能人才，促进经济增长。而企业参与校企合作是为了获取优秀的技能人才促进的企业创新与发展，一方面使得企业获得更多的经济利益，另一方面为社会创造更多的财富和就业岗位。政府与企业的利益交叉点是政府干预校企合作的内在依据。

但同时也应看到，企业不愿参与校企合作的一大原因就在于“无利可图”。企业参与校企合作，势必会在人员工资、机器磨损等方面产生成本，而培养的人才最终却不一定留在企业。权衡之下，企业必然选择“搭便车”，以规避人才培养成本。

因此，要理顺政府和企业的利益关系，政府应通过拨款或减免税收的方式承担企业在人才培养中产生的成本，并设立专项经费用于推进校企合作深度开展。同时，还应定期开展企业社会责任评估，提高参与企业的社会美誉度，并对社会责任感不强的企业给予警示和处罚。

第三节　职业教育服务城乡融合的路径依赖问题

在我国改革开放以来职业教育制度变迁过程中，由于受地区间经济社会发展不平衡和职业教育职业特色不明显等因素影响，在制度设计和供给上使中西部地区职业教育处于不利地位。加上职业教育未能与普通教育形成差异化发展，在制度变迁中就形成了持续的路径依赖。

一、“城市中心取向”发展定位与农村职教需求矛盾

职业教育的“城市中心取向”包括两层含义，一是优先发展城市的职业教育，二是面向城市发展职业教育。这种取向导致农村职业教育需求未能得到相应满足，“城乡职业教育二元分割现象严重”[①]。追本溯源，职业教育的“城市中心取向”源于传统城镇化的城市优先发展模式，而城市优先发展模式又与普遍存在于发展中国家的二元经济结构分不开。从世界范围来看，二元经济结构是发展中国家工业化和现代化进程中普遍存在的经济现象。由于居民收入、政府投入和福利保障等方面的城乡二元性差异明显，[②] 在城镇化发展进程中，城市和农村的发展差距日益拉大。从刘易斯（Lewis）的二元经济理论可知，经过早期的廉价劳动力无限供给的阶段之后，随着经济发展水平提高，劳动力进入现代工业部门，剩余劳动力的边际生产率逐渐上升，跃过“刘

---

① 邬志辉：《中国农村职业教育的战略转型》，载《社会科学战线》2012 年第 5 期，第 194 – 199 页。

② 姜太碧：《二元经济结构理论与我国城乡二元经济结构改造》，载《改革与战略》2008 年第 11 期，第 7 – 10 页。

易斯拐点”之后，剩余劳动力转移完成，人口红利消失，劳动力市场从刘易斯古典状态转变为新古典状态。①

针对当前我国出现的“民工荒”问题，学术界对“刘易斯拐点”是否真正到来的讨论空前热烈。但当务之急并不在于对这一拐点到来的证实或证伪，也不宜通过制定政策来延缓或阻碍这一拐点的到来，而是应当一方面大力提升剩余劳动力融入城镇化的质量，一方面加大对农业、农村和农民的全面投入，逐步消解二元经济结构，加快城乡统筹和一体化发展的进程。其实早在2002 年，党的十六大就提出要“统筹城乡发展”，明确在农村教育、文化、信息、医疗等方面要实现城乡一体化。② 但受长期存在的城乡二元经济结构影响，我国农村现代化的现状与目标之间仍存在较大差距，③ 职业教育偏重发展二、三产业而弱化第一产业的现象比较普遍，④ 农村劳动力的职业教育需求未能得到有效满足。

二、“服务发达地区”功能定位与地方发展需求矛盾

职业教育“服务发达地区”功能定位的形成与我国职业教育和区域经济发展不均衡密切相关。回顾我国职业教育发展史可知，新中国成立初期，职业技术学校数量较少，国家实行统一的职业教育财政制度，那时职业教育的地区差异较小。改革开放后，由于地方政府具有了财政自主权，职业教育发展的地区差异

---

① 阿瑟·刘易斯：《二元经济论》，北京经济学院出版社 1989 年版。

② 中国共产党第十六届三中全会：《中共中央关于完善社会主义市场经济体制若干问题的决定》，2003 年 10 月 14 日。

③ 丁继安：《我国地市高等职业教育面向农村现代化的功能定位与实现策略》，载《黑龙江高教研究》2013 年第 12 期，第 101 – 105 页。

④ 程方平：《职业教育可持续发展靠什么来支撑》，载《中国教育报》2009 年 7 月 27 日 7 版。

逐步加大。东部沿海等经济发达地区经费较为充足，职业教育发展较快，职业教育与地方经济发展的结合度较好。而在中西部经济欠发达地区，职业教育办学经费普遍紧张，职业教育发展受限。

职业教育非均衡发展的深层原因在于区域经济发展的不均衡。长期以来，我国东部沿海地区由于具有较好的经济基础，形成了较大的规模经济，产生了一定的聚集效应，因此在吸引投资和就业方面具有较大的优势，同时也使其区域经济增长更具后劲。而中西部等相对落后的地区则在区域经济发展中处于不利的位置。由于经济发达地区就业优势明显，很多中西部地区的职业院校迫于就业率压力，在专业和课程设置、人才培养规模和层次等方面无一不以发达地区的需求为导向，实际发挥着为发达地区输送人才的职能，未能与区域经济的发展有效结合。由此导致的后果是，职业教育的发展未能扎根地方经济发展的土壤，后续发展乏力；地方经济发展未能得到职业教育的人才支撑，地方政府和社会支持职业教育发展的兴致不高。从某种意义上来说，我国中西部地区的职业教育与区域经济发展之间陷入了一种“恶性循环”。如何变“恶性循环”为“良性互动”，充分发挥职业教育与区域经济发展的相互促进作用，是调整职业教育功能定位迫切需要考虑的问题。

三、“就业率导向”目标定位与职业人才发展需求矛盾

职业教育的就业导向是国家为缓解严峻的就业形势和纠正将“升学”作为办学目标倾向而提出的一种政策导向，自推出以来，在优化资源配置、突出办学特色、拓宽就业渠道、缓解就业压力和促进经济、社会发展等方面发挥了积极作用。但由于政策缺陷、认识偏差和执行失真等方面的原因，职业教育的就业导向

在执行过程中出现了一定程度的异化现象,[①] 从某种程度上而言,“就业导向” 被异化成了 “就业率导向”。

具体表现为以下三点。第一,将课程内容固化为企业需求。为提高对口就业率,许多职业院校片面地将企业需求作为选择课程内容的依据和标准,既未遵循教育教学的规律,也未遵循职业能力的形成规律。[②] 第二,将培养目标窄化为岗位就业能力。许多职业院校将学生的岗位就业能力作为职业教育的培养目标,强调培养学生胜任某一工作岗位所需的知识和技能,片面关注学生的初次就业,未能从学生职业生涯发展的角度确定培养目标。第三,将教育质量异化为就业率数据。从政府到社会,在较长一段时间内,都将就业率作为评价职业院校教育质量的核心指标。这种功利性的价值取向和评价导向使职业院校疲于应付就业率而无暇顾及学生的全面发展和综合素质的提升。由此带来的后果是,受教育者沦为从属于技术的工具,普遍缺乏人文素养和公民意识,逐渐成为 “单向度的人”[③],丧失了可持续发展的能力。[④]

综上,由于在职业教育发展的三个主要时期,制度的供给与需求矛盾都不同程度地存在,加上政府责任的边界不够明晰,职业教育制度变迁过程中形成一种路径依赖,制度未能发挥实际效果。同时,从制度变迁的发展视角来看,我国职业教育发展的三个主要时期的制度建设多是关注区域经济和社会的发展,职业人

---

① 李雪梅:《高等职业教育就业导向的异化与矫正》,载《高等教育研究》2013 年第 10 期,第 52 – 56 页。

② 徐涵:《就业导向的职业教育反思》,载《教育与职业》2006 年第 15 期,第 5 – 8 页。

③ 赫伯特・马尔库塞:《单向度的人:发达工业社会意识形态研究》,刘继译,上海译文出版社 2008 年版。

④ 曾阳:《乡村振兴战略下职业教育服务城乡融合发展的路径研究》,载《国家教育行政学院学报》2019 年第 2 期,第 25 – 26 页。

才的可持续发展并未作为制度制定关注的核心。

第四节　新时期城乡融合发展对职业教育提出新需求

乡村振兴战略是党中央为解决城乡发展不平衡及农业、农村和农民发展不充分问题而提出的重大国家战略，是解决我国新时期主要矛盾的重要举措，也是弥补我国乡村发展短板的重要抓手。[①] 自党的十九大首次提出乡村振兴战略后，2018 年中央一号文件又明确提出要“坚持城乡融合发展”，将对城乡关系的认识提升到新的高度。乡村振兴战略和城乡融合发展观的提出，体现了党和国家对乡村价值和乡村发展的基本判断和政策导向。

城乡融合是指城乡经济社会生活、空间环境等紧密结合、协调发展，城乡间要素自由流动，城乡差别显著缩小，城乡发展融为一体。由于我国乡村发展滞后，推进城乡融合发展，需重新思考和定义乡村价值，需站在城乡互动立场和生态文明高度，寻找乡村价值和城市需求的契合点。[②] 乡村振兴是涉及经济、文化、科技、教育等多方面的系统工程。尽管教育在其中的作用具有一定限度[③]，但由于职业教育在教育对象上主要面向社会中下层群体和农村群体，在教育方式上可突破学校教育限制开展职后教育和培训，在教育场所上可面向农村灵活设点，因此被视为提升农村人力资本水平的重要教育类型，可以而且应当在推动城乡融合

① 刘合光：《激活参与主体积极性，大力实施乡村振兴战略》，载《农业经济问题》2018 年第 1 期，第 14 页。

② 蒋伟涛：《重识乡土中国》，社会科学文献出版社 2016 年版，第 4 页。

③ 葛新斌：《乡村振兴战略：农村教育究竟能做些什么?》，载《华南师范大学学报(社会科学版)》2018 年第 2 期，第 86 – 87 页。

发展上有所作为。①

一、我国城乡关系的发展变迁

正确认识城乡关系是选择职业教育服务城乡融合发展路径的前提和基础。改革开放以来，由于历史的原因，我国在百废待兴的状况下需要集中力量开展经济建设，在政策导向和资源配置等方面优先推进城市发展，逐渐形成中国特色的城乡二元结构，乡村衰退的问题日益显现。

为缓解城镇化进程中人才、资金等资源要素向城市单向流动、城乡差距越来越大的矛盾，2002 年，党的十六大报告首次提出“统筹城乡经济社会发展”的新理念，将“三农”问题放在整个经济社会发展的全局来综合考虑和统筹发展。其后，党的十七大和十八大提出城乡一体化的发展理念。2017 年，党的十九大提出乡村振兴战略，强调“农业农村优先发展”，明确城乡融合的核心理念。从城乡统筹、城乡一体化到城乡融合的城乡关系变迁，其中的政策内核一脉相承，此变迁也反映出党和国家对乡村发展重视程度的不断提升，对城乡关系和城乡发展顶层设计的不断调整和完善。

自改革开放以来，我国共发布与“三农”相关的中央一号文件 20 个，其中 1982 年至 1986 年的五个一号文件延续城市问题和“三农”问题分开解决的思路。从 2004 年起，连续十五年的中央一号文件关注重点都是“三农”问题。其中，2006 年主要聚焦“社会主义新农村建设”；2010 年主要关注“统筹城乡发展”；2018 年提出“乡村振兴战略”，推动对城乡关系的认识由“城乡统筹”迈向“城乡融合”，从“新农村建设”和“美丽乡

① 曾阳：《乡村振兴战略下职业教育服务城乡融合发展的路径研究》，载《国家教育行政学院学报》2019 年第 2 期，第 23－24 页。

村建设”向“乡村全面振兴”转变。

二、新时期乡村振兴对职业教育的需求

实现农业农村现代化需要职业教育支持。一是职业教育能促进农业科技的发展。职业教育可承载农业科技研发和应用的功能，提升农业科技研发水平和成果转化能力，推进农业农村现代化。二是职业教育能培育新型职业农民。职业教育可协助建立职业农民制度，实施新型职业农民培育工程，加快实现“一乡一业”“一村一品”的产业布局。通过发展规模经营，培养新型职业农民，从根本上打破城乡二元经济结构，改变以工统农、以城统乡的现状，实现城乡融合发展。三是职业教育能推进乡村治理。职业教育可搭建平台，培养大量面向“三农”的职业人才，推动乡村基础设施布局、生态环境保护、乡土文化保护和传承、乡村社区建设等，提升乡村治理能力，实现城乡融合和乡村振兴。

推进城乡融合需要职业教育支持。发达国家城镇化经验表明，当城镇化发展进入较高阶段，农村人口显著减少，城市反哺农村的能力进一步提升，农村公共服务体系得到完善，城乡融合发展才能得到实质性进展。我国目前尚处于减少农村人口以实现乡村振兴的阶段，因此，推进新型城镇化也意味着推进乡村振兴。在新型城镇化进程中，职业教育的作用体现为以下三点。一是有利于城乡人口要素流动。由于进城门槛高，大量农村转移劳动力成为“夹心层”，既融不进城市，也回不去乡村，成为困扰城镇化进程的一大社会问题。职业教育通过组织学历教育、技能培训和实践锻炼等多种方式，提升农村劳动力素质，可促进城乡人口流动。二是有利于减轻劳动力结构性短缺压力。随着我国产业进一步转型升级，劳动力市场需求变化明显，类似“技工荒”的劳动力结构性短缺时常出现。职业教育通过培养和培训特定领

域的技术技能型人才，有利于缓解劳动力结构性短缺压力。三是有利于缓解社会矛盾。职业教育通过提高农村转移劳动力的文化程度和综合素质，稳定其在城市的就业，增加工资收入，从而有望促使他们逐步融入城市生活。随着农村转移劳动力市民化的推进，社会中间阶层不断扩大，有利于缓解转型时期的社会矛盾和社会问题，维护社会稳定。

三、职业教育与城乡融合发展的契合点

城乡融合可分为三个层次。第一层次是经济发展水平的融合。要求实现农业农村现代化，农民增收，在经济发展水平上与城市的差距进一步缩小。第二层次是公共服务体系的融合。包括基础设施、治理体系等进一步向城市看齐，农民的生活质量大幅提升。第三层次是观念素质的融合。要求农民具备一定的技能，能定期接受培训，逐步具备先进意识，观念素质与城市居民差距缩小，成为具有一定流动能力的现代农民。

在第一层次的融合中，职业教育可通过提升人力资本推动经济发展服务城乡融合。20 世纪 80 年代以来，以卢卡斯[①]和罗默尔[②]为代表的“新经济增长理论”，以人力资本为核心并将其作为内生变量建立了经济增长模型，证实了具有专业技能的高素质人才是促进经济发展的持久动力。人口红利的释放曾推动我国创造了经济奇迹，但随着农村剩余劳动力的减少，以数量取胜的人口红利亟须转变为重视人力资本的二次人口红利，以继续助推经济社会发展。职业教育可通过提升人力资本，释放二次人口红

① Lucas, “On the mechanics of economic development”, in *Journal of Monetary Economics*, 1988 (22): 39 -41.

② Romer, “Endogenous technological change”, in *The Journal of Political Economy*, 1990 (98): S71 - S102.

利，进而推动经济发展水平的城乡融合。

在第二层次的融合中，职业教育可通过促进公共服务体系的完善来服务城乡融合。城乡融合的前提是城乡等值，着力点应是提升农村的公共品服务。① 德国的城乡等值战略，美国的大学镇、公司镇模式之所以成为发达国家较成功的城乡融合模式，一个重要原因就是城乡提供的公共品服务差别不大。② 教育是最重要的公共服务之一，可通过农科教结合和农村基础教育、职业教育、成人教育“三教统筹”等方式推进农业农村的现代化进程。③

在第三层次的融合中，职业教育可通过提升农村群体的观念素质来服务城乡融合。孙立平认为，我国的城乡二元结构分为两种，一种是行政主导型二元结构，一种是市场主导型二元结构。后者是以城市对农村依赖性丧失为基础的二元结构，造成的城乡断裂更为严重。④ 要打破城乡二元结构，变城乡断裂为城乡融合，除推动农业农村现代化以外，观念意识的融合也很重要。职业教育可通过促成文化繁荣和价值观念进步，实现劳动者知识更新与技能形成，推动乡村经济社会的全面振兴。⑤

---

① Shapira & Leigh-Preston, “Urban and rural development in the western United States: Emerging conflicts and planning issues”, in *Journal of Architectural and Planning Research*, 1984 (1): 37 – 55.

② 郑风田：《大学镇、公司镇和城乡等值战略：美国、德国城乡融合发展的模式与经验》，载《北京日报》2018 年 7 月 9 日 14 版。

③ 葛新斌：《乡村振兴战略：农村教育究竟能做些什么?》，载《华南师范大学学报(社会科学版)》2018 年第 2 期，第 86 – 87 页。

④ 孙立平：《重建社会：转型社会的秩序再造》，社会科学文献出版社 2009 年版，第 267 – 268 页。

⑤ 杜育红、杨小敏：《乡村振兴：作为战略支撑的乡村教育及其发展路径》，载《华南师范大学学报(社会科学版)》2018 年第 2 期，第 78 页。

第五章　发达国家职业教育服务城乡融合制度的比较与启示

本章通过对美国社区学院、德国双元制和澳大利亚 TAFE 学院的发展历程、主要特色以及运行机制的分析和比较，探究发达国家在政府作用、质量保障、经费投入和社会合作等方面的制度供给经验，为我国职业教育服务城乡融合发展的制度建设提供借鉴。

第一节　美国社区学院

对于社区学院在美国高等教育体系中的作用，克拉克·科尔（Clark Kerr）将其誉为20世纪美国高等教育的“伟大创新”。[①] 社区学院因其学制灵活、收费低廉的特点，在一定程度上减轻了高等学校的招生压力，增加了高等教育机会，完善了高等教育体系，满足了社会民众对高等教育的多样化需求，也促使高等教育走向普通民众。[②] 因此，全面了解美国社区学院的发展历程、特色和运行机制，可为我国职业教育服务城乡融合发展的制度建设提供借鉴。

---

① Brint & Karabel, *The Diverted Dream: Community Colleges and the Promise of Educational Opportunity in America, 1900—1985*, Oxford University Press, 1989, p. 23.

② 吕达、周满生主编：《当代外国教育改革著名文献》美国卷第1册，人民教育出版社2004年版，第176页。

一、社区学院的发展历程

（一）初步创立阶段（19 世纪后期—20 世纪 40 年代中期）

南北战争后，美国工农业快速发展，科技革命兴起，社会急需大量具有一定文化技能水平的劳动者来满足新兴工农业部门的需求，这对教育提出了新的挑战。为应对挑战，1862 年，美国国会通过了著名的《莫里尔法案》（*Morrill Act*），该法案被视为美国教育史上联邦政府对高等教育的第一次大规模干预。《莫里尔法案》规定，国家分配一定数量的国有土地给各州，各州对这些土地进行处理后，在五年内至少建设一所传授农业和机械工业知识的学院，这种学院就是农工学院，又叫“赠地学院”。到了 19 世纪末，随着中学毕业生的快速增长，高等教育需求急剧增长，单一的高等教育结构体系已不能很好地应对这种局面，于是，初级学院运动应运而生，这也就是社区学院的前身。[1] 1902 年，美国第一所独立的公立初级学院——乔利埃特初级学院（Joliet Junior College）在伊利诺伊州成立。乔利埃特初级学院通过开设转学课程和技术课程，满足社区对具有一定专业技术人才的需求。1917 年，为应对国家工业化进程中的人才需求，以及大量低教育程度移民的教育培训需求，《史密斯 - 休斯法案》（*Smith-Hughes Act*）颁布。该法案以联邦政府拨款的形式支持在中学开设职业教育课程，[2] 职业教育体系开始形成。1920 年，美国成立了初级学院协会（American Association of Junior Colleges, AAJC），后于 1992 年更名为“社区学院协会”（American Associ-

---

① 张晓莉：《美国社区学院职业教育的历史演变》，载《职业技术教育》2007 年第 10 期，第 89 – 91 页。

② 蒋春洋、柳海民：《“史密斯 – 休斯法案”与美国职业教育制度的确立及启示》，载《黑龙江高教研究》2012 年第 5 期，第 37 页。

ation of Community Colleges, AACC)。该协会保障了主要的初级学院能得到联邦资助。

(二)蓬勃发展阶段(20世纪40年代后期—70年代后期)

美国社区学院在20世纪40年代后期至70年代后期进入蓬勃发展阶段。在这一阶段,经济迅猛增长,科技不断进步,产业结构开始转型,社会对劳动者的素质要求大为提高,也提升了民众对职业教育的需求。同时,“二战”结束后,美国数百万退伍军人为增加就业砝码,选择进入社区学院接受职业技术培训。由于人数众多,引发了社区学院的急剧扩张。50年代以后,美国对职业教育加强了立法支持。1963年,随着美国《职业教育法》的颁布,社区学院的合法地位正式确立。联邦政府也对社区学院加大拨款力度,使其具备充足的经费发展职业教育。此后,受60年代婴儿潮以及《民权法案》颁布导致的大批贫困青年入学的影响,社区学院得到迅猛发展。社区学院的办学也及时适应形势要求,由转学教育转为培养社区急需的准专业人才为主,社区学院逐步成为集职业教育、转学教育、继续教育和社区服务等多种功能为一体的高等教育机构。[①] 60年代末,卡内基高等教育委员会建议加强社区学院中的职业指导,刺激综合性社区学院中职业教育的扩张。70年代,受卡内基高等教育委员会影响,尼克松政府开始大力资助职业教育机构,社区学院收入中政府拨款的部分增加,[②] 同时众多私人基金会也开始资助社区学院。多方的资助也带来学生对职业教育的认可。据调查,70年代后期至

① 顾月琴:《美国社区学院的发展历程及其未来趋势》,载《中国成人教育》2011年第1期,第122-124页。

② Bunzel, *Challenge to American School: The Case for Standards and Values*, Oxford University Press, 1985, p. 90.

1980 年，高达 70% 的社区学院学生选择主修职业课程。[①]

（三）全面提升阶段（20 世纪 80 年代至今）

20 世纪 80 年代以后，第三次科技革命带来高科技产业部门迅猛发展，美国的贸易结构、消费结构和就业结构等都发生巨大改变，与此相适应，美国社区学院的发展也进入新的历史时期。就社区学院自身而言，这一阶段主要根据地区就业市场的需求，调整了部分职业教育的专业和课程。比如，及时跟进高新技术产业，增设相应的高新技术课程；加强与企业的合作，更加关注职业人才的整体素质等。就政府层面而言，这一阶段主要体现在通过推行一系列职业教育法律法规，保障社区学院职业教育发展得到全面提升。比如，《职业训练合作法》强调加强校企合作关系，保证职业教育的“有效性”；《职业教育技术法案》《职业教育法》《卡尔·珀金斯法》《美国 2000 年教育目标法案》等法律法规，都对联邦政府拨款支持各州社区学院作出明确规定。而 90 年代颁布的《劳工投资法》《由学校到就业法》等法规都强调要进一步加强职前职业教育，同时要加强职前和职后教育的沟通与衔接。

纵观美国社区学院职业教育的发展进程，可以看出它是在美国社会变迁的整体背景下逐步产生、发展和完善的。由于社区学院找准了自身的功能定位，能够不断适应社会经济形势的变化，始终将满足社区需求作为自身的核心目标，逐步演变成社区职业教育、转学教育、继续教育等多功能的文化服务综合体。[②] 正是由于社区学院将服务社区作为自身的主要职能，开辟了独特的培

---

① Brint & Karabel, *The Diverted Dream: Community Colleges and the Promise of Educational Opportunity in America, 1900—1985*, Oxford University Press, 1989, p. 72.

② 顾月琴：《美国社区学院的发展历程及其未来趋势》，载《中国成人教育》2011 年第 1 期，第 122 – 124 页。

训领域和市场，面向特定群体提供教育服务，因此逐步在美国高等教育体系中确立了自身不可替代的地位。

二、社区学院的主要特色

（一）开放的招生制度

美国社区学院自 20 世纪 60 年代以来开始实行免试招生制（open door admission），即不举行任何升学考试，凡是 18 岁以上具有高中以上毕业文凭的美国公民，都可申请入读社区学院。因此，社区学院的学生年龄结构和职业背景非常复杂，各年龄段、各种职业背景的学生都有。也有不少反向转学的学生，选择从四年制大学转学至社区学院学习。这类反向转学学生有的已获学士学位，有的则没有。未获得学位的反向转学学生学习学术性课程的较多，而已经获得学位的反向转学学生多集中在技术性课程学习中。[①] 不仅如此，美国的社区学院还是外来人口的主要受教育渠道，各国移民大多从这里寻求教育机会。社区学院基本全天都向学生开放，学生可根据各自的实际情况选择白天或晚上上课。为减轻学生的经费负担，社区学院允许学生走读。学生可以选择一周工作几天，在校学习几天，采取半工半读的学习方式，方便经济困难的学生通过打工赚取学费。美国社区学院开放式的招生制度和灵活的学习方式，充分照顾了不同年龄、学历、经济条件和职业背景人群的学习需求，使不同层次和背景的人员都有机会接受高等教育。

（二）灵活的教学方式

美国社区学院的教学主要具有两大特征，即形式灵活和强调实践。教学形式的灵活主要体现在两个方面：一是教学计划灵活

① 姜俊和、郝世文：《美国社区学院反向转学问题述评》，载《外国教育研究》2008 年第 4 期，第 37 页。

多样。社区学院根据学生的入学成绩和专业方向等，设计和提供多种教学计划，开设不同门类的必修、选修以及其他补充课程，以满足不同类型学生的需求。学生修满学分即可毕业，一般情况下都可在1～3年内完成学业。二是教学方式比较灵活。由于社区学院学生的受教育背景各不相同，因此各自需求都不相同。为尽可能满足不同学生的学习需求，社区学院采取的教学方式有个别教学、小班授课、集中讲授和分组讨论等多种。同时，还注重利用网络多媒体技术，利用信息技术辅助开展教学，调动学生的学习积极性和主动性，加强师生互动，提高教学效率。① 由于具有能自由控制学习时间和地点、学习资源丰富等方面的优势，在线学习也是美国社区学院办学的一种重要方式。社区学院还不断投入资金，源源不断地开发和丰富各类网络课程资源，以便为学生在线学习提供更加丰富的多样化选择。② 社区学院教学的第二个特征是强调实践。社区学院强调通过对学生进行严格的实践技能训练，使学生扎实掌握好实际操作技能，提高就业质量。在课时的分配上，一般实验课时能达到教学课时的两倍，而实习课时则更多，可达到教学课时的三倍。这种注重实践能力的人才培养导向，有力地促进了社区学院学生解决实际问题能力的提升。

（三）低廉的收费标准

美国的社区学院在收费上与普通大学相比，费用十分低廉。强力的税收投入和多渠道的经费来源保障了社区学院的低收费标准。社区学院的办学经费主要来自联邦政府和州政府拨款，而各州政府的拨款又主要来源于税收。各州的州政府对教育都非常重

① 王志敏、王一曙：《美国社区学院的办学特色与启示》，载《中国成人教育》2012年第1期，第124－125页。

② 张玲：《美国社区学院的办学特点探讨》，载《教育评论》2013年第6期，第160－161页。

视，有的州将税收的50%以上用于教育事业，这部分经费中的大部分又拨给了社区学院，从而保证社区学院的每位学生交费控制在2500美元左右。而一般四年制普通大学的学费通常在7000美元左右，[①] 相比之下，社区学院的学费就显得十分低廉。除了通过强力的税收投入保障低廉的收费标准，多渠道的经费来源也是社区学院收费低廉的一个重要因素。在社区学院的办学经费中，有占比60%～70%的经费来源于联邦、州和地方政府拨款。其次，有20%左右的经费来源于学生所缴纳的学费。剩下的10%～20%的经费来自机构、个人和企事业单位的捐助以及社区学院自身通过提供咨询、技术和培训服务募集到的资金。强有力的政府财政投入、多元化的经费筹措机制，使社区学院经费充足，可以将精力主要用于办学。[②] 同时，社区学院还通过加大奖补力度，使学生成为接受政府贷款和补助较多的群体，有的学生甚至可以实现免费学习。[③]

（四）鲜明的社区功能

“立足社区，服务社区”是美国社区学院的办学初衷，也是体现社区功能的重要前提。美国社区学院鲜明的社区功能主要体现在以下四个方面。首先，社区学院的运作立足于当地社区。社区学院注重聘请当地有识之士参与学院管理，这样既能利用能人的智慧，又能保证当地居民的诉求能及时传达，从而保证了社区学院与当地社会的紧密联系。其次，社区学院职业教育的专业和课程设置立足于社区需求，为社区发展服务。各个社区学院的专

---

① Boggs, “The American community college: From access to success”, in *About Campus*, 2011 (2): 2－10.

② 张玲：《美国社区学院的办学特点探讨》，载《教育评论》2013年第6期，第160－161页。

③ 葛蔓：《美国社区学院的办学特点及启示》，载《长春工业大学学报(高教研究版)》2006年第1期，第42－43页。

业设置和课程开设，都是建立在对当地经济社会发展情况进行调研的基础之上，根据当地产业发展的实际情况来进行设置，并保持动态调整。再次，培养的人才主要为当地社区服务。由于开设的专业与当地的产业结合度较好，社区学院的学生一般都能在当地社区找到合适的工作岗位。社区学院也鼓励学生毕业后留在当地社区，为社区发展贡献力量。最后，通过与当地企业合作开展人才培养，为企业输送合格人才，服务社区发展。社区学院注重与当地企业合作，一方面，社区学院为企业培养人才和培训员工，另一方面，企业为社区学院提供教研和实训基地，并推荐优秀人才作为社区学院的兼职教师，双方形成互惠合作关系。①

三、社区学院的运行机制

（一）教学机制注重灵活实用

美国的社区学院作为高等教育体系的重要组成部分，承担着补习教育、职业培训、通识教育以及个人兴趣教育等多种职能。社区学院的专业开设和课程设置立足于当地经济社会发展实际，以社区需求为导向，充分利用社区各种条件资源，并结合劳动力市场的需求进行动态调整，为社区发展服务。② 总体来看，社区学院主要承担三种教育职能。③ 第一种是学院教育。主要包括转学教育、通识教育以及补偿教育等形式。④ 具体而言，在学院教

① 王志敏、王一曙：《美国社区学院的办学特色与启示》，载《中国成人教育》2012 年第 1 期，第 124 – 125 页。

② 左家哺等：《美国高等职业教育的特点》，载《湖南环境生物职业技术学院学报》2003 年第 4 期，第 362 – 368 页。

③ 李忆华、王莉芬：《美国社区学院“活力”探析》，载《内蒙古师范大学学报(教育科学版)》2014 年第 3 期，第 28 – 29 页。

④ 万秀兰：《美国社区学院的改革与发展》，人民教育出版社 2003 年版，第 39 页。

育职能下，社区学院主要是为没能进入四年制大学的高中毕业生提供两年的大学教育，两年后，学生可转学到相应的四年制高等学校继续学业，修完后两年的课程，获取学士学位。对于高中未能毕业的学生或成年人，社区学院还为其提供大学预科教育，为这类群体未来进入大学学习做准备。第二种是职业技术教育。这类教育主要针对学生开展职业技能培养，使之能获得相应的职业技能，满足社区行业需求。第三种是社区教育。这类教育主要针对社区成员开展教育和培训，通过对社区内相关企事业单位的员工进行培训，提升其职业技能，这种社区教育不计学分、不发文凭，但也是一种重要的继续教育方式。社区学院将学院教育、职业教育和社区教育有机整合，使这三种教育职能既相对独立又相互联系。在教学方面，教师的教注重与实践相结合，开展技术技能教学；学生的学习方式比较灵活，允许半工半读；教学时间的安排也较人性化，充分照顾学生的需求。在师资聘任方面，社区学院重视聘请具有工作经验的专业人员作为兼职教师，除要求教师具有教学经验外，还对学历以及教师资格证书等方面有严格要求。

（二）衔接机制力求灵活通畅

如前所述，社区学院集学院教育、职业教育与社区教育三种职能于一体，立足于当地经济社会发展实际和社区发展需求培养人才，其灵活通畅的教育衔接机制为学生搭建了一个完整的职业发展“立交桥”。社区学院学生既可选择直接就业，也可选择到四年制高等学校继续深造。社区学院灵活通畅的教育衔接机制的形成离不开以下三个因素。① 首先，社区学院与高等学校之间合作关系良好，双方建立了完善的双向转学制度。社区学院的学生

① 李忆华、王莉芬：《美国社区学院“活力”探析》，载《内蒙古师范大学学报(教育科学版)》2014年第3期，第28－29页。

在完成两年学习后可以转学到四年制大学，继续修读后两年的课程，毕业可获得学士学位。同时，四年制大学学生也可反向转学到社区学院学习，为部分有社区学院教育需求的学生提供方便。双向转学教育制度既为处于社会中下层的学生提供了二次选择机会，也为想要反向转学的学生提供差异化选择，同时，还保证了不同类型的高等院校能选择个性化的办学模式，提高了人才培养效益。其次，社区学院与众多企业的合作关系良好。社区学院通过调查劳动力市场需求，通过实施职业技术教育，为社区培养大量准专业人才。① 同时，还加强与企业合作，为企业培养高素质职业人才。② 最后，社区学院与社区之间互动良好。一方面社区学院通过提供补偿教育和职业培训项目，加强与社区之间的联系。③ 另一方面，社区人士也通过参与监督和管理的方式积极为社区学院的发展建言献策。

（三）管理体制强调责权明晰

美国的政治体制属于联邦制，各州的教育事务都由州政府进行管理。一般而言，每个州都会设立专门的社区学院管理委员会，对社区学院进行经费审批、行政审批和相关法律法规制定等方面的管理。在社区学院内部管理方面，一般实行董事会领导下的院长负责制。社区学院董事会成员由社区居民选出的各行各业代表组成，体现了当地社区对学院的支持。社区学院管理层通常由五至九名成员组成，这些成员由社区居民从当地政府机构、教

---

① 罗伯特·L. 米斯：《领导未来的美国社区学院》，向荣译，载《外国教育研究》1997 年第 2 期，第 16－17 页。

② 王凤玉、刘英俊：《美国社区学院的办学特色》，载《现代教育管理》2012 年第 7 期，第 119－120 页。

③ 刘春生、李建荣：《论美国社区学院社区教育的发展与展望》，载《教育与职业》2005 年第 24 期，第 36 页。

育界和工商业界等部门选出。[①] 董事会的职责主要是：聘任、解聘和评价院长；把握学院任务和使命，制定学院发展规划；负责学院的基础设施维护；保证学院的独立性和教学活动的顺利开展等。[②] 院长全面负责社区学院的管理工作，其职责主要是：师资聘任与考核、与社区机构团体以及政府部门保持互动、与其他社区学院沟通合作、经费筹集以及其他行政事务。[③] 美国的社区学院享有较大的自主办学权利，较少受到政府的行政干预。而其内部责权明晰的管理体制，有力地保障了社区学院的良性运行。

（四）立法财政提供坚实后盾

美国联邦政府主要通过立法和财政两种手段对社区学院进行支持。立法方面，纵观美国社区学院100多年的发展历程，法律法规的支撑非常关键。从《莫里尔法案》开始，政府颁布的《史密斯－休斯法案》《国防教育法》《高等教育设施法》《高等教育法》《职业技术教育法案》《职业教育法》《卡尔·珀金斯法》《美国2000年教育目标法案》等法律法规都对政府支持社区教育作出了明确规定。财政方面，州政府拨款、当地税收和学生学费是社区学院的三大经费来源，三项经费所占比例在不同时期不同地区存在较大差异。[④] 但总体而言，政府拨款是社区学院的办学经费的最重要来源。自20世纪90年代以来，美国的多数州开始加大对社区学院的经费支持，社区学院经费投入比例甚至

① 邱德雄、盛正发：《美国社区学院建设经验及其启示》，载《国家教育行政学院学报》2011年第8期，第88－90页。

② 刘凤翠、宁永红：《美国社区学院的运行机制及对我国发展县域社区学院的借鉴意义》，载《职教通讯》2014年第28期，第48－50页。

③ 左家哺等：《美国高等职业教育的特点》，载《湖南环境生物职业技术学院学报》2003年第4期，第362－368页。

④ 刘凤翠、宁永红：《美国社区学院的运行机制及对我国发展县域社区学院的借鉴意义》，载《职教通讯》2014年第28期，第48－50页。

比大学本科院校还要高。美国社区学院协会网站数据显示，2013年12月，政府拨款占美国公立社区学院经费的74%，而学生学费仅占17%。此外，政府还采取一些辅助性措施进行经费保障，如在社区内开征社区税等。另外，职业教育还有来自国外留学人员以及社区服务项目的收入，因此经费较为宽裕。[①] 美国通过立法和财政等手段，保证了社区学院的良性发展，也保证了社区学院职业教育为社会和经济发展培养数量充足、技术过硬的专业人才。

第二节　德国双元制

一、双元制的发展历程

德国职业教育的双元制，其中“一元”是学生在职业学校接受理论学习，“一元”是学生在企业开展实践。双元制伴随着经济和社会的发展而不断蜕变，历经100多年的演进而渐趋定型和完整。纵观双元制的发展历程，大致可划分为三个阶段。

（一）“双元”职业培训的形成阶段（19世纪末—20世纪20年代）

19世纪末至20世纪初，德国工业革命完成，传统的分散型学徒培训已不能有效满足社会生产需求。为适应经济社会发展形势，德国通过为手工业行会立法，促进了手工业培训的恢复。同时，为维护社会的稳定，解决大量青年待业的问题，进修学校实现了长足的发展。“双元”职业培训模式初步形成。

① 初冰：《美国社区学院的发展对我国高等职业教育的启示》（硕士学位论文），山东师范大学2004年，第15－16页。

1. 手工业行会立法：企业培训“一元”的奠定

经皇家议会投票，德国分别于1878、1897和1908年通过了保护零售商的相关法规以及系列针对手工行业的修正案，这标志着德国正式以法律的形式保障手工业者权益。1897年出台的《手工业者保护法》，允许建立手工业协会社团，使手工从业者的共同利益获得组织保障。1890年，德国规定只有获得资格证书的师傅才能获得培训徒弟的权利。1908年，德国重新修订了手工业条例，使之成为重要的法律，从而奠定了企业培训“一元”的基础。

2. 进修学校诞生发展：学校“一元”的支柱

尽管德国的进修学校在18世纪就已诞生，但那时的进修学校既服务于主日学校毕业的青年，也服务于手工业行会，在实际运作中存在很大的困难，并未得到良好的发展。至19世纪后半叶，在人口快速增长的背景下，德国产生大量待业青年，这些“赋闲”的待业青年逐步发展成为威胁社会稳定的重大问题。在这种情况下，进修学校因其具有亲民性和职业培训的特色逐渐显现出强大的生命力。乔治·凯士斯坦（George Kerschensteiner）在当时就提议将进修学校发展成职业培训机构，试图通过职业培训将社会中下阶层的青年融入国家资本主义制度。[①] 其后，从1895年至1914年，德国的学校改革者开始行动，扩大进修学校的职业定向范围，同时开始对手工业者实行统一的培训。[②] 这样，进修学校成为德国双元制中学校“一元”的支柱。

① 陈光华、孙志河、吴雪萍等：《德国双元制：一个职业教育制度样本的方方面面》，载《职业技术教育》2001年第21期，第55页。

② 陈光华、孙志河、吴雪萍等：《德国双元制：一个职业教育制度样本的方方面面》，载《职业技术教育》2001年第21期，第55页。

（二）“双元”职业培训的巩固阶段（20 世纪 20 年代—1969 年）

从 20 世纪 20 年代发展起来的进修学校，于 30 年代的世界经济危机时期，逐步演变成以提高从业人员职业能力为宗旨的“新职业学校”。但由于这一时期待业青年的不断增加，政府为避免产生社会问题，要求待业青年必须接受职业培训，最终使这类“新职业学校”在一定程度上沦为摆设。直到 20 世纪 30 年代中期，德国各州学校主管部门成立皇家科学、教育和公共教育部，不完整的公共职业学校体系标准得以形成。1937 年，“职业学校”这一名称被使用，政府开始组织企业内部培训。1938 年，学生参加职业学校学习成为全国义务教育。1940 年，职业学校的培训形成正式法律。“二战”以后，联邦德国继承了原德国的职业培训制度，职业培训也逐步摆脱纳粹统治时期政治意识的束缚。围绕职业培训立法问题，工会和皇家议会以及劳动阵线和政府之间进行了激烈的斗争和博弈。

（三）双元制职业教育模式的发展阶段（1969 年至今）

1969 年，德国《联邦职业教育法》正式颁布实施，代表着德国双元制培训体系在法律的保障下正式形成。职业培训不再是私人范畴的任务，而是作为公共任务来执行了。20 世纪 70 年代初期，联邦政府建立了职业培训研究所（也就是后来的联邦职教所），负责职业培训的课程开发和研究。《联邦职业教育法》的出台，使双元制职业培训具有了法律保障；而联邦职教所的成立，又加强了对职业培训的研究，从而保障了双元制职业培训的健康快速发展。此后，职业学校和企业培训相结合的职业教育发展迅速。在这一时期，政府还针对双元制存在的弱点进行了一系列改革，使职业培训的质量不断提升，并与劳动就业市场接轨。进入 80 年代后，德国逐步形成比较完整的职业培训体系，各州也形成比较严密的职业教育网络。

进入90年代后，德国的社会经济结构发生了巨大变化，有两大社会问题日益突出，一是失业率问题，二是职业培训岗位不足问题。这两大问题严重阻碍了双元制的发展。导致的后果是：申请培训的人员减少、平均入学资格降低、完不成培训的人员增加、一些企业放弃“双元制”培训，等等。尽管双元制的发展面临困境，人们对它的前景也看法不一，但大多数人还是对双元制抱着乐观的态度，认为只要不断改革和完善，双元制将能发挥更大的作用。

二、双元制的主要特色

提到德国的职业教育，就不得不提双元制。尽管在经过200余年的发展变化后，今天的双元制面临着一些发展困难，但不可否认的是，双元制为德国的经济发展做出了巨大贡献，同时也是德国高品质的劳动产品、高素质的技术工人的重要保障。双元制的特点可概括为以下四点。①

（一）实践导向，工学结合的双学习地点

双元制下的德国学生大部分时间都在企业进行技能培训和实践操作，在职业学校的理论学习也是与企业的实操紧密结合的。学生学习的目的性比较强，能较快掌握企业的生产流程，培训学习结束后能马上上岗开展工作。

在双元制的职业教育中，由于学生在职业学校学习理论知识和在企业学习操作技能是交替进行的②，因此，以制度的形式明确校企双方的权利和义务，保证教育者和受教育者的法律地位平

---

① 曾阳：《企业参与职业教育校企合作的动力机制分析及借鉴：以德国“双元制”为例》，载《职业教育（中旬刊）》2020年第11期，第7－11页。

② 夏成满：《德国“双元制”职业教育制度及其启示》，载《江苏高教》2005年第1期，第24－27页。

等，是职业教育顺利开展的重要保障。德国所采用的方式是要求受培训者和培训企业签订职业教育合同，这种合同成为实施双元制职业教育的重要保障。[①] 职业教育合同是实施职业教育的重要依据，既使工学结合有章可循，又使学校教育与生产实践能实现高度对接，从而保证学生实践能力的培养。

（二）企业为主，学校为辅的双合作主体

所谓“双主体合作”是指在为学生提供职业教育与培训时，企业和职业院校相互协作，分工合作，作为共同主体协同完成职业培训和实际操作训练。企业对双元制普遍比较热情，乐意为学生提供培训职位。一般来说，大的企业大多配备专门的培训基地和培训人员，能为职业学校学生提供具有针对性的培训。而中小企业能提供的培训职位虽然有限，但也能通过跨企业培训或委托培训等方式参与职业教育。

在双元制的职业教育中，职业学校和企业之间的合作是以企业的实践操作为主体，并配合职业学校的理论学习。由于有相关法律和职业教育合同的约束，这种校企之间的合作需要企业充分发挥能动作用，并在社会力量的多方参与下共同完成。[②] 因此，在这种双主体合作中，企业处于主导地位，在职业教育中占据重要地位，需要充分发挥主动性，根据实际需求来设置实践教学内容，并与学校教学内容保持一致。

（三）政府调控，企业自主的双管理主体

对于职业教育而言，政府的行政权力始终是推进职业教育发展的重要力量，职业教育内部的诸多矛盾也需要政府来协调和处

---

① 周耕夫、李栋学：《工学结合：期待制度与法规的哺育：来自德国“职业教育合同”的启示》，载《中国职业技术教育》2006 年第 31 期，第 5 – 7 页。

② 亓俊国、庞学光：《德国“双元制”职业教育内涵的多维度分析》，载《教育发展研究》2008 年第 11 期，第 24 页。

理。在德国双元制职业教育制度下，政府并不直接干预职业教育的校企合作，而是通过正式立法、出台政策和科研保障等措施推进职业教育发展，从而发挥政府在职业教育发展中的主导作用。[①] 德国企业之所以愿意承担职业培训的职责，除了出于企业自身利益的考虑，也与政府政策法规的约束和引导直接相关。

在双元制职业教育制度下，企业的地位举足轻重。一方面，企业为学生提供实习与实践岗位；另一方面，企业还承担着内部员工的培训和考核工作。政府则主要通过立法和财政两个杠杆对企业的职业教育与培训进行干预，明确利益相关者的责、权、利，明确培训规则，规范培训程序，明晰管理职责。因此，从一定意义上说，德国双元制职业教育制度形成的基础，就在于政府调控与企业自主的有机结合。

（四）企业私法，政府公法的双法律体系

就双元制而言，“双”的含义不仅意味着两种学习地点、办学主体和管理主体，还意味着两种法律体系的协调和统一。[②] 与企业运作相关的法律属于私法领域，如根据自由市场规则构成的培训体系；与国家和政府相关的法律则属于公法领域，主要以正式颁布的职业教育法律为代表。这两种法律体系在《联邦职业教育法》中实现了共存。就管理主体而言，职业学校的教学由州政府管理，而企业的职业培训则由联邦政府统一管理。《联邦职业教育法》的出台则将企业私法与政府公法有机融合，使二者共同充当双元制体系的法律基础。

进一步追溯双元制的运行机制，不难发现企业的职业教育与

---

① 亓俊国、庞学光：《德国“双元制”职业教育内涵的多维度分析》，载《教育发展研究》2008年第11期，第25页。

② 杨玉宝：《对德国“双元制”职业教育的新认识》，载《比较教育研究》2002年第3期，第37－39页。

培训活动同时属于私法和公法的范畴。比如，学生在企业开展实践活动，企业按规定付给学生一定的报酬，这种活动属于私法领域。而企业与职业学校开展深度合作，根据共同的教学大纲对学生开展职业教育教学活动，则属于公法管理的范畴。因此，企业在双元制职业教育中实际上是将公法与私法融为一体的。

三、双元制的运行机制

双元制职业教育体系的有效运行离不开政府主导、行业指导和企业参与。其中，企业参与尤为重要，企业在双元制培训中拥有相当大的自主权。那么，德国企业参与双元制职业培训的动力从何而来？[①]

（一）经济利益驱动

在双元制下，企业培训构成职业教育体系的主要部分，培训产生的费用也主要由企业承担。企业主要通过直接投资和集资这两种方式对职业教育进行经费投入，其中直接投资是主体，大中型企业及经营服务型产业通常采用这种方式。企业集资则一般通过设立基金开展融资，以此来平衡培训企业与非培训企业之间的竞争。

德国多个法律法规都对职业培训的经费筹措与使用进行了规定。如《联邦职业教育法》《企业基本法》《扩大职业培训位置促进法》《联邦劳动促进法》《各州学校法》等。根据相关法律规定，德国企业都须向国家缴纳一定数量的职业教育金，这笔经费由国家负责统一分配和发放给参与培训企业，而不参与培训的企业则不可获得资助。政府还通过设立基金的形式，激发企业参与双元制职业培训的动力。这类基金主要有中央基金、行业基金

① 曾阳：《企业参与职业教育校企合作的动力机制分析及借鉴：以德国“双元制”为例》，载《职业教育（中旬刊）》2020年第11期，第7－11页。

和劳资双方基金三种形式。三类基金虽然缴纳的资金额不同，但都是由企业向基金会缴纳。由于德国对职业培训经费的筹措都有相关的法律法规明文规定，企业不论是否参与职业培训，都需缴纳一定额度的培训基金，但要获得国家培训补助，企业则必须参与职业培训。与此同时，培训学员每年还能为企业创造一定的利润，权衡之下，德国企业大多愿意参与双元制职业培训。

（二）法律法规保障

“二战”后，德国政府出台了一系列法律法规，为行业企业参与职业培训制定了规则，明确了行业企业职责和权利。自20世纪60年代以来，与双元制相关的法律法规有《手工业行业协定》（1965年）、《联邦职业教育法》（1969年）、《实训教师资格条例》（1972年）、《联邦德国职业教育促进法》（1981年）、《职业培训条例》（1984年）、《手工业学徒结业考试条例》（1987年）、《联邦德国职业教育促进法（修订）》（1990年）、《强化职业教育的几项重点措施》（1994年）、《联邦职业教育法（修订）》（2005年），等等。

这些法律法规大致可分为两类。[①] 一类是纲领性的法律法规。如《联邦职业教育法》，该法属于德国职业教育与培训的纲领性法规，[②] 确保了职业教育与培训在经济社会发展中的重要地位。《联邦职业教育法》规定了明确的奖惩规则。法律明文规定的违法行为包括“未及时将培训合同的重要内容或培训合同的改动书面成文”“教育提供者未亲自进行或明确委托实训教师进行职业教育”“培训企业未向受培训者提供参加职业学校学习和考

① 尹金金：《德、美、日职业教育校企合作制度比较研究：基于历史视角与特征的分析》，载《职业技术教育》2011年第19期，第87页。

② 姜大源、刘立新：《（德国）联邦职业教育法（BBiG）》，载《中国职业技术教育》2005年第32期，第51－59页。

试的时间”“实训教师资质不合格”“培训企业违抗主管部门的监督和执法”等，《联邦职业教育法》对这些行为都明确了处罚的具体金额。由于《联邦职业教育法》对培训合同签订、培训企业义务、培训企业和师资的资质、考试和主管机构、惩罚与奖励规则等方面都做了全面规定，因此成为德国职业教育最重要的法律保障，对企业履行职业教育与培训职责具有极强的约束力。[①] 另一类是配套性的政策，主要为配合《联邦职业教育法》的执行而颁布。这类政策中有代表性的是《职业培训条例》，该条例为配合《联邦职业教育法》而制定，是规范企业开展职业培训的重要参考。系统而完善的法律法规体系确保了双元制的重要地位，而完善的配套政策则对具体的实施过程进行规定，增加了可操作性。

（三）主体地位吸引

在德国双元制职业教育体系中，企业在职业培训中扮演着极为重要的角色。企业在培训时间、专业设置和培训管理等方面具有相对独立的主体地位，这也在一定程度上提高了企业参与职业培训的兴趣。

首先，企业主导职业教育与培训时间。在中等教育阶段，德国职业教育有60%～70%的培训和教学在企业完成；在高等教育阶段，也约有50%的培训和教学在企业完成。[②] 双元制职业教育的教学方式一般分两种，[③] 一种是分散式学习，一种是集中学习，但不管是分散还是集中学习，学生在企业实践的时间都要超

① 陈仙：《行业企业参与职业教育的动力机制研究》（硕士学位论文），浙江工业大学2009年，第16页。

② 普锋：《德国职业教育的经验与启示》，载《济源职业技术学院学报》2010年第4期，第2页。

③ 吴全全：《德国、瑞士职业教育校企合作的特色及启示》，载《中国职业技术教育》2011年第27期，第93－94页。

过在校学习的时间。企业在培训时间的支配上占据主体地位，既有利于学生切实形成职业技能，同时也有利于企业有的放矢地培养自身急需的专业人才。其次，企业需求决定职业学校的专业设置。德国设置了统一的职业教育专业，这些专业与学科性专业不同，是以职业为基础而设置的。截至2010年，德国总共设置了三百多个国家承认的职业教育专业。德国双元制职业教育体系中职业学校的专业设置实现了以企业需求为导向，因此较好地解决了学校专业设置与社会对人才的需求不匹配的问题。最后，企业主导职业培训管理。德国企业根据全国统一的《职业培训条例》，结合企业的实际情况制定本企业的职业培训计划。由于企业的实训教师对学生实施以职业能力为导向的培训教学，因此学生在企业培训过程中不仅可以学习专业技能，还能获得直接的职业经验，并得到社会适应能力的培养。这样，企业在双元制职业培训中培养了企业急需的人才，在一定程度上促进了企业的健康发展。

（四）社会责任引领

德国主要从两个方面采取措施强化企业的社会责任，使之将参与职业培训作为企业社会责任的一个重要组成部分。一方面的举措是，通过媒体的力量增强企业的职业教育责任。2003年，德国启动“2003培训攻势”行动，通过有目的的职业培训宣传，鼓励企业为学生提供更多培训职位。教育部、经济部和新闻局还联合起来，通过给企业写信的方式号召企业增加培训职位。另外，还通过举办职业教育专题会议，通过媒体宣传职业教育等方式激发企业参与职业教育与培训的动力。另一方面的举措是，通过推进企业社会责任信息披露以及制定企业社会责任行动方案等方式，提高企业参与职业教育的动力。逐步推进企业社会责任信息披露已成为现代企业的发展趋势。在德国企业向公众披露的年度报告中，社会责任报告是其中的重要组成部分。[①] 另外，德国政府还于2010年颁布实施了《企业社会责任行动方案》，提出要促进校企之间的合作，加强推动企业社会责任议题的培训，鼓励高校重视企业社会责任研究，并计划在中学和大学课堂普及企业社会责任知识，[②] 逐步在全社会形成重视社会责任的氛围。

第三节　澳大利亚TAFE学院

20世纪70年代初，澳大利亚将早前的技术教育（technical education，TE）更名为“技术与继续教育”（technical and further education，TAFE），TAFE学院成为国家实施高等职业教育的主要机构。[③] TAFE学院因其具有鲜明的职业教育与培训特色，奠定了澳大利亚职业技术教育的基础，同时也产生了深远的社会影响。

一、TAFE的发展历程

总体来说，澳大利亚TAFE学院经历了以下几个发展阶段：[④]

（一）TAFE学院的初步形成阶段（“二战”后—20世纪60年代）

“二战”结束后，澳大利亚政府将职业教育列为重点建设的

① 王凌飞、陈亚楠：《德国企业社会责任信息披露制度及对我国的启示》，载《中国集体经济》2009年第30期，第199页。

② 艾德乐：《企业社会责任国家战略：德国联邦政府企业社会责任行动方案概要》，载《WTO经济导刊》2012年第4期，第39页。

③ 李卿：《澳大利亚TAFE学院质量保障体系研究：以皇家墨尔本理工大学TAFE学院为例》（硕士学位论文），东华理工大学2013年，第11－14页。

④ 汪璐：《澳大利亚TAFE学院办学模式研究》（硕士学位论文），广西师范大学2010年，第8－12页。

领域。因此，当时的技术学院得以迅速发展。与此同时，由于战争结束，大量的退伍军人转业，这些新增劳动力亟待接受职业培训。在这种强大的职业教育与培训需求下，高等职业技术教育在其中承担了重要的职业培训任务，职业院校学生数量有了明显增长。20世纪60年代初期，澳大利亚国民经济结构发生重大调整，大量新兴产业的出现急需相关行业的技能人才与之配套。澳大利亚政府及时顺应经济形势的要求，将职业院校的发展重点转为开展职业技能培训，以满足新增行业从业人员的需求。为掌握真实的需求情况，政府专门成立了咨询委员会，对高等职业教育展开全面的研究和调整。该委员会重点对劳动力市场中的技能人才供给与需求情况开展了调查，建议在各级政府的监管下筹建高等学院和高等职业教育院校，以适应经济发展对人才培养的需求。以此为标志，澳大利亚高等职业教育开始全面调整。20世纪60年代中期，为了整合资源，提高办学规模和水平，澳大利亚联邦政府合并了原来的师范学院以及其他教育与培训组织，通过资源整合成立了高等教育学院。高等教育学院的发展重心不在于理论研究，而在于专业技能形成，注重教学过程和社会实践的联系，因而人才培养具有较高的适应性和针对性。职业技术学院在校生的总数从60年代初期的24万人迅速增加至36.2万多人。①

（二）TAFE学院的发展阶段（20世纪70年代）

进入20世纪70年代后，随着经济结构转型，澳大利亚的服务业、金融业等新兴行业发展迅速，市场对这些新兴行业的人才需求旺盛。为充分了解职业教育的现实需求，为职业教育的人才培养提出有益建议，联邦政府于1973年成立以坎甘为代表的技

① 吴雪萍：《国际职业技术教育研究》，浙江大学出版社2004年版，第224－248页。

术与继续教育咨询委员会。① 次年，该委员会向联邦政府提交《坎甘报告》（*Kangan Report*），建议联邦政府加大对各州职业教育经费的支持，加大力度发展职业教育。② 报告还建议，应成立新型的TAFE学院，将技术教育与继续教育、学历教育与岗位培训结合起来开展，从而为社会培养和培训多层次、多类型的技能人才。到了70年代末期，之前成立的高等教育学院开始通过与师范院校、护理院校和农业院校的合并，将自身人才培养职能定位由技能人才培养向专业人才培养转变。在这种情况下，TAFE学院开始挑起技能人才培养的重任，联邦政府也对TAFE学院加大了投入。

（三）TAFE学院的繁荣阶段（20世纪80年代）

进入20世纪80年代后，随着服务业的快速发展，澳大利亚大量涌现提供服务业培训的机构，劳动力市场的需求推动了职业教育与培训的发展。TAFE学院作出适时调整以适应社会发展的需求，学院的发展也迈入全新阶段。1981年，国家职业技术教育研究中心成立，开始对职业教育主干课程进行专门开发。1985年，《柯尔比报告》（*Kirby Report*）发表，提出建立完整的职业技术培训系统。1989年，国家培训部（National Training Bureau，NTB）成立，职业能力标准的开发和实施有了专门的指导机构。③ TAFE学院由于较好地契合了社会和个体需求，以其自身的优势赢得了学习者的青睐。正因如此，自20世纪80年代起，TAFE学院的数量远超其他高等院校，再加上课程设置灵活、教学方式

① 甘振军、赵昌：《战后澳大利亚职业教育演变的历史考察》，载《潍坊教育学院学报》2007年第4期，第94－96页。

② 黄日强：《战后澳大利亚职业教育的变革》，载《河北职业技术师范学院学报（社会科学版）》2002年第4期，第33－37页。

③ 罗航燕：《澳大利亚高等职业教育体系研究》（硕士学位论文），华中师范大学2011年。

多样、学生入学方便，逐渐发展成为澳大利亚职业教育培训的主体。

（四）TAFE 学院的调整完善阶段（20 世纪 90 年代至今）

TAFE 学院的这一阶段的发展逐步走向完善，国家出台了一系列法律法规保障了学院的理念得到实施，学院获得长足发展。1990 年，《培训保障法》颁布实施，该法对雇主开展员工培训作出强制要求。[①] 1992 年，国家职业教育与培训课程委员会要求各州与当地的行业紧密联系，合作开发职业教育与培训课程。这项举措使得 TAFE 学院的课程内容更具实用性。同年，国家培训总局（Australian National Training Authority，ANTA）成立。职业教育领域逐渐兴起一些新的职教理念，如开发培训市场、培训向买方市场转变、控制培训成本、规范政府经费的分配等。与之相对应，联邦政府先后发表了《迪文森报告》（*Deveson Report*）和 ANTA 条约等，推动办学领域从技术与继续教育转向职业教育培训。随后，国家资格框架（Australia Qualification Framework，AQF）体系和认证框架（Australian Registered Framework，ARF）体系先后于 1992 年和 1998 年建立，使全国的教育培训统一在国家资格框架体系内实施。1998 年，新学徒制中心（New Apprenticeships Centres，NACs）成立，标志着新学徒制体系的建立，也为青年人提供了一种将工作与学习结合的途径。2002 年，学分转换政策正式提出，并成立了学历资格框架咨询委员会（Australia Qualification Framework Advisory Board，AQFAB）。两年后，对以往资历认可原则及操作流程公布，这使得学分转移和衔接具有了可操作性。2011 年，《国家职业教育和培训调节法案》颁布实施，明确了全国职业教育与培训监管机构的权力，并对课程的设置和实施提出了严格要求。（见表 5 – 1）

① 王斌华：《澳大利亚教育》，华东师范大学出版社 1996 年版，第 40 页。

表 5－1　20 世纪 90 年代至今 TAFE 学院发展大事件

年份	事件	意义
1990	《培训保障法》颁布	通过法律保障促使企业对职业教育加大投入
1992	关于开发合格的职业教育与培训课程的方案出台	使 TAFE 学院的教学内容具有针对性和实用性
1992	国家培训总局成立	形成职业教育培训合作体系
1995	国家资格框架体系建立	使教育培训有了国家标准
1998	认证框架体系建立	使职业教育明确与普通教育的界限
1998	成立了新学徒制中心	新学徒制体系建立
2002	提出学分转换政策	使更多教育经历纳入学历资格框架
2004	学历资格框架咨询委员会公布资历认可相关原则及操作流程	为学分的转换提供参考
2011	《国家职业教育和培训调节法案》颁布	明确了监管权力，对职业教育和培训实施提出严格要求

TAFE 学院从初步形成到发展至今，其运行体制不断完善，逐渐形成在国家资格框架指导下的多元办学体系，对澳大利亚职业教育体系产生了深远的影响。

二、TAFE 的主要特色

澳大利亚的 TAFE 教育主要具有以下五点特色。[①]

① 焦红丽：《澳大利亚职业教育培养模式及启示》，载《国家教育行政学院学报》2012 年第 4 期，第 92－94 页。

（一）以需求为导向的办学理念

澳大利亚TAFE教育的主要目的是通过有针对性的、高质量的人才培养，满足经济社会发展对各类技能人才的需求。从这一目的出发，逐步确立了以市场需求为导向的职业教育办学理念。在TAFE学院，职业教育的类型多样，办学模式也多元化，生源背景也极富差异化。由于TAFE学院提供了多样化的办学类型供学生选择，基本上不同需求、不同起点和不同文化背景的人群都能在其中找到合适的教育形式。总体而言，TAFE学院主要举办四种类型的职业教育与培训，包括资格证书培训、文凭教育、高中阶段的补课以及高中阶段的劳动技术课程。其中，资格证书培训针对全体公民开展，不论背景都可参加学习培训，所获证书分为1～4级。文凭教育提供两种级别的教育，一种是文凭，另一种是高级文凭。学生参加文凭教育获得的学分可得到将来入读的大学的认可。如果选择不继续升学，一般而言，接受文凭教育的学生毕业后可进入初级或中级管理层工作。高中阶段的补课教育主要针对外来移民，为其升读大学做补习。高中阶段的劳动技术课程则主要针对11～12年级的中学生，学生参与此类课程的学习可以获得一级或二级行业证书。澳大利亚TAFE学院以需求为导向的办学理念，为不同层次、不同需求的受教育者提供多样化选择。

（二）以能力为本位的课程体系

澳大利亚根据各行业对不同岗位的职业能力要求进行组合，开发形成职业教育培训包（Training Package，TP），并据此开发相应的课程。TAFE学院的课程开设会根据行业发展需求和企业特定岗位的技能要求来确定。[①] 在TAFE学院的课程体系中，培

① 李亚峰：《澳大利亚TAFE体制对我校高职教学教改的启示》，载《职教论坛》2009年第3期，第62－64页。

训包是其中的重要组成部分。培训包是针对特定的行业而开发的，可以把不同能力的要求包容其中。同时，培训包的内容要保持动态更新，国家每隔3～5年就要对培训包进行检查和评估，以确保培训包内容能及时适应产业结构的变化要求。[①] 培训包是澳大利亚职业教育和培训体系的主框架，对职业教育的资格证书体系、考核要求和能力标准作了详细的说明。培训包一般都包括国家认证和非国家认证两部分内容。国家认证部分的内容主要包括职业教育的评估指南、能力标准和资格证书等；非国家认证部分的内容主要由相关发展材料及评估材料等构成。[②] 各州政府组织学校和培训机构按照培训包要求开发教材，并负责对培训包保持动态更新，以保证其紧密联系市场。

（三）以行业为主导的办学模式

TAFE学院通过多年的教育改革与实践，逐渐形成了以行业为主导的办学模式，从而使职业教育与培训获得可持续发展的动力。在TAFE学院的办学中，行业已渗透和参与到办学的整个过程。其中包括参与学校管理、参与制定学校发展规划、参与师资队伍的选拔和充实以及参与实训基地的共建等。通过行业的全程和深度参与学院办学，澳大利亚TAFE学院从专业设置、培养目标、课程设计、教学模式和质量评估等方面全面体现出以行业需求为导向的特征。这样就使得由行业制定的职业教育培训包的要求，能真正在职业教育与培训过程中得到落实。[③] 也正是由于在职业教育与培训的宏观决策、参与办学、技能培训和质量评估等

---

① 卢建平：《澳大利亚职业教育模式摭谈》，载《职教论坛》2005年第26期，第61－62页。

② 徐健：《澳大利亚职业教育体系的框架、特点及启示》，载《江苏教育》2009年第C3期，第113页。

③ 李亚峰：《澳大利亚TAFE体制对我校高职教学教改的启示》，载《职教论坛》2009年第3期，第62－64页。

方面，行业组织都充分发挥了主导作用，因而保证了职业教育的高质量完成。[①]

（四）以认证为基础的考核办法

澳大利亚职业教育与培训的考核办法以认证为基础，同时融合测验和实践考查等多方面内容。学生需要通过考核来证明自己达到技能标准的程度，同时获得相应的培训和资格证书，[②] 以此作为将来就业准入的重要参考。对学生的理论和实践考察一般由其就读的 TAFE 学院负责，对学生工作场所培训的考核既可由 TAFE 学院负责，也可由企业负责完成。根据不同的考核情况，学生可获国家认可的分级资格证书或文凭证书。这种以认证为基础的考核办法，使学校与行业组织形成人才培训共同体，因此缩短了学生的入职适应期，提高了职业教育的整体质量。

（五）以“双师化”为主的教师队伍

TAFE 学院的教师选聘，对应聘者的从业经验和实践能力的要求较高。在达到学历要求的基础上，专业教师一般还要求具有三年以上从事相关行业的经历，部分专业教师甚至要求五至十年的工作经验，以确保教师在该领域是成熟的、技能娴熟的。同时，还必须具有国家要求的职业教师资格证书和相应的职业资格证书。在这种情况下，学院一般选聘的都是在企业一线工作岗位工作超过五年的技术人才。对于 TAFE 学院的在职教师，学院也会对其实践能力的提升提出要求。在职教师按要求必须定期到企业参加实践，及时更新实践知识和技能，确保其教学工作与企业实际保持一致步调。另外，TAFE 学院还非常重视兼职教师的聘

---

① 焦红丽：《澳大利亚职业教育培养模式及启示》，载《国家教育行政学院学报》2012 年第 4 期，第 92 – 94 页。

② Australian Qualifications Framework，“AQF Qualification”，http://www.aqf.edu.au/aqfqual.htm，2020 – 01 – 18.

请，会定期从企业聘请优秀技术人才到学院亲授，使学生能及时了解和掌握企业技术发展的最新动态，提高学生的就业适应性。TAFE 学院聘请的兼职教师数量众多，一般与专职教师相比可达 1∶1 的比例。[①] TAFE 学院正是通过高标准和严格的教师准入制度，加上注重实践的教师队伍建设导向，成功建立起一支“入则为专业教师，出则为技能专家”的高素质教师队伍，保障了 TAFE 学院的人才培养质量。

三、TAFE 的运行机制

（一）职业教育框架体系的构建

澳大利亚的职业教育框架体系主要包括三个方面：培训包、国家培训框架体系（National Training Framework，NTF）和国家认证框架。[②]

1992 年，澳大利亚联邦政府成立国家培训总局，它是职业教育和培训体系的国家协调机构，其成立为发展、完善和管理 TAFE 体系奠定了基础。也是自 1992 年起，澳大利亚联邦政府和各州政府开始投资用于职业教育产品的研发，形成了国家培训框架体系和国家认证框架，并推出职业教育培训包。澳大利亚国家培训框架体系是由联邦政府、州政府和地方政府共同签署的协议，包括培训质量框架（Australian Quality Training Framework，AQTF）和培训包两部分。培训质量框架主要是国家对职业教育与培训实施质量的总体要求。培训包则主要明确了能力标准、考核要求和对应的资格证书体系。澳大利亚国家认证框架确保资格

① 董柏林：《澳大利亚职业教育的指路明灯》，载《教育与职业》2007 年第 34 期，第 99－101 页。

② 徐健：《澳大利亚职业教育体系的框架、特点及启示》，载《江苏教育》2009 年第 C3 期，第 113 页。

证书具有在全国通用的公信力，从而提高学习者获取资格认证的动力。国家认证框架的重要组成部分是澳大利亚资格证书框架体系。按照澳大利亚资格证书框架体系的要求，各行各业中技能要求高的岗位，劳动者必须持有相应的证书才能从业。澳大利亚国家职业教育框架体系的建立，为职业教育的规范、健康发展起到了良好作用。

（二）企业与行会的积极参与

为使职业教育培训的人才类型和数量与行业企业的人才需求无缝对接，澳大利亚的企业和行会积极参与职业教育与培训。企业和行会主要在职业教育与培训中起到两个方面的作用。第一，企业和行会可以为学生提供实训岗位，并提供相应的经费支持，学生通过实践平台加强操作能力训练，提高职业能力，可在就业中占据优势。第二，企业和行会通过与学校合作的方式，根据企业发展的需要，聘请学校为企业量身打造职业人才，促进了人才培养与企业需求的契合。[①] 为保障企业和行会的利益，促进其参与职业教育与培训的积极性，澳大利亚联邦政府还通过出台相关法律法规的形式给予有效保障。

（三）劳动准入制度的全面落实

在澳大利亚，TAFE 证书是从业的必备条件。资格证书框架体系规定，只有获得相应的资格证书才能从事专业技术工作。凡是未取得三级证书的就属于学徒工，企业雇用学徒工，有责任和政府一起承担学徒工的 TAFE 学费。在澳大利亚，三级证书是从业的基本要求，因为凡是稍微对技术有所要求的工种，都要求具备三级以上的资格证书。澳大利亚的高中毕业生，按规定可以在高中阶段选修取得 TAFE 一级或二级证书，但如果不继续升学，

① Victorian Government, *State Government of Victoria DIIRD Organization Chart*, 2009, p. 1.

仅凭高中毕业证书和一、二级资格证书是很难找到稍有技术含量的工作的。因此，为了自身的职业前途着想，澳大利亚的学生（包括中学生、大学生和研究生）以及在职的社会人员，通常都选择进入 TAFE 学院接受职业技能培训，以求获得较高等级的资格证书，为走入社会从事较好的工作奠定基础。① 澳大利亚劳动准入制度的全面落实，既促使企业用工趋于规范化，同时也促进了职业教育与培训的可持续发展。

（四）有效投资体制的建立

澳大利亚职业教育的经费投入比较充足，为保证资金投入和使用的规范化，澳大利亚逐步建立起比较完善的拨款和经费使用的监督机制。在 TAFE 学院的办学经费中，联邦政府和州政府承担 70% 左右的经费，剩下的资金缺口一般由学院自筹或寻求企业资助，学院自筹部分包括学费、培训费及管理费等收入，盈利部分可以不纳税。② 联邦政府对 TAFE 学院的资金支持并非通过传统的拨款方式，而是要求 TAFE 学院“购买”职业教育培训任务，待培训完成，联邦政府采用绩效核定的方式予以支持。如果学院的培训质量达到标准，政府按规定进行拨款；如果职业培训未达要求，学院则须将相应的资金退还给政府。这种“购买”职业培训的方式，促进了职业教育与培训的竞争，有效保证了培训质量。③ 同时，澳大利亚还通过设立国家培训署等机构，为政府对职业教育的投资作指导，从而逐步规范投资体制，规避低效和无效的投资。另外，国家还通过计量手段，通过监测学生人数

---

① 陈洁梅：《澳大利亚职业教育 TAFE》，载《外国中小学教育》2008 年第 1 期，第 58－62 页。

② 邱国丹、黄雪英：《试论澳大利亚职业教育中的政府作用：论实质性政府干预对中国职业教育发展的重要性》，载《黑龙江高教研究》2008 年第 11 期，第 69 页。

③ 焦红丽：《澳大利亚职业教育培养模式及启示》，载《国家教育行政学院学报》2012 年第 4 期，第 92－94 页。

和专业课程的变化、学校规划目标调整以及审计、决算情况，作出对学院办学情况的综合判断，以此作为调整投资的参考依据。[①] 就业率和用人部门的满意度也是衡量培训质量的重要参考，直接决定联邦政府的质量评估和资金支持力度。澳大利亚规定，凡是上年度就业率低于65%的培训机构将得不到当年的拨款和下一年度的培训项目。[②] 这种多元而有效的投资体制，保障了澳大利亚职业教育与培训的高质量开展。

第四节　发达国家职业教育制度经验的比较与启示

一、发达国家职业教育制度经验比较分析

美国、德国、澳大利亚等发达国家，职业教育的产教融合更多体现在相对完善的制度保障下的自然融合。三国在教育管理制度、质量保障制度、经费投入制度、办学体制制度等领域为职业教育产教深度融合提供保障。[③]

（一）教育管理制度：提倡体系协同、宏观调控和适度介入等举措

1. 构建协同一体的职业教育管理体系

美国主要从三个维度建立职业教育管理体系。首先是国家维度，充分利用立法、财政等手段，建立全国统一的劳动技能标

① 邱国丹、黄雪英：《试论澳大利亚职业教育中的政府作用：论实质性政府干预对中国职业教育发展的重要性》，载《黑龙江高教研究》2008年第11期，第69页。

② 邱国丹、黄雪英：《试论澳大利亚职业教育中的政府作用：论实质性政府干预对中国职业教育发展的重要性》，载《黑龙江高教研究》2008年第11期，第69页。

③ 曾阳：《比较视域下职业教育产教融合的制度分析与合作生态构建》，载《职业技术教育》2021年第4期，第42-47页。

准，并加大对职业教育与培训的经费投入。其次是地方维度，采取措施激励地方组织参与职业教育与培训，培养和培训地方经济发展急需的人才。最后是企业维度，将员工定期参加培训作为员工福利。国家、地方和企业分别代表的是宏观、中观和微观三个层面，共同构建起美国的职业教育管理体系。德国联邦教育与研究部负责制订职业教育的国家发展规划和目标等，职业教育项目的日常管理则由其下属的职业教育与培训办公室负责，考试的组织、资格的认定等具体职能由联邦下属的职业教育委员会承担。澳大利亚教育主管部门通过授权方式（一般是授予培训包开发等权力），吸纳行业组织和专业机构参与职业教育管理。同时，要求技能标准局承担起管理全国职业教育与培训的责任，课程审批、对培训机构的资质审核等职能都由技能标准局承担。

2. 落实宏观调控为主的有限政府责任

美国主要以社区学院为主体开展职业教育与培训。对于社区学院在美国高等教育体系中的作用，克拉克·科尔将其誉为20世纪美国高等教育的“伟大创新”。[①] 社区学院实行联邦、州和地方政府分级管理，以地方为主的管理体制。联邦政府主要通过立法和财政手段对社区学院进行管理，政府更关注宏观管理，而不是琐碎的具体事务。德国政府为促进双元制的良性发展，也在改进管理手段，努力通过职业标准的统一，为双元制的发展助力。澳大利亚政府对职业教育与培训的干预涉及培训标准的制定、培训质量评估等多个方面。可以看出，虽然美、德、澳三国政府的职能改革各不相同，但都趋向于形成有限的政府责任。政府更多的是发挥宏观调控作用，而将更多的职业教育职能交给市场和其他教育培训组织。

① Brint & Karabel, *The Diverted Dream: Community Colleges and the Promise of Educational Opportunity in America, 1900—1985*, Oxford University Press, 1989, p. 23.

3. 开展立法财政手段为主的适度介入

美国对职业教育的干预主要体现在资金支持、法律保障和制度整合等方面。联邦政府通过专项资金投入、行政补贴措施和税收减免优惠等方式提高企业和个人参与职业培训的积极性，通过颁布一系列法律法规，保障职业教育与培训和劳动力市场高度对接，通过构建职业教育课程和学分衔接、转换制度，提升学习者可持续发展的能力。德国政府一直对职业教育保持持续介入，如通过出台《联邦职业教育法》保证双元制职业教育的地位，通过推行行政手段保证职业教育的效率等。在对职业教育的管理方面，德国注重调动行业组织的积极性。国家选定一部分行业组织来对双元制的开展进行管理，并向这些组织赋予一定的权力和地位，如授予其职业资格评定权等。德国对职业教育的介入主要是在权力与授权、国家组织与社会组织等关系的博弈过程中进行。在澳大利亚，国家通过财政专项的转移支付方式鼓励个人和雇主参与职业教育，通过认证、资助与授权等方式鼓励行业参与职业教育，通过全国统一的资格框架和管理系统规范教育成效，通过介入雇员的工资率规定技能的市场价值。

（二）质量保障制度：强调资格框架、法律法规和教育教学等体系

1. 建立全国统一的资格框架体系

美国通过制定国家技能标准，对主要行业制定了具体的技能框架，既使从业者能据之进行有针对性的学习和培训，也使企业能准确判断劳动力的技能状况。[①] 审视美国的技能体系可知，其技能认证基本覆盖主要行业，每个行业都根据不同学历水平和技能要求设置不同等级的资格证书，并加强了学历证书与职业资格

① National Skill Standards Board, *Built to Work: A Common Framework for Skill Standards*, National Skill Standards Board, 2000, pp. 14 - 22.

证书之间的互通互认，保障了职业人才的规范化培养。德国联邦劳动局授权允许职业资格证书的发证机构对各种培训组织的资质进行认证，并负责颁发资格证书。澳大利亚要求职业院校和培训机构按照国家资格框架的要求颁发职业资格证书，因而在全国建立起统一的资格证书体系。

2. 构建完备的职业教育法律体系

立法是美国联邦政府对职业教育实行的重要调节杠杆之一，主要起到调节培训导向、开展培训宏观管理以及对经费资助进行规定等作用。德国在职业教育立法中注重构建完整的法律体系，主要以《联邦职业教育法》作为核心法律，以《青年劳动保护法》和《企业基本法》作为辅助法律，以《职业培训条例》及各州的规章作为补充法规，共同构成结构完整、内容完备的职业教育体系。① 澳大利亚的职业教育法律也构成了相对完备的法律体系，对职业教育的开展与管理、拨款方式、行业及企业的参与职责与方式等作出了明确规定。② 从国际比较的结果来分析，职业教育质量突出的国家都有着比较完备的职业教育法律体系。这种完备的法律体系主要表现在既有纵向上联邦和州政府的不同层次的法律，又有横向上根据不同时期、面向不同群体的各个专项的法律或法案。外显的完善的法律体系，体现出的深层含义是成熟的立法机制和立法技术。

3. 形成完善的师资教学制度体系

美国通过出台专兼职教师制度，明确了社区学院专兼职教师的聘任、管理、考核及培训进修等方面的要求。教学方面，社区

① 石丽艳、李卉：《德美职业教育立法的比较与借鉴》，载《教育与职业》2011 年第 11 期，第 169 – 170 页。

② 刘育峰：《论澳大利亚职教法对我国职业教育法修订的借鉴意义》，载《职教论坛》2011 年第 1 期，第 86 – 91 页。

学院重视职业生涯规划的作用，各社区学院一般都配备专门的咨询机构，为学生的职业生涯规划提供指导。社区学院的专业设置和课程开发以满足社区需求为主，提高了人才培养的针对性。德国强调教师必须具有一定年限的工作经验。职业院校教师薪酬待遇、社会地位较高，纳入了公务员管理，这也是保证高质量教师来源的重要因素。教学方面，德国双元制教育模式特别注重企业实践环节，注重培养学生的关键能力，协助学生形成可迁移的职业能力。澳大利亚的 TAFE 学院对师资要求较高，除了学历方面的要求外，教师一般还必须具备三至五年的相关行业工作经验，同时还必须具备教师资格证书和相应等级的职业资格证书。教学方面，TAFE 学院非常重视学生的实际操作能力培养，每个学院都配备有实训基地，为学生提供真实的工作环境。TAFE 学院重视教学监督，通过建立内部审核机制，配备评估人员开展教学质量监督。① 考核方面，以认证为基础，同时融合测验和实践考查等多方面内容。学生需要通过考核来证明自己达到技能标准的程度，同时获得相应的培训和资格证书，② 该证书是就业准入的重要参考。对学生的理论和实践考察一般由其就读的 TAFE 学院负责，对学生工作场所培训的考核既可由 TAFE 学院负责，也可由企业负责完成。根据不同的考核情况，学生可获国家认可的分级资格证书或文凭证书。这种以认证为基础的考核办法，使学校与行业组织形成人才培训共同体，因此缩短了学生的入职适应期，提高了职业教育的整体质量。

---

① UNESCO, "Transforming technical and vocational education and training: Building skill for work and life", Shanghai: Third International Congress on Technical and Vocational Education and Training, 2012, p. 22.

② Australian Qualification Framework, "AQF Qualification", http://www.aqf.edu.au/aqfqual.htm, 2020-01-18.

（三）经费投入制度：形成政府为主、注重效益和绩效评估等导向

1. 经费来源广泛，政府拨款为主

美国社区学院的经费来源以政府拨款为主，联邦政府承担社区学院平均费用的四分之三。[①] 各州的州政府对教育都非常重视，有的州将税收的50%以上用于教育事业，这部分经费中的大部分又拨给了社区学院，从而保证社区学院的每位学生交费控制在2500美元左右。而四年制普通大学的学费通常都为7000美元左右，[②] 相比之下，社区学院的学费就显得十分低廉。德国的职业教育经费由联邦政府、州政府、地方政府和企业共同承担。其中，州政府主要负责公立学校的教职工开支，地方政府主要承担学校建设与维修费用等开支。澳大利亚的职业教育经费来源同样以政府拨款为主，联邦政府拨款和州政府拨款二者合计共占职业教育经费的70%左右。[③] 除了政府拨款，企业投资、社会及个人捐助也是重要的经费来源渠道。

2. 规范经费使用，注重资金效益

美国的职业教育法律法规通常都附有经费的总量、分配、使用和监督等问题，以此实现联邦政府对职业教育的干预。政府的经费资助有直接资助和间接资助两种。直接资助指的是联邦或州政府对学校和机构进行的经费或物资支持；间接资助则是指通过

① “White House unveils America’s college promise proposal: Tuition-Free community college for responsible students”, https://vpn.sustech.edu.cn/web/1/https/0/obamawhitehouse.archives.gov/the-press-office/2015/01/09/fact-sheet-white-house-unveils-america-s-college-promise-proposal-tuitio, 2020-01-20.

② Boggs, “The American community college: From access to success”, in *About Campus*, 2011 (2): 2-10.

③ Anderson, “Measuring the impact and outcomes of market reform in VET”, in *Funding and Financing Vocational Education and Training: Research Readings*, Adelaide, South Australia: NCVER, 2005, pp. 28-41.

税收减免政策对职业教育发展予以支持。学校和机构通过直接和间接两种资助方式获得丰富的办学经费，保证了职业教育和培训质量。德国联邦政府要求在职业培训项目后附上经费说明和要求，以此规范职业培训的经费使用。澳大利亚的联邦教育管理部门通常通过助学贷款和转移支付等方式激励学习者参加职业教育培训，而对于提供服务的职业教育培训机构，各州教育主管部门通常通过购买的方式来支持培训机构开展职业人才培养。从三国比较的结果来看，良好的资金投入机制能起到改善职业教育与培训质量的作用。如果在投入的同时加入激励机制、竞争机制，则可以激发职业院校的办学积极性，提高办学质量，并以投入机制控制招生规模，形成有序的良性竞争。

3. 引入绩效分配，注重公平效率

美国从20世纪70年代开始在高等教育领域引入绩效评价机制。① 通过多年的推进，各州都形成了相对成熟的绩效评价体系，使经费拨付能更好地体现公平与效率的原则。德国的各州从20世纪90年代开始逐步实行绩效拨款，以期通过竞争性管理达到政策目标。② 通常通过对在校生人数、就业率、优质课程数量、毕业生质量、研究项目数量和质量等指标进行评估和核算，来确定拨款的数量，从而使绩效分配形式成为引导办学行为和保证办学质量的重要杠杆。③ 澳大利亚采用商业化的经费拨付方式支持职业教育发展。所谓商业化的拨款，指的是附带条件进行拨款，学校和培训机构的职业教育与培训质量直接决定政府拨款的

① 卢彩晨：《高等教育绩效评价的缘起及功能》，载《复旦教育论坛》2011年第3期，第23－26页。

② Hartwig, *Funding System and Their Effects on Higher Education System*, OECD, 2006, p. 1.

③ 赵凌：《德国高等教育绩效拨款制透视》，载《高教探索》2012年第1期，第41－45页。

力度，未达到要求的机构会被要求退还拨款。① 这种商业化的拨款制度提高了学校和培训机构的竞争意识，促进了办学质量的提升。

（四）办学体制制度：构建社会伙伴、企业参与和校企合作等关系

1. 社会伙伴关系是典型的合作范式

美国的社会组织已广泛参与职业教育的管理、监督和服务。管理方面，国家通过授权，使众多社会组织承担了课程开发、培训组织以及资金分配等职能。监督方面，社会组织通过职业教育评估委员会、咨询委员会等机构参与监督，推动立法。服务方面，社会组织广泛参与职业教育的能力标准制定、培训机构认证和培训质量评估等活动。美国的社会组织与国家机构有机结合，构建了社会参与和国家调控相结合的合作机制。② 德国的“双元制”通过企业与学校的良好合作，形成了社会伙伴合作的典型范式。除了企业的参与，德国的工会联合会、雇主联合会、学生联合会等机构组织也广泛参与职业教育合作。澳大利亚的社会伙伴关系是职业教育领域经常采用的一种合作关系。国家培训框架和国家职业资格证书框架的出台，为职业培训的跨部门资格认定提供了认定标准，从而保障社会伙伴合作顺利开展。③

2. 企业是主要的职业教育参与方

美国企业参与职业教育的方式包括直接参与方式与间接参与方式，具体表现为通过捐赠资源、提供实习机会等推动学校本位学习项目和工作本位学习项目的发展。从参与企业的规模与类

---

① 匡瑛：《比较高等职业教育：发展与变革》，上海教育出版社 2006 年版，第 244、247 页。

② Castellano, Harrison & Schneider, *State Secondary CTE Standards: Developing a Framework Out of a Patchwork of Policies*, https://eric.ed.gov/?id=ED508966, 2020-01-20.

③ Mitchell, Robertson & Shorten, *Law and Policy in Vocational Education and Training: A Contemporary Survey*, http://www.ncver.edu.au/publications/267.html, 2020-01-10.

型、行业类型、提供活动类型等角度来看，规模较大的企业、非营利性企业参与程度较高，新型的通信专业、传统的服务行业的企业参与比例较大，大型企业较其他企业更倾向于提供工作实习和工作见习项目。[①] 德国联邦政府允许各社会组织参与职业教育咨询和决策，鼓励企业大量参与学徒管理与培训，并通过《职业培训条例》对之进行规范。澳大利亚通过授权等方式，吸纳多个行业委员会参与政府决策及开发相关课程。为鼓励企业参与职业教育与培训，联邦教育管理部门对企业招收学徒实行教育转移支付制度。企业和行会主要在职业教育与培训中起到两个方面的作用。第一，企业和行会可以为学生提供实训岗位，并提供相应的经费支持，学生通过实践平台加强操作能力训练，提高职业能力，可在就业中占据优势。第二，企业和行会通过与学校合作的方式，根据企业发展的需要，聘请学校为企业量身打造职业人才，促进了人才培养与企业需求的契合。[②]

3. 校企合作是重要的社会合作内容

在美、德、澳三国的校企合作关系中，政府通常通过立法和财政等杠杆作为调节手段，对学校和企业的合作进行宏观调控，一般不插手具体的事务。校企合作中，除学校和企业两大实施主体外，行业协会也会介入其中产生作用。在美、德、澳三国中，学徒制是企业参与职业教育的重要形式。学徒制的实施有以下三个要点。首先，需要由行业协会完成相关企业的认证和授权，使企业具备参与职业教育的资格。其次，参与学徒制的企业，为社会提供职业教育与培训，其实施过程必须在相关的法律法规约束

① Bailey, Hughes & Barr, "Achieving scale and quality in school-to-work internships: Findings from an employer survey", in *Educational Evaluation and Policy Analysis*, 2000, 22 (1): 41-46.

② *State Government of Victoria DIIRD Organization Chart*, Victorian Government, 2009, p. 1.

下完成。最后，学徒制培训的实施过程处于授权组织的监督之下。国家通过对不同的行业和社会组织进行授权，赋予它们培训标准制定和培训过程监督的权力，使不同组织具有不同职能，代表国家对企业的职业教育培训进行监督。在这三个国家中，校企合作都是重要的社会合作内容。

二、我国职业教育制度环境的现状与问题

制度环境是指能对制度运行产生影响的，人们在长期社会交往过程中自觉遵守和认同的习俗、规则和行动准则。当前我国职业教育产教融合的制度环境主要存在以下三个问题。[①]

（一）职业教育管理系统性不足，管理效应未能充分发挥

职业教育管理体制要求要“政府统筹，社会参与”，但我国现实的职业教育管理制度环境是，社会力量参与职业教育的积极性不高，行业、企业参与职业教育的程度有限。由于当前参与职业教育的回报与投入不成正比，企业参与校企合作培养的人才经常被其他企业“挖墙脚”，而未参与职业教育的企业也并不会受到相应的惩罚，因此，大部分企业都想“搭便车”，参与职业教育校企合作的动力不足。在办学体制方面，我国实行的是政府主导的职业教育办学体制。由于职业教育的各利益相关者习惯将职业教育的投入、管理和改革等任务依赖于政府来主导，行业、企业和民营机构在职业教育办学中的作用未能充分发挥。要解决社会参与积极性不高的问题，有必要进一步完善政府对职业教育的适度干预制度，做到不越位、缺位和错位，以制度保障行业和企业在职业教育产教融合中发挥主体作用。

---

① 曾阳：《比较视域下职业教育产教融合的制度分析与合作生态构建》，载《职业技术教育》2021 年第 4 期，第 42－47 页。

（二）专业设置对口性不足，与产业的结合度有待提高

在专业设置上，部分职业院校由于受办学经费、实训场地等条件限制，加上提高就业率的压力，在专业设置上形成了一定程度的路径依赖，专业设置更新较慢，未能与当地产业完全契合。主要体现为“两个不足”，即引教入产不足和引产入教不足。引教入产不足主要体现为：院校专业设置与产业的结合度不足、专业设置的更新速度与产业转型的要求不匹配、新增专业对产业转型升级的引领性不够等。引产入教不足主要体现为：业界导师参与专业设置、教学指导的深度不足、产业的应用成果反哺院校教学的机制不全、产业的创新链与院校的人才链衔接不够等。要推进职业教育产教融合的深入开展，有必要进一步发挥城市承载作用，激发行业、企业的主体作用，推进专业设置与产业深度结合，推进人才培养改革和体制机制创新。

（三）校企合作实效性不足，利益共同体机制有待完善

推进校企合作的实质性运行和深度开展，是当前我国职业教育改革与发展的重要任务之一。由于市场调节机制失灵、政府干预可能存在缺陷等问题，目前我国的校企合作大多还停留在应付式合作和表层象征性合作阶段。要推动校企合作走向深入，应在与各利益相关方的博弈过程中建立系统的激励和制衡制度。在职业教育成本分担与利益补偿方面，由于国家尚未出台正式的职业教育与培训的成本分担及利益补偿法律法规，对职业教育各利益相关者的责任和义务缺乏明确约定，导致行业、企业参与动力不足，职业教育与培训质量不高等问题。在校企合作培养职业人才的过程中，由于参与校企合作的企业的利益未得到有效保障，培养的人才大多并未能给企业带来收益，从而导致企业参与校企合作的积极性不高。因此，要完善职业教育的成本分担与利益补偿机制，需要在完善相应的法律法规基础上，明确各利益相关方的责、权、利，制定好相应的奖惩机制，切实提高行业、企业参与

职业教育校企合作的动力。

三、对我国职业教育合作生态构建的启示

从美、德、澳三国职业教育产教融合制度的相关经验可以看出，重视职业教育管理制度体系的构建是关键，而经费投入、多元办学和制度保障是核心。由于市场不确定性的存在，职业教育产教融合应注重将产业和教育功能在组织层面融为一体，[①] 构建上下协同的合作生态。[②]

（一）加强政府统筹力度，促进管理制度顶层融合

1. 建立政府统筹、分级管理、社会参与的管理体制

推进职业教育产教融合离不开政府统筹管理。在职业教育管理中，政府不干预或干预不到位将无法依靠市场机制解决企业参与积极性不高、“搭便车”等问题，而干预过度又会衍生设租、寻租等活动。这就要求政府要明确自身的责任边界和介入范围，在政策的顶层设计、经费支持和保障制度等方面发挥积极作用。[③] 首先，应建立政府统筹、分级管理和社会参与的职业教育管理体制，成立区域内“政府牵头，院校主导，行企参与”的职业教育发展联盟，统筹管理区域专业结构和布局。其次，应建立和完善法人治理结构，探索建立社会广泛参与、产权明晰多元的理事会或董事会决策议事、监督制度。再次，应明确地方政府的经费投入责任，加强发展战略、规划、政策、标准的制定和实施。最后，应以制度建设推进政校分开、管办分离，扩大职业院

---

① 郝天聪、石伟平：《从松散联结到实体嵌入：职业教育产教融合的困境及其突破》，载《教育研究》2019 年第 7 期，第 102－110 页。

② 曾阳：《比较视域下职业教育产教融合的制度分析与合作生态构建》，载《职业技术教育》2021 年第 4 期，第 42－47 页。

③ 曾阳、黄崴：《政府干预职业教育校企合作的限度及其改进：基于公共选择理论的分析》，载《现代教育管理》2016 年第 5 期，第 73－78 页。

校在教育教学、机构编制、人才引进和职务评聘、收入分配等方面的自主权。

2. 统一规划区域内产业布局和职业教育发展

随着工业化和信息化的持续推进，产业结构调整升级，经济社会不断转型，社会对高素质职业技术技能人才的需求日渐扩大，区域经济和职业教育的关系日趋密切。“一方面，区域经济决定了职业教育的发展规模、结构、速度和质量。另一方面，由于职业教育能为区域经济发展提供人才支撑，并对劳动力素质结构优化起重要作用，因此职业教育又对区域经济发展具有能动作用。”① 为使职业教育与区域经济发展之间形成良性循环，有必要通过制度建设统一规划区域内产业布局和职业教育发展，使职业教育的人才培养层次、规模、结构、质量等与当地产业结构和经济发展水平相适应，不断优化劳动力素质结构，提升职业人才培养质量，充分构建与当地产业发展相匹配的层次分明的人才网络，从而推进产教融合和区域经济社会持续发展。

3. 完善产教融合的引导和协同机制

为推进产教融合，国家相继出台了《关于深化产教融合的若干意见》《国家职业教育改革实施方案》《职业学校校企合作促进办法》《国家产教融合建设试点实施方案》等文件。而要在操作层面让产教融合落到实处、深度推进，相关协同和引导机制必不可少。② 地方应根据各地特色和产教融合的基础，建立协同机制，促进国家政策与地方政策的衔接。同时还要加强产教融合的引导机制建设，推动产教融合走向深入。比较美国、德国、澳大

① 崔晓迪：《现代职业教育与区域经济协调发展研究：以天津市为例》，载《教育与经济》2013 年第 1 期，第 31 – 35、72 页。

② 任君庆：《新时代职业院校技术技能人才培养的成效、问题与对策》，载《中国高教研究》2019 年第 12 期，第 99 – 103 页。

利亚三国的职业教育管理制度可知，政府很少对职业教育进行直接干预，而是利用财政和立法等调节杠杆，为职业教育搭建平台，创造良好的制度环境，并保证行业和企业在职业教育中的主体地位。因此一方面，我国应进一步明确地方政府的经费投入责任，加大财政投入，保障职业教育正常开展。比如通过设立校企合作专项基金，对企业参与校企合作进行绩效奖励，保障校企合作的有效开展。另一方面，要使用好立法这一杠杆，加强政府在发展战略、规划、政策和标准等方面的制定、引导、衔接和实施。

（二）扩大院校参与深度，推进专业设置制度布局融合

1. 优化区域内专业设置结构和布局

关于知识社会中大学的作用，杰勒德·德兰迪（Gerard Delanty）指出，除了做一个被动的参与者，无助地被拖进市场，大学还可以起到引领改革的作用。[①] 要实现职业教育与区域经济发展的良性互动，有必要先从专业设置入手，切实加强专业设置与当地产业的对接。应通过相关制度建设，鼓励职业院校集中力量办好当地经济社会需要的特色优势专业群，专业的设置与当地产业紧密结合并办出特色，充分发挥职业教育与区域经济发展的相互促进作用。同时，应建立政府、行业企业与职业院校共同参与的专业设置制度。一方面，这个制度可以充分发挥各方所长，解决专业设置科学性、合理性和可行性不足的问题，使职业院校的专业设置真正契合当地经济社会发展，并在某些新兴专业的设置上适度超前于产业发展，为当地经济社会发展做好人才储备工作。另一方面，政府、行业企业和职业院校三方协同开展专业设置，也有利于发挥政府的统筹、协调作用，让行业企业在职业教

---

① 杰勒德·德兰迪：《知识社会中的大学》，黄建如译，北京大学出版社2010年版，第1页。

育的源头上就实质参与，有助于解决行业企业参与职业教育兴致不高的问题。因此，为提高职业教育专业设置的科学性、合理性和可行性，提高行业企业参与职业教育的动力，有必要建立政府、行业企业与职业院校共同参与的专业设置制度。

2. 完善专业设置规划和人才需求反馈制度

应改变专业设置的盲目性和随意性，有必要以制度的形式要求各地根据经济社会发展实际需求制定相应的专业规划。从规划“专业取向、需求程度、发展重点、分布原则和发展步骤”① 等方面，对区域内职业院校的专业设置进行统一规划，建立面向区域经济社会发展的专业规划制度。同时，加强对人才需求的预测和研究，使职业教育的专业结构与区域经济结构保持同步。由于区域经济结构的调整势必带来产业结构的调整，职业教育的专业设置要与产业结构相适应，必然也要随之调整。但因为职业教育人才培养具有一定的周期性和滞后性，因此，要保持与区域产业结构调整步伐一致，改变因人才培养周期导致滞后的被动局面，有必要形成一定的人才需求预测制度，提前预测区域经济发展动态，并做好人才需求预测，提前布局。通过研究区域内产业结构的发展态势和调整态势，预测产业发展和人才需求的未来走势，以此作为专业规划和布局的基础。

3. 提升专业设置和课程教学应用实施的灵活度

现代社会已经步入移动互联网时代，知识可以借助移动互联网传播到每一个人，职业院校需要顺应这一趋势，优化信息技术应用，利用视频教学、远程互动教学等，使产业发展前沿知识快速匹配院校教学，使专业设置和课程研发符合移动互联网时代的学习特点，更易为学生接受。同时，职业院校也需善于借助移动

① 黄春麟：《高等职业教育专业布局规划的内容、方法与步骤》，载《职业技术教育》2004 年第 7 期，第 35 – 38 页。

互联网的方式，通过与受众广泛的传播平台相结合，立足产业发展需求，做好衔接和匹配，使优质课程传播更精准、更广泛，扩大知识的传播范围，提升传播效率和应用效果。

（三）提升校企合作程度，推动人才培养制度交叉融合

1. 优化企业成本补偿机制

威廉姆森（Williamson）在《市场和等级制度：一些基本思考》一文中曾提出，市场是否因为有限理性和机会主义而遭遇契约问题，主要取决于相关的交易因素，有限理性即是其中的一种因素。他同时指出，如果交易不复杂且几乎没有不确定性，那么有限理性的后果就不那么严重。[①] 通过生均补偿或减免税收等形式由政府对参与校企合作的企业给予成本补偿，对校企合作有成效的企业给予奖励。根据科斯交易成本理论的观点，一切制度安排的产生及其变更都离不开交易费用的影响。要有效提高企业参与校企合作的积极性，就必须切实给予参与企业成本补偿及相关奖励，使参与校企合作的企业不需承担人才培养成本，同时还能获取合理的收益。政府应出台政策减免参与企业的税收，减免部分可冲抵企业在校企合作中付出的人工、设备等成本。同时，企业实习基地的建设，具有部分公共产品的特性，其成本应由政府和企业共同承担。

2. 建立利益共同体合作机制

任何资源分配要达到高效率，必然有赖于作出资源利用和估价决定的制度结构。[②] 一方面，要建立校企合作的良好机制。首先，需要以立法的形式明确校企合作各利益相关者的责任、权利

---

① Williamson，“Markets and hierarchies：Some elementary considerations”，in *The American Economic Review*，1973（5）：317－318.

② 詹姆斯·M. 布坎南：《自由、市场和国家：20世纪80年代的政治经济学》，吴良健等译，北京经济学院出版社1988年版，第115页。

和义务；其次，需要通过生均补偿或减免税收等形式由政府对参与校企合作企业给予成本补偿，对校企合作做出成效的企业给予奖励；最后，可考虑设立校企合作专项经费或校企合作基金，保障校企合作持续、深入开展。另一方面，应建立职业培训合作机制。首先，应尽快出台支持职业培训的相关政策，鼓励企业、民营机构、社会团体和个人依法投资职业培训市场；其次，应引导和鼓励职业院校与行业企业合作，开展各类职业培训；再次，要推动企业利用自身资源打造职业培训品牌，树立精品意识，增强培训的号召力与参与度；最后，要加强政府和行业对职业培训机构的监管，建立培训机构评级标准。

3. 构建区域和行业龙头企业的引领机制

区域和行业龙头企业基于其在产业链中的规模效益和引领作用，往往用工数量较大，工种专业分工较为明确，岗位操作技能要求较为清晰，用工的周期也较为稳定，对高品质职业教育的需求比较大。政府可以根据这些企业的需求，因势利导，在职业教育领域构建区域和行业龙头企业的引领机制。具体操作上，一可鼓励龙头企业与地方职业技术院校联合办学，针对所需要的专业开发课程，构建招生、教学、就业、培训一体化的产教融合机制；二可鼓励有实力的龙头企业自办职业教育，在服务自身用工需求的同时，还可服务产业链上下游企业的用工需求。

第六章 职业教育服务城乡融合发展的案例分析

为近距离了解和分析职业教育在推进区域经济、社会融合和人的发展中的制度经验和问题，同时也是出于对后续制度建设尽可能照顾不同地区经济社会发展实际情况的考虑，本书未选择在一个地区开展案例分析，而是分别在我国西、中、东部选择了云南嵩明职教园区的发展、湖南湘潭县县域的职教资源整合以及广东中山职业技术学院的人才培养模式改革作为案例分析的样本，三个案例分别针对职业教育推进区域经济发展、社会融合和人的终身发展进行有重点的制度经验和问题分析，从而为后续制度建设提供参照。

第一节 云南职教园区推进区域经济发展

职教园区又叫“职教城”，是通过集约办学、规模经营实现资源优化配置的职业教育平台综合服务体。[①] 职教园区的建设对整合优质职教资源，促进技术技能积累转化，培养技术技能型职业人才，推动地方经济和社会发展具有重要的现实意义。

云南地处西南边陲，是我国民族种类最多的省份，经济发展总体水平不高。长期以来，云南职业院校由于办学条件简陋、专业设置重复老旧、招生就业无序竞争等方面的原因，职业教育办

---

① 张耀天、肖泽平：《对我国职教园区发展的理性思考》，载《教育探索》2011年第11期，第34页。

学质量一直处于低迷状态。为促进职业教育发展，加速区域内职教资源整合，使职业教育与区域经济发展形成良性互动，云南省启动13个职教园区建设，累计完成投资182.66亿元，[①] 集约化发展已粗具规模。本节以嵩明职教园区为例，探寻职教园区依托工业园区开展人才培养的特色、作用和问题，并以此作为探讨职教园区建设推进区域经济发展的制度建设的依据。

一、职教园区集中发展模式的提出背景

（一）国家与省级政策文件的要求

自1996年我国首个职教园区浙江温岭职教园区启动建设，职教园区在我国已有近20年的发展历程，建成或在建的职教园区已达157个。[②] 2010年颁布的《国家中长期教育改革和发展规划纲要（2010—2020年）》是对未来十年我国教育改革发展的蓝图设计，该纲要提出，要加大投入发展职业教育，争取到2020年时构建起完善的现代职业教育体系，充分满足经济社会发展对高素质技能人才的需要。[③] 纲要同时也指出，地方政府是发展职业教育的主体，要切实负起责来，统筹区域内职业教育发展，使职业教育的专业设置、发展规模、人才培养层次和类型与当地经济社会发展需求相适应。[④] 随后出台的《云南省中长期教育改革和发展规划纲要（2010—2020年）》明确提出，“鼓励以产学研

---

① 人民日报社：《云南省职教改革结硕果》，见百度百家号（https://baijiahao.baidu.com/s?id=1601423548043947957&wfr=spider&for=pc），2018-05-25.

② 王玉龙：《职教园区的发展历史与时代特征》，载《天津职业大学学报》2019年第2期，第18-21页。

③ 中共中央、国务院：《中共中央国务院印发〈国家中长期教育改革和发展规划纲要（2010—2020年）〉》，2010年7月29日。

④ 中共中央、国务院：《中共中央国务院印发〈国家中长期教育改革和发展规划纲要（2010—2020年）〉》，2010年7月29日。

用为纽带，以专业群为依托，组建和完善行业性、区域性职业教育集团”①。同时，云南省教育事业发展“十三五”规划也提出，要“根据产业发展对技术技能人才的需求，推进17个区域职业教育园区（中心）建设”②。以上政策都为云南建设职业教育园区提供条件支撑。

（二）云南职业教育自身发展的诉求

改革开放以来，随着云南工业化进程不断推进，产业结构不断优化，职业教育也得到快速发展。云南现有独立设置的高职高专院校37所，国家级和省级重点中等职业学校117所，国家级中等职业教育改革发展示范学校28所，中央财政支持职业教育实训基地建设项目123个，③ 所设专业基本涵盖全省行业企业的用工需求。可以说，职业教育已在云南的经济社会发展中发挥着不可替代的作用。但是，职业教育用地紧张、办学场地分散、发展空间受限、专业趋同、师资配置不均、实训基地重复建设等一些“老大难”问题长期得不到解决，职业院校现有的发展基本依靠“单兵作战”的方式，同质竞争严重，资源未能共享，校企合作的长效机制也未能建立起来，这些因素都制约了职业院校的可持续发展。④ 因此，对云南而言，统筹职业教育发展，加快职教资源整合，建设职教园区，既是适应产业转型升级、促进区域经济协调快速发展的需求，也是优化职教资源布局调整、适应

① 参见《云南省中长期教育改革和发展规划纲要（2010—2020年）》，2011年5月31日。

② 见云南省人民政府官网（www. yn. gov. cn/zwgk/zcwj/zxwj/201910/t20191031_183818. html? ivk_sa = 1024320u），2017 - 05 - 27。

③ 罗嘉福：《锐意改革　务实创新　加快推进云南现代职业教育的发展：在云南省中等职业学校招生工作会议上的讲话》，2014年2月26日。

④ 阮彩霞：《协同创新视域下广州职教园区建设的思考》，载《广州职业教育论坛》2013年第3期，第10 - 11页。

职业教育自身发展的要求。

（三）加速培养高素质技能型人才的要求

近年来，随着云南“桥头堡”战略的提出，经济发展进入了新的时期，各行各业对高素质技能人才的需求显著增加。面对庞大的人才增量需求，云南省级教育行政部门虽然不断加大教育资源整合力度，构建完整的职业教育体系，但目前仍存在教育资源总量不足、结构布局不够合理、办学条件差、办学规模小和办学质量不高等问题。为实现职业教育加速发展，进行职教园区建设已成大势所趋。

当前，云南省在产业结构转型升级的过程中，正在探索建立完整的适应地区经济社会发展实际的现代产业体系，对不同类型的高技能人才需求也随之增大。全省目前虽已基本建立起职业教育的完整体系，但由于前期发展定位存在问题，历史欠账较多，毕业生外流倾向明显，同时还面临中、高级技工严重不足的问题。在国家教育体制改革中，云南省承担着边疆民族地区职业教育人才培养体制和办学模式改革的重要任务。因此，云南的职业教育要注重传承创新民族文化，以保护好非物质文化遗产为契机，通过设立民族表演艺术、传统手工技艺和民间美术工艺等特色专业，培养专业人才，传承非物质文化遗产。① 但目前这些专业领域的人才培养还较为短缺。因此，云南有必要通过打造职教园区，推进职业教育快速健康发展，尽力满足区域经济发展对中高级技能型人才的需求。

① 罗嘉福：《锐意改革　务实创新　加快推进云南现代职业教育的发展：在云南省中等职业学校招生工作会议上的讲话》，2014 年 2 月 26 日。

二、集中发展模式主要特色——以嵩明职教园区为例

（一）政府推动

2008 年，昆明市委将嵩明职教园区列为全市重点扶持的职教园区，明确了其在全市职业教育统筹发展中的重要作用。2009 年，昆明市规划委员会第九次会议进一步强调，全市中高职新建、搬迁或改扩建，原则上都要求进入职教园区发展。这两项政策的出台，对职教园区的建设和发展提供了强有力的支持。通过政府的高位推动，在职教园区建设之初就解决了园区的入驻院校来源问题。

同时，为加速推进职教园区建设，昆明市委、市政府成立了专门的园区规划建设指挥部，由市委、市政府主要领导人担任总指挥，细化建设目标和任务，定期召开建设工作会议，及时解决建设中遇到的困难和问题，大力推动建设进程。明确嵩明县委书记和县长为园区建设第一责任人，并由五名副县级领导兼任园区管委会负责人，配备得力的工作人员，推动园区建设发展。通过定期召开园区建设办公会，明确县级领导直接对接联系项目等措施，大力推进招商引资，不断优化发展环境，强力推进基础设施建设。正是因为市、县两级政府的强势推动，嵩明职教园区建设不断破解发展难题，在短短五年间就实现了跨越式发展。

（二）科学规划

嵩明职教园区能在短短几年内得到快速发展，除了政府推动的原因外，科学的规划也起到重要作用。自 2005 年起，园区就聘请相关专家对园区规划建设进行多方论证，并借鉴苏州等地的园区建设经验，紧紧围绕“建校即建城”“资源共享化”“后勤社会化”和“运作市场化”四大理念，对园区进行高标准规划。

在建设发展过程中，嵩明职教园区管委会要求各入驻院校认同和接受园区的规划理念，在服从总体规划的基础上开展修建性

规划。园区已形成“双区格局”和“组团结构”的规划结构：园区公路将园区分割为南北两部分而形成南区和北区两个区域；围绕学生生活中心建设教学设施，共规划五个组团。[①] 组团之间实现有机联结，构建开放、合作的有机整体。

目前，嵩明职教园区内规划的五个组团已形成两个。在这些组团中间，银行、餐饮、邮政、医疗、美容美发、修理、娱乐等服务设施全部配备。园区内各入驻院校在保持相对独立的同时，也通过与周边院校组团发展，使土地资源得以集约使用，并实现公共资源最大限度地共建共享，节约了公共资源，提高了资源的利用效益。

（三）资源共享

截至2017年年底，嵩明职教园区共入驻高职院校16所，在校生人数达8.6万人，超过了嵩明县城的人口规模，建成区面积逐年增加。[②]

表6-1　嵩明职教园区入驻职业院校名单

年份	入驻职业院校
2006	云南爱因森软件职业学院（云南工商学院）签约入驻
2007	云南爱因森软件职业学院（云南工商学院）建成招生
2008	云师大文理学院建成招生
2009	云南大学滇池学院一期、昆明医学院海源学院一期、云南外事外语职业学院、云南城市建设职业学院签约入驻
2010	云南北美职业学院、云南师范大学商学院签约入驻

① 嵩明职教园区管委会：《云南嵩明职教园区控制性详细规划文本》，2010年1月11日，第2页。

② 王绍芬：《嵩明职教园入驻院校达16所》，见昆明市人民政府（http://www.km.gov.cn/c/2018-01-17/2417772.shtml），2021-04-15。

续表 6-1

年份	入驻职业院校
2011	昆明医学院海源学院、云南城市建设职业学院建成招生
2012	昆明市卫校签约入驻，云南大学滇池学院、云南师范大学商学院、云南外事外语职业学院建成招生
2013	昆明商贸职业学院、云南东方时尚驾校、云南省旅游学校签约入驻
2014—2017	云南省轻工业学校/技校、昆明市职业技术学院、云南传媒职业技术学院、云南建筑工程管理职业学院等陆续签约入驻

面对越来越多院校的入驻，嵩明职教园区加强了资源的共建共享。园区统一规划建设了公共文化娱乐中心、公共图书馆、商务会展中心、公共实训基地等大型公共设施，提供给所有入驻园区的院校共同使用。园区力求在师资、设施、实训基地、图书、办学特色等方面形成校际互补，使整个园区成为资源共享的大学城。

在实训基地共建共享方面，2009 年 7 月，嵩明职教园区与云南爱因森软件职业学院（云南工商学院）投资 2000 多万元共建的、占地 16000 平方米的公共实训基地正式建成，供所有入驻院校共同使用。该实训基地依托省级杨林工业园区和空港经济区，努力探索校企结合的新方式，采用模拟公司的形式提高职业院校学生的实际操作能力。如今，该实训基地已成为英特尔、IBM 与云南爱因森软件职业学院（云南工商学院）联合进行人才培养的重要平台。

（四）服务地方

嵩明职教园区充分利用紧邻国家级杨林经济技术开发区和空港经济区的优势，在办学宗旨、专业设置、课程设置和培养方式等方面坚持以服务地方经济为核心，专业对接产业，课堂对接车间，不断提高人才培养的针对性，实现院校办学与企业需求的充分对接，不断提升职业院校服务地方经济建设的能力。

职教园区各院校凭借公共实训基地和自身配备的实验室，大力提升学生的实际操作能力。同时，与杨林经济开发区内上百家企业开展校企合作，建立校外实习基地，将课堂延伸至企业车间。"产、学、研"一体化的人才培养方式，大幅提高了学生的参与程度与实操能力，培养了一大批专业素质过硬的技术技能型人才。同时，园区还与微软等国际 IT 认证机构合作，提供众多国际国内资格认证服务。① 园区每年举办的校园招聘会除满足本土企业用工需求外，还吸引了阿里巴巴、美的、联通、哈药等 500 多家企业参与，提供就业岗位近万个。另外，园区还大力开展农村党员远程教育、"两后双百"、绿化、计算机、餐饮等职业技能和农村转移劳动力就业培训，促使大批转移劳动力就近转变为产业工人，对推动嵩明乃至昆明的经济发展提供强有力的智力支持。

三、职教园区推进区域经济发展的作用

（一）为区域经济发展提供人才支撑

1. 满足市场人才总量需求

嵩明职教园区地处滇中产业区，紧邻杨林工业园区和空港经济区，区位优势明显，对高素质技能型人才有着巨大的需求。截至 2015 年，嵩明职教园区已有九所院校实现招生（除表 6－1 中所列七所外，另有昆明市卫校、昆明商贸职业学院实现招生），

① 吴洁、李永富：《解读职教基地建设嵩明样本》，载《昆明日报》2010 年 11 月 25 日 3 版。

每年开展4.5万人次的各类职业培训,[①] 为嵩明县、昆明市乃至云南省的经济社会发展提供了人才支撑。

2. 利用人才资源开展科教创新

昆明市中小企业数量众多，但总体而言，中小企业的发展仍处于较低水平。具体表现为企业规模偏小、专业化程度较低、技术含量低、创新能力弱、中高级技术人才缺乏等。中小企业在面对日益激烈的市场竞争时，在产品升级换代、技术更新、员工素质提升等方面的需求日益凸显。而受资金实力的拘囿，中小企业一般不能通过建立专门的研发机构来为自身发展提供技术支撑，职教园区聚合的技术能力恰好能满足企业这方面的需求。一方面，职教园区还可通过与企业合作，为企业的发展提供项目咨询和参谋决策，对中小企业生产经营中遭遇的难题进行研究和解决，促进职业院校与企业的技术人员的合作，推动企业发展，增强区域经济发展的活力。另一方面，由于职业院校拥有众多科研项目和较为先进的技术设备，可以通过技术革新、发明创造和工艺改造等方式转化为生产力，促进区域经济发展。也可根据区域经济发展的需求调整自身的研究计划，使研究立足于区域经济社会发展需求，从而产生更大效益。[②]

（二）引导农村转移劳动力顺利就业

职教园区建设能有效促进农村劳动力转移，实现产业转换和身份转变。由于职教园区具有师资优势和实训基地优势，有条件针对市场需求设计各类培训课程，促使农村转移劳动力拥有一技之长，由低层次就业向高质量就业转化。

---

① 见云南滇中新区官网（http://dzxq.gov.cn/html/2018/zhiguanqu_0627/1084.html），2018－06－27。

② 张翌鸣、王小军：《高等职业教育与区域经济发展的思考》，载《中国职业技术教育》2002年第2期，第58页。

一方面，职教园区能保证农村生源顺利就业。调研发现，嵩明职教园区中各院校农村生源占80%以上。可以说，职教园区毕业生的就业问题，同时也是农村转移劳动力就业的问题，引导和促进这部分学生的就业，既关乎区域经济发展，也关乎社会的稳定。由于园区中的各院校重视专业设置与产业有效对接，嵩明职教园区中各职业院校近年的平均就业率保持在98%左右。

另一方面，职教园区还为农村劳动力提供各种类型的职业培训。嵩明职教园区始终坚持为职业院校服务，以就业为导向，力争把职教园区建设成市场紧缺专业人才的培训基地，对农村劳动力、返乡农民工以及失地农民进行技能培训，使这些劳动力能在短期内具备从事二、三产业的技能，从而拓展其择业范围。当前就业市场正由劳动密集型向技术密集型转变，综合素质低、缺乏一技之长的农村劳动力在就业市场明显处于弱势，就业层次低，就业质量不高。通过职教园区来为农村劳动力提供职业教育与培训，可以充分发挥园区师资和硬件优势，使职业培训成为常态化，在短期内提升农村劳动力的综合素质和技能水平，促进农村劳动力逐步从第一产业向二、三产业转移，缩小城乡收入差距，逐步实现城乡协调发展。①

（三）适应和引导产业结构转型升级

区域产业结构的转型升级与人力资源结构密切相关。当区域产业结构与人力资源结构趋于一致时，将会促进区域产业结构的转型升级，推动经济发展；而当二者发展不同步时，则会阻碍产业结构的转型升级和经济进步。区域产业结构的转型升级，人力资源结构的作用不容小觑。当前，我国人力资源结构并非十分合理，主要体现为中低端人力资源占比过大，而高素质的技能型人

---

① 白汉刚：《区域经济社会发展与职业教育的关系研究》，载《职教论坛》2007年第13期，第45－47页。

才较为短缺。通过职教园区建设，能有效地将区域产业结构与职业院校的专业和课程设置结合起来，通过创新人才培养模式，适应和引导区域产业结构转型升级。由于职业教育具有市场针对性和职业定向性，是一种以就业为导向的教育，因此其人才培养注重契合社会需求，使职教园区建设与区域人力资源结构调整紧密结合，从而对产业机构的转型升级发挥作用。①

四、职教园区集中发展模式存在的问题

（一）管理体制不健全

建立健全职教园区组织管理体制是园区健康和可持续发展的有力保证。一般来说，要实现对职教园区科学、高效的管理，有必要由政府牵头将各利益相关者组织起来，成立政府、行业、企业和职业院校共同参与的职教园区管委会，形成政府主导，多方联动的新型组织管理机制。

但嵩明职教园区投入运行多年来，园区管委会的地位仍较为尴尬。具体体现为，园区管委会在职业院校大量入驻，在校学生不断增加的情况下，其管理职能却一直停留在开发建设管理上，没有转变到教育管理上来。虽然职教园区管委会在初期的招商引校、推进基础设施建设等方面发挥过重要作用，但在园区正常运转后，职教园区管委会的角色却并未改变，仍然只是开发建设和管理机构，而不是教育服务和管理机构。

另外，嵩明职教园区管委会是隶属于嵩明县的管理机构，缺乏省市教育行政部门的统筹和指导，因此，园区缺少长期的战略

① 白汉刚：《区域经济社会发展与职业教育的关系研究》，载《职教论坛》2007年第13期，第45－47页。

规划，在可持续发展方面处于弱势。①

（二）资源共享有壁垒

在调研过程中，我们发现，嵩明职教园区在规划建设之初，虽在道路设施、商业餐饮、运动场馆和公共空间等方面进行了共享，但在各院校间人才培养、师资配备和课程设置等方面并未形成有效的共享机制，在存在共享空间的诸多环节缺乏分析和总结，在园区内学分互认、教师互聘方面缺乏系统的管理体系。因此，从职教园区功能发挥方面来说，园区内资源共享的程度还不够高。

影响园区内资源共享的因素主要包括以下三个方面。首先，资源共享机制不完善。由于高位统筹的缺乏，嵩明职教园区内各院校间的资源共享在很大程度上需依赖院校之间达成协议，开展沟通和共享，而缺乏专业的管理机构提供共享平台，进行资源调配与管理。同时，各院校间的资源共享也缺乏完善的共享机制，完全依靠院校之间的沟通与谈判。因此，嵩明职教园区内的职业院校大多选择先发展自身，待实力壮大后再考虑资源共享。

其次，资源共享意识不够强。职教园区内各职业院校在招生和就业的压力之下，将园区内其他院校视为竞争对手，由于担心资源共享会造成自身核心竞争力的削弱，因此缺乏资源共享的动力。特别是办学层次高、资源占有量大的职业院校，认为自身在资源共享中得不到实质性利益，因此宁愿浪费资源、闲置设备，也不愿意参与共享。

最后，评估指标不科学。园区内职业院校在迎接上级教育行政部门组织的教育教学质量和办学水平评估时，由于评估指标对图书馆藏书量、运动场地面积、实训室配置等进行硬性规定，职

① 殷雷：《缺少高位统筹 职教园区处境尴尬》，载《昆明日报》2013 年 7 月 12 日 15 版。

业院校为达标不得不重复建设或重复购买，从而造成园区内硬件资源的浪费，也使资源共享成为空谈。①

（三）专业设置待优化

目前，嵩明职教园区内职业院校在专业设置方面还未能与区域经济发展和地方产业结构转型升级的步伐保持一致，部分职业院校偏爱招生人数多的热门专业，而对区域经济发展和产业结构转型升级迫切需要的专业已改变了缺乏敏感度，关注和支持的力度不够。进入 21 世纪以来，云南已从“烟草、生物资源开发、矿产资源开发和旅游等四大支柱产业的培植与建设时期”经过“具有云南特色的区域经济发展战略的形成时期”进入“云南区域经济发展战略的成熟时期”，现正处于区域经济快速发展阶段。② 同时，嵩明职教园区毗邻杨林国家级工业园区和空港经济区，目前迫切需要茶叶种植与加工、花卉种植与经营、汽车装配、汽车修理等专业人才，但已进入园区的职业院校很少设置培养这些人才的专业。而一些就业形势不太乐观、就业市场容量趋于饱和的专业，如行政管理、计算机等，却由于办学惯性等原因一直在开设。这些就业不太乐观的专业往往又是园区内各个院校都开设的专业，而由于园区管委会并非教育服务和管理机构，对园区内职业院校的专业设置缺少且无法进行有效的干预和引导，导致专业的调整长期得不到纠正。

立足于职教园区可持续发展的角度，园区内各职业院校的专业设置应大力加强与产业的对接和融合，为适应和引导区域产业转型升级做好专业布局，使园区内各院校的专业设置能融入区域

---

① 徐黎明：《以职教园区的形式整合优化共享职教资源的研究》，载《柳州职业技术学院学报》2014 年第 6 期，第 14 – 15 页。

② 林洪：《云南省高等职业教育与区域经济协调发展研究》，载《云南电大学报》2012 年第 2 期，第 30 页。

经济与产业发展。应在园区内组建与产业高度融合的专业群，根据产业链打造专业群，实现专业布局合理化，从而形成职业院校的核心竞争力。①

（四）产教对接有障碍

职教园区的建设应加强与工业园区的对接，实行校企合作，产教对接，才能走上可持续发展之路，才能为区域经济社会发展提供助力。若要实现职教园区和工业园区的合作共赢，职教园区应与工业园区形成多形式、多渠道和多手段的对接，逐步形成校企发展联合体，以满足区域内工业园区对高素质技能型人才的需求。

而目前嵩明职教园区内职业人才培养与企业需求还存在一定的差距，职业院校对新兴产业所需人才反应不够灵敏，相应的专业调整和课程设置改革步伐不够坚定。究其原因，就政府方面而言，高位统筹力度还不够。未能搭建起资源共享、协同发展的校企合作平台，也未能建立政府、院校和企业三方联动的校企合作长效机制。就职教园区方面而言，缺乏一个专门负责校企合作和产教对接的机构，缺少稳定而充足的经费来源支撑校企合作，同时对校企合作缺乏有效的监督和管理。另外，园区内职业院校的教育教学改革与产业转型升级的衔接不够，专业的设置和调整与产业的需求对接不够，课程的设置与职业标准对接不够，教学过程与生产过程对接不够。就工业园区方面而言，目前尚缺乏与职教园区协同发展的意识，在顶岗实习、技术研发、课题合作等方面缺乏实质性的推进。以上原因都在很大程度上阻碍了职教园区与工业园区成功实现产教对接。

---

① 章建新：《基于自组织机理的职教园区效应研究：以天津市海河职教园区为例》，载《继续教育研究》2013 年第 4 期，第 62 页。

第二节　湖南整合县级职教资源助推社会融合

要推动农村转移劳动力尽快融入城镇生活，一方面需要国家和社会创造条件，突破历史的障碍；另一方面，需要不断提升劳动力的人力资本，使之成为具备一定技能的高素质劳动者。作为离农村最近的成规模的文化和职业技能“补给站”，县级职教中心的地位十分重要。对此，国家层面提倡“要加强县级职教中心建设，使之在农村劳动力转移培训、技术推广和普及高中教育等方面发挥重要作用”[①]。要实现这一目标，就必须推动区域内职教资源整合，优化资源配置，服务区域经济和社会发展，促进农村人口的社会融合。

一、县级职教资源整合模式的提出背景

（一）国家和省级政策要求

从国家层面来说，早在2005年，国家就明确提出，要“加强县级职教中心建设”[②]。《国家中长期教育改革和发展规划纲要(2010—2020年)》再次明确要大力发展职业教育，并强调了政府在发展职业教育中的责任，要求“着重加强职业教育资源的统筹整合，加强职业教育促进区域经济社会发展的能力”[③]。这表

---

① 国务院：《国务院关于大力发展职业教育的决定》（国发〔2005〕35号），2005年10月28日。

② 国务院：《国务院关于大力发展职业教育的决定》（国发〔2005〕35号），2005年10月28日。

③ 邓宗君、郝春宇：《关于整合县域中职教育资源到县级职教中心的思考》，载邢改萍主编《中华教育理论与实践科研论文成果选编》第4卷，北京燕山出版社2013年版，第871页。

明，从政策导向上来说，政府在推动职业教育改革走向深入，要求多方吸纳社会力量，整合职教资源，推动职业教育的结构性变革和整体质量提升。

从省级层面来说，2014 年湖南省委文件明确提出，要“建好县级职教中心，整合县域内职业教育和培训资源，使之成为农村劳动力转移、扶贫、技术推广及各类补充教育的重要基地”①。同年，湖南省政府文件要求县级职教中心统筹县域内职业培训项目和经费比例占 60% 以上，并要求“通过优化统整，重新布局县域内职业培训机构，将县级职教中心建成多功能的开放性平台，使社会成员能共享职教资源”②。《湖南省现代职业教育体系建设规划（2014—2020 年）》也提出，要“依托示范性中等职业学校，整合县域内职教资源，建好县级职教中心，对办学条件差、规模小、质量低的中职学校予以撤并和重组。采取有力措施整合县域内职业培训资源，统筹培训项目、计划、经费和实施，切实提高培训效益”③。

湖南省教育厅在《2015 年职业教育与成人教育工作要点》中也明确提出，要“进一步推动县级职教中心建设，切实提高由县级职教中心统筹职业培训项目和培训经费的比例，健全由县域内示范性（骨干）中等职业学校为主实施职业培训的工作机制”④。由此可见，湖南省已将“推动县域职业教育资源统筹”

① 中共湖南省委、湖南省人民政府：《中共湖南省委湖南省人民政府关于加快发展现代职业教育的决定》（湘发〔2014〕18 号），2014 年 8 月 26 日。

② 湖南省人民政府办公厅：《湖南省人民政府办公厅关于印发〈湖南省农村中等职业教育攻坚计划（2014—2016 年）〉的通知》（湘政办发〔2014〕60 号），2014 年 7 月 31 日。

③ 湖南省教育厅等：《省教育厅等六厅局关于印发〈湖南省现代职业教育体系建设规划（2014—2020 年）〉的通知》（湘教发〔2014〕50 号），2014 年 8 月 27 日。

④ 湖南省教育厅职业教育与成人教育处：《2015 年职业教育与成人教育工作要点》，2015 年 3 月 6 日。

作为职业教育的工作要点来对待。

（二）城乡统筹和教育公平需求

促进职业教育城乡统筹发展，逐步实现教育公平，是当前我国职业教育改革发展的战略要求。城乡统筹是国家站在国民经济发展全局的高度，为解决“三农”问题，推进城乡经济社会一体化而作出的重大决策。职业教育作为与经济社会发展和农村剩余劳动力转移和就业联系最为紧密的一种教育形式，职业教育的城乡统筹发展对县域内职业教育资源整合提出了要求。只有充分整合县域内的职教资源，才能充分发挥资金、人才、硬件设施的比较优势，最大化县域内职业教育资源的利用。

县域集政治、经济和社会功能于一身，是城乡统筹的基点，也是较具操作性的行政单位。在县域内实现城乡统筹，可以作为区域经济协调发展和推进社会融合的重大突破。然而，近年来我国农村职业教育发展步伐虽有所加快，但职业教育的城乡差距却没有因此缩小，很多地方甚至差距越来越大。农村职业学校师资力量薄弱、教师队伍不稳定、实习实训设施简陋、招生就业困难等，仍是比较普遍的问题。我国职业教育发展的难点在农村，重点在县域。① 只有县域内的职业学校实现良性互动和一体化发展，才可能逐步实现教育公平。因此，有必要充分整合县域内的职教资源，突出县域内的比较优势，采用学校合并、专业优化、师资流动、硬件共享、培训统筹等多种方式，将县域内职教资源与当地支柱产业和农民工转移就业等有机结合，发展具有地域特色的、城乡协调发展的县域职业教育。②

① 姜群英、雷世平：《我国县域职业教育研究论纲》，载《职教论坛》2009 年第 7 期，第 10 页。

② 姜群英、雷世平：《我国县域职业教育研究论纲》，载《职教论坛》2009 年第 7 期，第 10 页。

（三）社会融合和社会稳定需要

作为职业教育对象的农村群体，主要包括转移农民、留守农民、失地农民和职业农民。这四类农民，在城乡融合的进程中，由于生活方式和价值取向不同，导致对职业教育的需求不同。针对不同群体的不同诉求，提供不同类型和层次的职业教育和培训，是充分释放职业教育效能、促进社会融合和维护社会稳定的前提和保障。

加强县域内的职教资源整合，有助于集中力量办好职业教育和培训，同时，对职业教育与培训的统一组织和管理，也有利于统筹规划和不断推进，并能避免重复培训，从而提高职业教育与培训效能。农村群体不管是外出就业还是在本地就业，县域内所提供的职业教育与培训都是提高这类人群职业技能的重要载体，对转移劳动力融入城市，留守、失地和职业农民更好地生活都至关重要。转移农民、留守农民、失地农民和职业农民构成了当前我国农民群体的状态全貌，四类农民虽奋斗的路径不同，工作的方式不同，但亦有共同的群体性特点，就是学历较低、缺少职业资格证书、缺乏一技之长。这样一种职业素质状态，不管是对期望融入城市生活的群体，还是对留在农村的、期望提高生活质量的群体而言，都是非常不利的。如农村转移劳动力在城市无法获得体面和尊严，留在农村的群体缺乏对更好生活的追求和改变自身的愿望，对于整个社会而言，都是一种不安定的隐患。为提升劳动力的职业技能，使城市和农村的农民群体都能安居乐业，有必要整合县域内的职教资源，发挥统筹实施和管理的优势，为农村群体的社会融合提供职业技能支撑。

二、整合模式主要特色——以湘潭县为例

（一）政府统筹，整体规划

加强政府对县级职教资源的统筹是保证县域内职业教育健康

发展的关键环节，也是促进职业教育推动社会进步和农村劳动力社会融合的重要保障。在我国现行教育管理体制下，政府作为重要办学主体，这在相当长时间内不会改变。

在政府统筹和整体规划方面，湘潭县提出统筹资源、统筹资金和统筹培训的“三个统筹”思路。统筹资源就是县级政府通过资源优化配置，对县域内职教资源进行整合，将分散的资源向县级职教中心集中，构建资源共享平台，充分发挥职教资源的集中优势。这里的资源统筹分为系统内统筹和系统外统筹。系统内统筹是指教育系统内部的统筹，如对县级职业教育研究室、进修学校、电教站等机构的合并。系统外统筹则是指对人事、科技等单位的职教机构进行统筹整合。2011 年 4 月，湘潭县委、县政府经过科学决策，决定优化整合原湘潭县第一职业学校（以下简称“县一职”）和原湘潭县第二职业学校（以下简称“县二职”），成立湘潭县职业技术学校。经过充分的调查研究、周密细致的安排部署，2011 年 8 月，两所职校顺利整合，新的班子成功组建。①

统筹资金是指县级政府负责统筹解决职业教育办学经费，全力办好县域内的示范性中等职业学校。湘潭县成立了由县政府主要领导任组长、县相关部门主要领导参与的职业技术教育领导小组，定期解决办学中出现的重大问题。将县域内各单位和部门下设培训机构的牌子统一集中到湘潭县职业技术学校，同时，采用“资金跟随项目走”的管理办法，统筹管理各类专项资金，确保各类职业教育培训项目资金能用到实处，能发挥最大效益。

统筹培训是指将县内其他单位、部门的职业技能培训机构统一整合到湘潭县职业技术学校，原来的牌子予以保留，原有的培

---

① 莫丹霞：《湘潭县一职二职合并更名 打造职业教育航母》，见湖南频道（http://hn.rednet.cn/c/2011/09/30/2389890.htm），2015－07－05。

训功能不变。湘潭县职业技术学校的培训工作受各项目单位的监督和管理。湘潭县职业技术学校成立专门的职业培训工作领导小组，负责项目整合实施的组织和协调，统筹管理培训资金。湘潭县职业技术学校建立了“资金随项目走，项目随培训主体走”的管理机制，学校负责在培训场地、师资、后勤等方面提供保障。培训项目完成后，学校领导小组组织主管部门和专家对项目实施及完成情况进行验收，验收合格的由县财政划拨经费。

（二）分类整合，优化配置

1. 专业整合

2011 年 4 月，新整合成立的湘潭县职业技术学校以原有两所职业学校的办学条件为基础，对原有的教育资源进行优化整合，在发挥原有优势和特色的基础上，重组合并了一些重复设置的专业，撤并了一些就业前景不理想的专业。通过专业整合和优化，现今湘潭县职业技术学校开设专业有 20 余个，其中省级精品专业有两个，分别是计算机应用和电子电器专业，市级骨干专业两个，分别是汽车运用与维修和财会专业。另有特色专业十个，分别是幼师、文秘、模具设计与制造、数控技术应用、旅游服务与管理、饭店服务与管理、机电技术应用、动漫设计、汽车美容与装潢以及畜牧兽医。通过对两所中职学校的专业进行整合优化，目前湘潭县职业技术学校已成为一所在校生规模达 5000 人左右、年培训各类人员 2000 余人的综合性中等职业学校。

2. 实训资源整合

湘潭县职业技术学校依托学校重点专业和特色专业的实训场地，对各个校区的实训资源进行了整合。对于特色型专业，其实训场地建于相对应的校区内。而对于全校共同享用的基地，则由学校统一负责管理和使用。为应对实训基地设备更新淘汰快的问题，湘潭县职业技术学校建立了一个较为完备的资源共享机制，对在校生和培训人员、农民工等开放，充分提高实训资源的利用效率。

目前，整合后的湘潭县职业技术学校共有高标准实习实训室54间，包括多媒体教室、网络教室、家电综合实验室、数控实训室、现代文秘实训室、钳工室、焊工室、财会模拟室、形体训练室和餐饮实训室等，另外还拥有投资500多万元建立的汽车驾驶与维修美容实习实训基地，学生的实习、实训工位较为充足。

3. 农科教资源整合

湖南省《现代职业教育体系建设规划（2014—2020年）》对县域内农科教资源整合提出了具体要求，明确提出要“依托示范性中等职业学校，充分整合农业、科技和教育资源，建设好县域农业技术推广中心和乡镇农校，面向农村和农民开展技术咨询和推广服务，通过实施各种培训，为农业产业化和现代化培养人才，推动我省农业现代化进程”①。对此，湘潭县的做法是，搭建平台，做到“三个整合”。县政府牵头搭建面向全县群众的职业教育学习平台，制作多层次、多类别的职业教育培训课程，全力为提升全县群众特别是农村人口职业素质服务。“三个整合”中的第一个“整合”是纵向整合历年农科教资源，对历年的农科教内容进行全面统计，针对现阶段县域内农村人口的需求选择重点培训内容。第二个“整合”是横向整合县域内各农科教站点的培训项目，依据地方特色和现实需求进行选择。第三个“整合”是在前两者的基础上开展全面整合，将整合好的培训资源打包，供县域内农业人口自由选择。

（三）专业优先，提高效益

湘潭县职业技术学校坚持以就业需求为导向，以办学效益为核心，优化整合县域内职业教育资源，设置和发展优势专业，突

① 湖南省教育厅等：《省教育厅等六厅局关于印发〈湖南省现代职业教育体系建设规划（2014—2020年）〉的通知》（湘教发〔2014〕50号），2014年8月27日。

出自身的办学特色。

一方面，湘潭县职业技术学校积极开展特色专业建设。在县域职教资源整合中，专业建设始终是重中之重。我们在调研过程中发现，湘潭县职业技术学校的毕业生去向主要有三种：本县就业、县外就业（包括本县域以外的县、市、省域）和继续深造。进一步分析就业地域与所学专业的关系，我们发现三个有意思的趋向：一是选修人数多的专业与县域内的支柱产业相关；二是所学专业与县域产业高度相关，毕业生在县域内就业的比例相对较高；三是所学专业与县域内产业不相关，毕业生县域外就业的比例较高。这说明，县域内中等职业学校专业设置如能适应县域产业结构和经济发展需求，毕业生基本能实现县内就业，从而促进农村学生的当地融合。

另一方面，通过督导评估提高资源整合的效益。早在2009年2月，湖南省人民政府办公厅就颁布《关于建立对县级人民政府职业教育工作督导评估制度的通知》（湘政办发〔2009〕2号）的文件。文件规定，湖南要用五年时间完成对全省120多个县市区职业教育工作的督导评估。如今，湖南全省县域内职业教育资源整合、示范性中职学校建设和县级职教中心建设等方面，都有具体指标予以考核。这种从省级层面贯彻而下的督导评估有效保障了县域内职教资源整合的可持续发展性。湘潭县委县政府会同县教育局共同制定了县域职教资源整合的实施细则，并将督导评估结果作为各县级单位工作评估的重要内容。

三、整合职教资源助推社会融合的作用

（一）扩大了办学规模，提升就业竞争力

县域内职教资源的整合，既是中等职业学校的整合，又是培训机构和资源的整合，同时也是招生和就业工作的整合。首先，原县第一职业技术学院（简称“县一职”）和县第二职业技术学

院（简称“县二职”）合并为湘潭县职业技术学校后，零散的资源得以整合，规模集聚效应得以发挥。学校通过专业、师资和实训基地的整合，逐步盘活了闲置设备和人员，学校整体竞争力逐步增强。近年来，湘潭县职业技术学校先后被评为国家级重点职业中专、湖南省示范性中职学校、湖南省示范性县级职教中心、湖南省外派劳务培训基地和全国农村青年就业转移先进单位。其次，通过县域内培训资源整合，原来分散于县内十余个单位的培训项目得以统筹实施，并加强了过程管理和培训效果的督导评估，较好地避免了重复培训和无效培训，为湘潭县域内农村中青年提升就业竞争力提供了重要的培训平台。最后，通过县域内资源整合，学校招生和就业工作得以统整，在一定程度上遏制了无序竞争，扩大了办学规模，人才培养质量得以提升。

（二）整合特色专业，缓解劳动力结构性短缺

通过县域内的中等职业学校合并办学，可以整合特色专业，突出重点专业，整合培训资源，在一定程度上缓解县域内劳动力结构性短缺的问题。一方面，合并办学可以突出优势专业，培养当地经济社会发展紧缺的人才。县一职和县二职合并前，两校开设的专业存在雷同现象，学校之间的同质化竞争比较严重，部分专业毕业生在县域内找不到合适的工作岗位。通过合并办学和专业整合，并充分结合区域经济社会发展需求，既能突出学校的骨干专业建设，也能使学校的人才培养适应当地产业结构和人才需求。另一方面，通过培训资源的整合，加强农村劳动力的实用技术培训，使农村劳动力在外出务工前，能在县域内免费得到咨询信息和就业培训，也能在一定程度上缓解劳动力结构性短缺问题。

（三）促进城乡协调，推动农村劳动力转移

首先，县域内中职学校的布局调整与城乡融合发展相结合。在城乡融合发展推进过程中，县域内中等职业学校建设的重点逐步由原来的城乡并重转变为向县城和重点乡镇集中，推动中等职业学校的建设与城镇建设相结合，通过农村学生进城带动农村劳动力转移。[①] 因此，县域内中等职业学校的布局调整应注重增强县城和重点乡镇的人口集聚力。湘潭县职业技术学校的前身之一县二职地处农村，离县城有 30 多公里，地理位置较为偏僻。合并后的湘潭县职业技术学校在县一职原址扩建而成，由易俗河校区、杨嘉桥校区、新城驾校区和汽车实习实训基地组成，这些校区和实训基地全部位于县城或重点乡镇。中等职业学校的发展有效提高了湘潭县城和杨嘉桥等重点乡镇的人口集聚力。

其次，资源整合满足了农村转移劳动力对职业教育和培训的多种需求。长期以来，我国的农村转移劳动力由于不具备基本的职业技能，导致其只能在城镇从事待遇低、无保障、不稳定、社会地位较低的职业，就业质量不高成为农村转移劳动力融入城镇生活的重要障碍，对农村转移劳动力进行相应的职业培训也成为各级政府的重点工作。农村转移劳动力对职业教育与培训的需求有多种，如就业引导培训、职业技能培训、岗位提高培训等。[②] 县域内职业培训由原来十来个单位各自为政转变为由相关单位制订培训方案和经费标准，由湘潭县职业技术学校统筹实施，有效提高了培训的针对性和实效性，逐步形成了多途径、多形式和多层次的职业培训格局，基本满足了农村专业劳动力对职业教育和培训的多样化需求。

最后，资源整合推动了农村剩余劳动力的就地转移。湘潭县在职业教育管理体制上建立起农科教资源与农村剩余劳动力转移

① 黄文姬、王培根：《整合职业教育资源　促进农村人力资源开发转移》，载《武汉理工大学学报(社会科学版)》2007 年第 1 期，第 90 – 91 页。

② 严晓鹏：《大力发展社区学院　扩大教育服务功能》，载《中国高教研究》2004 年第 5 期，第 83 – 84 页。

的综合治理结构，促进了农科教协同与“三农”结合，与农村剩余劳动力转移相结合。通过政府统筹，加强了农业、科技和教育部门在职业培训与农村劳动力转移上的结合，引导和推动农村劳动力的就地转移。

四、县级职教资源整合模式存在的问题

（一）资源总量不足，优质资源匮乏

在新型城镇化、农业现代化和新型工业化同步推进的大环境下，湘潭县域范围内的职业教育资源呈现总量不足和优质资源匮乏的特征。一方面，县域内中职教育资源尚无法满足所有适龄学生和农村转移劳动力的需求。调研数据显示，湘潭县职业技术学校 2015 年度共组织各类培训 8 次，共计培训学员 1728 人。其中包括与县教育局联合进行学生资助系统培训 75 人、教育系统工会纪检培训 72 人、幼儿园安全知识培训 325 人，与县人社局联合进行创业意识培训 483 人、千名技能型人才培训 85 人，与梅林桥镇政府联合进行重金属污染耕地修复治理培训 428 人，与县民政局联合进行民政系统业务培训 55 人，校本部技能等级证培训 205 人。[①] 然而，全县的实际培训需求人员数则远超这一数字。大批缺乏相应技能和职业资格证书的人员直接进入社会，绝大多数在次级劳动力市场就业，经济地位和社会地位都较低，成为社会不安定因素之一。

另一方面，优质的职业教育资源特别是优质的师资缺乏。随着县域内中等职业教育资源的整合，示范性中等职业学校的招生规模和培训业务不断扩展，教师总量不足、结构不合理和“双师型”教师缺乏等问题逐渐成为制约县域内职业教育内涵式发展的

---

① 湘潭县职业技术学校：《夯实基础，提升内涵，办人民满意的职业教育：湘潭县职业技术学校 2015 年工作总结及 2016 年工作思路》，2015 年，第 5 页。

核心问题。在县域中等职业教育发展过程中，由于历史的原因，导致中等职业学校存在教师缺编现象，实习实训教师尤为短缺。在中等职业学校内部，师资结构也不够合理。由于县级中等职业学校的教师大都由普通中学调入，以文化和理论课教师居多，专业课教师不足。另外，由于教师缺乏到企业一线锻炼提高的长效机制，导致学校的“双师型”教师严重不足。

（二）条块分割，多头管理

由于受计划经济体制的影响，我国县域内的职业教育机构历来分属于教育、经济以及劳动和社会保障等部门。这种多头管理的体制使职业教育的组织功能趋于弱化，部门和条块分割现象较为普遍。

尽管湘潭县政府部门已经意识到分散管理和条块分割的弊端，也已对分散于县级各单位的培训资源进行统筹，但由于县域内的职教资源的行政隶属关系错综复杂，[①] 再加上未能从立法层面赋予“县级职教中心”资源配置权、行政决策权和经费使用权，[②] 最终政府的统筹也略显乏力。比如，县域内部分学校属教育行政部门管理，部分学校又属劳动和社会保障局管理，政出多门，多头管理，长期形成的行事惯性使得政府的统筹也未能彻底解决问题。而县级职教中心设在湘潭县职业技术学校校内，几块牌子，一套人马，与学校一起受教育行政部门管理。由于地位比较尴尬，又缺乏相关的制度保障，县级职教中心在推行职业培训资源整合的过程中也感觉心有余而力不足。

（三）经费投入不足，办学条件亟待改善

当前，在我国“以县为主”的教育管理体制下，县级政府

---

① 张力跃：《政府应在县域职教资源整合中加强统筹管理：以贵州省平坝县为个案的分析》，载《职教论坛》2007 年第 19 期，第 49 – 51 页。

② 姜群英、雷世平：《我国县域职业教育研究论纲》，载《职教论坛》2009 年第 7 期，第 10 页。

面临着一个比较严峻的问题，那就是：富县办富教育，穷县办穷教育。湘潭县地处中部，2013 年的统计人口为 98.22 万人，其中农业人口 89.09 万人，非农业人口 9.13 万人。2013 年全县生产总值（GDP）为 258.4 亿元，人均 GDP 为 3.0445 万元，全年农民人均可支配收入为 11979 元。全县全年完成财政总收入为 20 亿元，其中，一般预算收入完成 14.6 亿元，上划收入完成 5.4 亿元。[①] 尽管近年湘潭县的经济总量不断增长，三产结构也调整为 18.9：52.1：29，[②] 但与我国发达地区相比，经济水平还存在较大的差距。受经济发展水平的制约，仅仅依靠县级政府的财政能力，要办好县域内的职业教育显然不太容易。

根据国家及省市政府关于大力发展职业教育的文件精神，要保证地方财政收入转移支付的 50% 用于职业教育，已普及九年义务教育地区的教育费附加中投入职业教育的比例不应低于 30%。但现实情况是，由于长期以来财政投入职业教育的经费相对较少，致使职业教育历史欠账较多，发展滞后，条件简陋、设备过时以及“双师型”师资不足等问题较为突出。在面向县域的职业教育资源整合中，尽管职业教育得到了较多投入和改善，但与经济社会的迅速发展形势相比，其办学条件仍较为落后。

（四）招生有困难，就业质量不高

由于经费保障机制尚未法制化，县域内的职教资源整合后，出现了因为经费投入不足、发展缺乏后劲的情况。一方面，在劳动力市场上，由于相关部门对劳动预备制度和就业准入制度的执

① 参见《湘潭县 2013 年国民经济和社会发展统计公报》，见湖南统计信息网（http://www.hntj.gov.cn/tjgb/xqgb/xtgb/201404/t20140403_108607.htm），2014－04－03。

② 参见《湘潭县 2013 年国民经济和社会发展统计公报》，见湖南统计信息网（http://www.hntj.gov.cn/tjgb/xqgb/xtgb/201404/t20140403_108607.htm），2014－04－03。

行与监督不力，使得职业学校的毕业证和职业资格证书的含金量严重缩水，这在一定程度上影响了学校的招生工作。另一方面，由于近年来普通高中连年扩招、企业遭遇“用工荒”和生源地保护等原因，中等职业学校的招生步履维艰。普通高中扩招分流了相当一部分初中生；企业“用工荒”则导致企业的员工招聘门槛降低，进一步导致初中生的流失；而由于中等职业学校的招生工作被列入县级政府的绩效考核内容，这就形成了地方保护主义，加剧了地域之间的生源抢夺矛盾。因此，中等职业学校面临巨大的生源危机。

就业方面，专业设置和人才培养上存在的问题导致中职毕业生就业质量不高。在专业设置上，湘潭县职业技术学校开设了热门的计算机应用和学前教育等专业，但县域范围内无法为所有毕业生提供相应的就业岗位。而湘潭县域内的湘莲种植与加工、旅游产业等则又缺乏相应的专业支撑，导致相关技术人员不足。在人才培养方面，湘潭县职业技术学校采用“2+1”模式和“1.5+1.5”模式，即学生用两年或一年半来学习理论知识，再用一年或一年半的时间到企业学习相关的职业技能。我们在调研中发现，在实际操作中，学校与相应企业签订协议，将学生成批派往企业实习，这种方式虽能在一定程度上提升学生的操作技能，但由于企业的参与动力不足，学生的理论学习和实际操作呈现分割的现象，影响了学生的综合素质和就业质量的提升，也对学生的社会融合产生阻碍。

第三节　广东改革培养模式促进职业人才发展

城乡融合是当前我国经济社会发展的重要战略目标和价值追求。与传统城镇化相比，城乡融合的发展重心由注重城市空间的扩张和城镇人口的增长转变为城乡统筹和区域协调发展，其价值取向由注重物的城镇化转变为注重“人的城镇化”。因此，转变职业教育人才培养模式，使之由单纯的培养技术技能人才转变为培养具有一定人文素养和可持续发展能力的技能人才是城乡融合的应有之义。

一、职业人才培养模式改革的提出背景

（一）城乡融合对职业人才的要求

2013 年召开的中央城镇化工作会议明确提出，“走中国特色、科学发展的新型城镇化道路，核心是以人为本，关键是提升质量”①。新型城镇化之“新”，主要在于相比于传统的“物的城镇化”，更为注重“人的城镇化”，更为关注底层群体的生活质量和发展空间。因此，职业教育必须从人才培养模式、职业体系建构、相关制度保障等方面作出相应的调整。

首先，在人才培养上要转变重技术轻人文的思想，要求学生在掌握技术技能的同时，全面提升职业素养，成为有担当、有责任感、有温度的职业人才。

其次，要构建面向人的终身发展的职业教育体系。这就要求突破仅在职业学校体系内构建职教体系的常规思维，不仅研究

① 新华社：《中央城镇化工作会议在北京举行》，见人民网（http://npc.people.com.cn/n/2013/1215/c14576－23842750.html），2020－01－20。

中、高职衔接，打通专科、本科和“本科后”的节点，还要研究院校和企业、院校之间和企业之间的合作，以及职前和职后的衔接等，使职业教育真正形成面向平民的终身教育体系。

最后，要不断完善职业资格认证制度、学分认证和转换制度、职业准入制度、从业人员晋升制度等，使起点较低的底层群体有望通过多样化的选择，不断提升人力资本，改善生活质量，实现社会流动。

（二）职业教育内涵式发展的要求

伴随着经济社会的发展，传统意义上的狭义的职业教育定义逐渐淡出视野，职业教育的范畴不断得到拓展。因此，构建面向城乡融合的职教体系，需要打破在学历系统内构建职教体系的线性思维，充分结合职业教育的特点，突破职业学校的拘囿，在大职教观的统领下，针对特定人群，构建符合需求、层次分明、特色鲜明的现代职业教育体系。从横向上而言，要实现职业学校教育与职业培训相结合，同时以职业培训为重点。在职业学校教育方面，专业的开设要适应当地经济、社会的发展，突出特色，既注重就业出口，又注重与高一级别院校专业的衔接。在职业培训方面，要体现出层次性和系统性。面对不同类型、不同年龄层次、不同受教育水平的群体，职业培训要针对不同需求，按需施训，体现职业培训的层次性。同时，要从公民的终身发展着眼，从长远进行战略规划，体现职业培训的系统性。从纵向上而言，面对已有就业经验的个体回归职业学校教育的需求，职业教育要搭建平台，清除障碍，构建有利于社会流动的职业教育体系。在制度的约束下，保证受教育者在职业学校教育和社会就业之间进出自由，满足不同受教育群体的多样化需求，为实现终身发展提供服务。不管是何种类型的职业教育，都要注重创业能力和识别机遇的能力培养。要实现人的终身发展，外因必须通过内因而起作用，因此必须激发公民的内在动机，使其由“要我发展”转变为“我要发展”，这就特别要注重创业能力和识别机遇的能力培养，[①] 使职业教育能为个体的职业生涯发展奠定较为坚实的基础。

（三）广东省人才培养的现实需求

广东省是华南地区综合性工业中心，其工业制造方面在全国占重要地位。因此，在这个经济发达、发展迅速的省份，各行各业都需要大量技术技能型人才来支撑发展。近年来，随着经济社会的进一步发展和产业结构转型升级的需求，广东省对技能型人才的培养提出了一些新要求。在职业教育领域开展人才培养模式改革，在教育教学改革、开展内涵建设、提供人才培养质量等方面居于全国领先的位置，是促进广东从人力资源大省向人力资源强省转变的重要推手。

随着经济社会的发展和城乡融合的稳步推进，广东的产业结构悄然发生变化。教育部早在 2004 年就提出，要“改革人才培养模式，大力培养具有良好职业道德、实践能力强的高技能人才”[②]。因此，职业教育要适应产业结构调整的新形势，遵循教育改革与发展的规律，积极开展职业人才培养模式的改革。[③]

长期以来，我国的职业教育沿袭了一种单规格的人才培养模式，即重技能训练，轻人文素质，培养的人才仅仅适用于低层次的岗位竞争。显然，这种人才培养的观念已不能满足广东产业转型升级对高素质人才的需求，培养技能和人文并重、综合素质高且具有可持续发展能力的职业人才已成大势所趋。

---

① 马君、周志刚：《国外区域语境下职业教育的功能与定位研究》，载《外国教育研究》2011 年第 1 期，第 86 – 89 页。

② 教育部：《教育部关于以就业为导向，深化高等职业教育改革的若干意见》（教高〔2004〕1 号），2004 年 4 月 2 日。

③ 朱帅：《新型城镇化建设环境下职业教育人才培养模式的改革》，载《职教通讯》2014 年第 2 期，第 15 页。

二、改革模式主要特色——以中山职业技术学院为例

中山职业技术学院（以下简称“中山职院”）于2006年正式成立，是一所省市共管、以市为主的公办普通高职院校，也是广东省示范性职业院校建设单位，曾获2014年黄炎培职业教育奖“优秀学校奖”。

（一）目标明确：培养服务地方经济社会发展的创新型技术技能人才

首先，人才培养的服务区域明确。中山职院在成立之初，其人才培养就确定了明确的服务区域，即为中山市的经济社会及产业发展服务。在专业设置上，紧贴中山市的产业、经济和社会发展现状，中山的经济、社会发展需要什么专业，中山职院就办什么专业。比如，南区的电梯、古镇的灯饰、沙溪的服装，都属于中山的特色产业，中山职院为实现产业和专业的无缝对接，一一设置了相应的电梯、灯具和服装专业，培养相应的专业人才，切实为中山的产业经济服务。正是由于专业和产业的良好对接，中山职院的学生90%以上都留在中山实习，最终在中山就业的学生也达到90%以上，而这些学生中60%以上都是中山市外的生源。①

其次，人才培养的目标类型明确。目前学术界对人才培养的类型划分主要有四种，即学术型、工程型、技术型和技能型。②学术型和工程型人才主要由大学研究生院和本科院校培养，而技术型和技能型人才则主要由高职高专院校负责培养。中山职院对

---

① 以上数据引自2014年7月10日中山职业技术学院院长助理欧阳育良研究员在中山技师学院举行的“关于推进高等职业教育发展”座谈会上的发言。

② 罗时华：《我国高等职业教育创新型人才培养模式构建的思考》，载《华中师范大学学报(人文社会科学版)》2013年第A5期，第141－142页。

技术技能型人才的培养主要从三个方面着手，首先是学生的专业能力，即从事某一特定岗位的技能。其次是必要的人文素质，这是学生未来生活、工作和可持续发展的底蕴。最后是专业拓展能力。随着经济社会发展进步，科技的进步和技术的发展使得职业岗位越来越趋于精细化和复合化。[①] 因此，原来培养的、只会一种技术的“窄口径”人才已不能适应社会发展需求，培养学生的专业拓展能力，使之能适应复合化的岗位和精细化的工种就显得十分必要。

最后，人才培养的目标层次明确。中山职院将人才培养目标清晰定位为“培养具有较高职业素养的技能人才”，而非流水线上的普通操作工。学院针对不同专业毕业生的可能去向，分别制订了工艺型、技术型和管理型等不同岗位的人才培养方案，要求学生在修完通识课程和专业理论课程之后，结合不同的岗位特点，加强学生技术应用能力的培养，助力学生在工艺、技术和管理等不同岗位上发挥所长。

（二）内容多样：校企合作构建模块化课程体系

中山职院在对市辖专业镇发展的基本情况以及人才需求的规模、层次和类型要求进行充分调研的基础上，设置了电梯维护与管理、灯具设计与工艺、家具、服装、动漫等35个招生专业，打造了“一镇一品一专业”的发展格局，使中山市所有专业镇的产业链，在中山职院都能找到与之对应的专业链，因此也就能找到相应的应用型技术技能人才。

在专业设置好后，中山职院又与企业合作共同开发课程，针对各个专业构建职业能力与岗位要求结合的模块化课程体系。长期以来，我国高职院校的课程设置受到学科课程思维框架的局

---

① 刘显泽：《试论职业教育人才培养模式改革》，载《职教论坛》2008年第2期，第27－28页。

限，致使职业教育的特色不突出。[①] 中山职院在调研企业人才培养需求的基础上，打破基础理论课、专业基础课和专业课的界限，突出学生职业能力的培养，强调实践和应用，构建具有专业特色的模块化课程体系。首先，针对职业教育课程的知识技能、过程方法和情感态度价值观的三维目标，根据企业的岗位要求确定课程目标，遴选课程内容，使学生的应用、协作和创新能力得到提升。其次，按照职业能力培养要求，结合企业岗位需求，构建以职业岗位工作流程为导向的教学模块，形成模块化课程体系。最后，改革传统的教学模式，大量采用项目化教学方式，以案例或真实的工作任务作为实习实训项目，将实习实训与项目学习相结合，使学生在动手实践中产生理论学习的需求，引导学生主动学习，提高学习效能。

（三）方式灵活：推广班导师和工作室制，大力开展创新创业教育

第一，建立班导师制，在新型师生关系中提升学生的发展底蕴。班导师制是中山职院开创的一种新型学生工作模式，以专业班级为单位，相关的教师作为导师，对学生的专业发展和职业规划进行指导，对学生的成人与成才负责。班导师与学生亦师亦友，为学生的人生发展导航，也为学生的专业疑难解惑。中山职院的院长吴建新亲自做了焊接班的班导师，对学生的学业和成长进行直接指导，还经常召开各种座谈会，与学生谈学习、谈人生、谈规划，为学生解疑释惑。针对焊接专业新生对焊接专业的认同度不高，觉得又辛苦又没前途的状况，他亲自给学生上了“导师一课”，用自身的经历和详尽的数据使学生了解到，现在的焊接大都实现了机械化和自动化，人才抢手，收入不错，发展

① 罗时华：《我国高等职业教育创新型人才培养模式构建的思考》，载《华中师范大学学报(人文社会科学版)》2013 年第 A5 期，第 141 – 142 页。

前景广阔。这堂课很快打消了焊接专业学生的疑虑，多名学生主动收回了先前递交的转专业申请，安心学起了焊接专业。在学院院长的带动下，学院中层以上干部全部加入班导师队伍。参加技能竞赛、开展班级学风建设、带领学生联系实习就业，种种场景中都可见班导师的身影。为保证班导师制成为良性运行的长效机制，学院每学期都组织学生代表对班导师的工作情况进行座谈和评价，尽可能客观公正地对教师的工作态度、方法和效果进行评价。学院还把班导师工作情况列为教师评优晋职和绩效考核的条件之中。中山职院倡导的这种新型师生关系在无形中提升了学生的发展底蕴。

第二，建立多个工作室，为学生的成长助力。中山职院为将德艺双馨的能工巧匠充实进教师队伍，学院大力推动实施能工巧匠落户工程和高级人才引进工程。早在 2008 年，为邀请世界级手模大师马乐山来学院建立工作室，院领导三顾茅庐，最终成功邀请到这位当时已是 80 岁高龄的老人。马老先生不仅把工作室办到学院，还亲自开设了手模课程，带了 30 多名动漫专业的学生。一直到 2013 年，85 岁高龄的马老先生还在学院开设公选课程，在全院范围内传授手模技艺。如今，已有明阳风电集团董事长张传卫、苏绣名家周雪清、音响专家王伟涛等一批知名人士到学院任兼职教师或客座教授，“中国工艺美术大师”陈培臣、“潮州十大名厨”翁泳、“广东工艺美术大师”陈俊荣等业内大师也在学院建有工作室。

第三，开展创新创业教育，给学生提供多样化的职业选择。中山职院为让学生将来有更多元的职业选择，紧扣中山市创立“创新创业城市”的发展定位，对学生开展创新创业教育，并将这一教育方式和理念融入人才培养的全过程，力争培养一批创新创业型高技能人才。学院成立了创新创业教育中心，统筹规划和管理全院的创新创业教育。在师资配套上，学院成立了一支由学院专业教师、企业导师和创业讲师组成的“三师”团队，专门负责创新创业教育的人才支撑。学院还在管理制度上对创新创业教育予以保障，出台《指导教师工作量管理办法》《创新创业学分管理办法》《教学工场管理制度》等。学院还积极搭建创新创业实践平台，已成立的创业孵化基地、创业园、创新创业工场等平台，为学生实现梦想提供了广阔天地。在软环境的营造上，学院成立了大学生创业协会，通过经常性开展创业大赛、创业实践等活动，营造创新创业的良好氛围，吸引和激励更多学生参与创新和创业。2010 年，学院的公选课创业实务被评为国家级精品课程。2012 年，创业管理成为全国高职高专首开专业，填补了国内创业人才专业化培养的空白。①

（四）模式创新：政校企深度合作成立二级产业学院

中山职院为充分利用中山市的优势产业，使人才培养与产业需求紧密对接，学院利用广东省教育综合改革试点的契机，大胆创建政校企合作的人才培养模式，大力推动政府主导、行业指导、企业参与的人才培养体制改革，通过政校企深度融合，促进人才培养质量的提升。

第一，与企业合作整合招生专业，使镇区产业链与学院专业链充分对接。为充分顺应中山市产业结构特点，使学院的人才培养充分满足镇区产业的需求，中山职院在对镇区产业发展规模、结构以及人才需求情况进行充分调研的基础上，构建起“一镇一品一专业”的专业发展布局，设置了 35 个与镇区产业高度对接的专业，使中山市每一个镇区的产业链都能在学院找到相对应的专业链，因此也能找到急需的应用型技术技能人才。

第二，在学院成立校企合作中心，建立政校企合作发展长效机制。2009 年，中山职院为进一步促进校企一体化发展，在学

---

① 见中山职业技术学院主页（http://m.zspt.cn/item/5864.aspx），2015－07－20。

院办学场地中划出近4000平方米作为校企合作中心，为市内30多家行业协会提供办公场所。2012年，中山职院与中山市电梯行业协会共同承办的“电梯行业专业技能人才培养论坛”顺利召开，成为行业、协会和职业院校协同育人的典型做法。为充分发挥政府的主导功能，为校企合作提供政策支持、合作平台与经费支持，中山市政府定期召开由财政局、科技局和经贸局等相关职能部门参加的联席会议，促使政校企合作初显成效。比如，古镇镇与学院达成包括研发、实习和就业在内的全面合作协议；人力资源与社会保障局将广东省中山市专业技术人员继续教育基地资格授予中山职院，并将中山市大学生创业孵化基地交由中山职院负责管理；发展与改革促进局促成学院成为中山市服务业人才培养基地。一种“政府推动、行业引领、企业参与、学院实施”的合作运行长效机制逐步形成。

第三，在镇区成立二级产业学院，推进产教一体化发展。为进一步夯实学院与镇区政府的合作，中山职院相继开创了科技特派员和政校企合作专干等合作办学角色，加强了镇区产业发展与学院人才培养的对接，推进产教一体化发展。早在2011年和2012年，学院就先后与古镇、沙溪、南区、小榄等镇区建立二级产业学院，在古镇镇国家火炬计划照明器材生产基地成立了古镇灯饰学院，在沙溪镇中国休闲服装生产基地成立了沙溪纺织服装学院，并在中山市南区国家火炬计划电梯特色产业基地成立了南区电梯学院，在小榄镇商贸物流园区成立了小榄学院。二级产业学院的成立，充分调动了镇区政府参与职业教育和人才培养的热情，也使高职教育真正办到了产业园区。当前，中山职院已与200多家企业达成合作，成立市级应用技术研究所8个，选派了近百名优秀教师以科技特派员的身份，服务镇区的经济与社会发展。

三、培养模式改革促进人才发展的作用

中山职院以“培养复合应用型技术技能人才”为人才培养的目标定位，在专业设置上与地方产业高度对接，并由教师和企业共同开发基于能力提升的模块课程，同时改革人才培养方式，大量采用项目化教学，将课堂和实训车间合二为一，取得了较好的人才培养效果。

（一）提高了人才的整体素质

为培养高素质技术技能型人才，中山职院重视全人发展，在学校教育中，不单纯传授某一岗位的技能要求，而是重视学生的社会性发展。在课程开发上，注重专业课程与人文课程相结合。在教育教学上，除了注重工学结合提高实操技能，还通过班导师制全面提高学生的综合素质。同时，注重学生创新意识的培养。经过多年努力，中山职院的育人环境日臻完善。对于想学习的学生，学院提供优质的教学环境；对于想创业的学生，学院提供良好的教育实践平台；学生想发展，有丰富的区域产业提供职业支撑。中山职院要求学生不仅要掌握过硬的职业技能，还要注重综合素质培养，尤其要建立良好的职业心态和人生心态。唯有诚恳做人、踏实做事，有虚心上进的态度，才能赢得广阔的职场空间。正是得益于人才培养模式的改革和发展，中山职院学生的整体素质得以提升，毕业生一次性就业率连续三年都突破了98%。

（二）推动了人才的优化配置

中山职院在专业的设置上不是盲目跟随热门，而是充分调研区域产业结构和人才需求，开辟政校企合作发展的人才培养之路。通过对地方产业结构和人才需求类型、层次的了解，中山职院将技术型和技能型人才培养细分为工艺型、技术型和管理型等不同类型，根据人才培养类型制订不同的人才培养方案，着重培养学生的应用技术能力，将学生打造成“宽口径、厚基础”的

复合型人才，使学生在毕业后能有效缩短职业适应期，在工艺、技术、管理等多种岗位上发挥才干。同时，通过政校企深度合作，确保学院培养的人才都是企业需要的，促进了就业，真正实现了职业教育推动经济社会发展，缓解了劳动力结构性短缺的矛盾，推动了人才的优化配置。

（三）促进了人才的合理流动

中山职院的学生，有60%以上都是中山市外的生源，这些学生中有相当一部分来自中低收入家庭。通过职业教育掌握一技之长，获得社会认可，改变自身命运是他们的迫切需求。中山职院通过政校企合作的人才培养模式改革，培养与当地产业高度匹配的技术技能型人才，这些人才90%以上最终都留在了中山，为中山的经济社会发展服务。他们自身也收入稳定，获得了一定的社会地位。同时，中山职院面向全体学生推行的创新创业教育，营造了氛围，搭建了平台；中山职院成立的创新创业中心，为学生提供了多元的职业选择和广阔的发展舞台。经过几年培育，中山职院已陆续走出了一批批获得了成就感的毕业生，他们带着中山职院赋予的底气，在广阔的职业天地书写人生，赢得了社会的认可，实现了社会地位的跃升。

四、职业人才培养模式改革存在的问题

（一）经费投入不足

中山职院自2006年6月成立以来，财政投入已累计超过10个亿。但由于职业院校办学的特殊性，中山职院的办学经费还是比较紧张。一方面，财政未对中山职院实行生均拨款，导致经费紧张。另一方面，由于职业院校实训基地的设备更新很快，而要培养出紧跟产业结构和社会发展的职业人才，实训设备的更新又是必不可少的，因而需要持续的经费支持，经费压力较大。当前中山职院的办学经费主要来自三个渠道：政府投入、社会募资和

企业出资，其中又以政府投入为主。根据发达国家的经验，政府在财政领域对职业教育的支持主要体现在以下三个方面：一是直接增加财政拨款，二是降低对职业院校的收费，三是通过特定的财政政策对职业院校进行间接支持。[①] 根据我国的现状，由中央财政直接大幅增加拨款不太现实，但国家可在部分资助的基础上，运用政策对职业院校进行扶持，如对职业院校予以低息贷款、对捐赠企业实行税收减免等，逐步加大社会和企业在资金投入上的份额。

（二）办学体制机制创新不够

我们在调研中了解到，中山职院在古镇、沙溪、南区和小榄等镇区办产业学院，开展深度合作，但由于体制和机制的问题，存在一些发展困难。比如中山的刺绣人才是紧缺和亟须引进的人才，但由于事业编制的限制，很多优秀人才无法入编，导致很难留住优秀人才。

在镇区办二级产业学院，中山职院率先探索了混合所有制办学体制，目前，古镇、沙溪、南区和小榄四个二级产业学院均形成了镇校二元或多元投资结构，初步构建了董（理）事会领导下的院长负责制，但目前还有些机制未建立起来，比如，赋予二级产业学院人、财、物等资源决定权等，因此，二级产业学院还需要在体制机制创新方面有更大突破。

（三）政校企合作中企业积极性不够

政校企合作是中山职院人才培养的主要方式，也是培养与当地产业高度对接的高素质技术技能型人才的重要途径。中山职院通过成立镇区产业学院，向产业学院派驻科技特派员和校企合作专干的方式，推动政校企三方实质性合作，取得了一些经验。但

① 张剑波、张欣杰：《职业教育人才的培养模式初探》，载《人民论坛》2010年第23期，第276－277页。

由于种种原因，政校企合作还是存在不少问题。

中山职院大力推行政校企深度合作，在学院成立之初就设立了校企合作处。但总体来说，目前的政校企合作还不够深入，职业院校与企业的合作还停留在“预订”式的合作阶段，企业的作用主要发挥在实习指导和兼职教师上。由于企业行业等没有真正参与职业院校人才培养的全过程，在课程开发和教育教学过程中企业的话语权有限，导致企业在政校企合作中积极性不够。同时，由于政府、学校、企业三方的目标不一致，利益关系不够协调，导致政校企合作还存在一定的表层合作的问题。就企业的诉求而言，企业在政校企合作中最想得到的是能给企业带来效益的高素质技术技能人才和有利于企业发展的配套政策。因此，企业就不能仅在实习阶段才接触学生，而需要全程参与职业学院的人才培养。但没有相关的制度约束和政策配套，企业又缺乏足够的动力来全程参与人才培养。在目前国家层面校企合作制度缺失的情况下，企业的积极性缺乏是困扰中山职院的一大问题。

第四节　典型案例的制度经验、问题及启示

一、制度经验

（一）西、中、东部制度经验比较

1. 政府推动是我国职业教育改革与发展的强大动力

比较西部职教园区建设、中部县域职教资源整合和东部职业院校人才培养模式改革，我们不难发现，政府推动都是决定职业教育改革和发展的效率和成效的关键因素。

地处西部地区的嵩明职教园区，在成立之初就由昆明市委列为重点扶持的职教园区，在统筹全市职业教育发展中肩负重任。

在2009年的昆明市规划委员会第九次会议上明确规定，今后全市的中、高职院校新建、搬迁和改扩建，原则上都要求进入职教园区发展。这两项政策的出台，基本解决了职教园区的入驻来源问题，有力地推动了园区的建设和发展进程。同时，在园区的建设过程中，昆明市委、市政府还专门成立了园区规划建设指挥部，由市领导担任总指挥，大力推动建设进程。另外，还明确嵩明县委书记和县长为园区建设第一责任人，由副县级领导兼任园区管委会负责人，对接项目联系、招商引资和园区基础设施建设。正是由于市、县两级政府的高位统筹和强势推动，保证了嵩明职教园区在短短几年内就实现了快速发展。

地处我国中部湖南省的湘潭县，在加强县域职教资源整合的问题上，政府的统筹和推动也是至关重要的因素。湘潭县政府为促进县域内职教资源整合，提出了统筹资源、统筹资金和统筹培训的“三个统筹”思路。通过统筹资源，将县域内分散的职教资源向县级职教中心集中，充分发挥职教资源的集中优势。通过统筹资金，集中力量办好县域内的示范性中等职业技术学校，同时，通过采用“资金随项目走，项目随培训主体走”的管理办法，将县域内各部门用于各类职业教育培训的专项资金进行统筹管理，确保项目资金发挥最大效益。通过统筹培训，将县域内各单位设置的职业教育培训机构统一整合到湘潭县职业技术学校来，成立专门的职业培训工作领导小组，统一负责职业培训项目的是组织和实施。“三个统筹”的实施，政府的推动是关键因素。

中山职院地处广东省珠三角地区，产业丰富，经济发达。在中山职院推行的政校企合作的人才培养模式改革中，政府的推动作用同样也不容小觑。为充分发挥政府的主导功能，中山市政府定期召开市政府、财政局、科技局和经贸局等职能部门联席会议，使政校企合作初见成效。广东省中山市专业技术人员继续教育基地、中山市大学生创业孵化基地和中山市服务业人才培养基地等职业教育基地纷纷落户中山职院。在推行产教一体化的过程中，中山职院依托与镇区政府合作，在镇区成立二级产业学院。古镇灯饰学院、沙溪纺织服装学院、南区电梯学院和小榄学院等二级产业学院的成立，调动了镇区政府参与职业人才培养的热情，也使高职教育真正办到了产业园区。同样也是通过政府推动，中山职院向二级产业学院派出科技特派员和政校企合作专干，进一步加强镇区产业发展与学院人才培养的对接，推动了产教一体化发展。

2. 服务地方经济社会发展的办学导向

嵩明职教园区在创办之初，就充分利用其毗邻国家级杨林经济技术开发区和空港经济区的优势，在办学宗旨、专业设置、课程体系以及培养方式等方面注重以服务地方经济社会为导向，使专业与产业对接、课堂与车间对接，通过人才培养与企业需求的充分对接，不断提升职业院校服务地方经济社会发展的能力。嵩明职教园区还与杨林经济技术开发区内的星耀水乡、方舟集团、燕京啤酒等上百家企业开展校企合作，建立了校外实习基地，将课堂延伸到了企业车间。通过产、学、研一体化的人才培养方式，学生的专业素质和实操能力大幅提升，也进一步提升了职教园区服务地方经济社会的能力。

湘潭县除了对县域内职业教育的专业和实训资源进行了整合，同时也对县域内的农科教资源进行了整合，并面向农村和农民开展各类技术咨询和推广，通过实施培训为农村和农业培养人才，推进农业现代化和产业化发展。由湘潭县政府牵头搭建了面向全县的职教学习平台，通过制作不同层次和类别的职业教育培训课程，为提升全县农村人口职业素质服务。与此同时，湘潭县还提出了“三个整合”的思路。这“三个整合”，一是纵向整合历年农科教资源，对历年的农科教内容进行全面统计，针对现阶段县域内农村人口的需求进行选择，列为重点培训内容。二是横向整合县域内各农科教站点的培训项目，依据地方特色和现实需求进行选择。三是在前两种整合的基础上开展全面整合，将整合好的培训资源打包，供县域内农业人口自由选择。通过县域内职教资源的充分整合，提升了县域内人力资源的竞争力，推动了地方经济社会的发展。

中山职院在成立之初就将培养服务地方经济社会发展的创新型技术技能人才作为学院的人才培养目标。学院为人才培养确定了明确的服务区域，即为中山市的经济社会发展服务。在专业设置上，中山职院充分调研了镇区产业发展的结构、规模以及人才需求情况，构建了“一镇一品一专业”的专业发展布局，设置了35个与镇区产业高度对接的专业，使中山市每一个镇区的产业链都能在学院找到相对应的专业链，因此也就能找到急需的应用型技术技能人才。正是由于专业和产业的良好对接，外地生源占60%以上的毕业生中，选择留在中山就业的学生占90%以上，为地方经济社会的发展提供了强有力的人才支撑。同时，中山职院在镇区成立二级产业学院的做法，也大力推动了产教一体化发展。古镇灯饰学院、沙溪纺织服装学院、南区电梯学院和小榄学院等二级产业学院的成立，调动了镇区政府参与职业教育人才培养的热情，同时也使职教资源从城市延伸到镇区，有力地促进了镇区产业发展和城镇化进程。

3. 促进农村劳动力转移和就业质量提升的作用

职教园区建设能促进农村劳动力转移和就业，实现产业转换和身份转变。首先，职教园区可以促进农村学生在城镇就业。根据调研可知，嵩明职教园区学生中农村生源占80%以上。因此可以说，职教园区毕业生的就业问题，同时也是农村转移劳动力就业的问题。其次，职教园区还为农村劳动力提供集中和丰富的职业培训。嵩明职教园区对农村劳动力、返乡农民工以及失地农民提供技能培训，使这些转移劳动力能在短期内具备一定的技术技能，从而使择业范围得到拓展。通过职教园区为农村劳动力提供职业教育与培训，可以发挥园区师资和硬件优势，使职业培训常态化，促进农村劳动力向二、三产业转移。最后，园区还大力开展农村党员远程教育、“两后双百”、绿化、计算机、餐饮等职业技能和农村转移劳动力就业培训，使大批转移劳动力就近转变为产业工人，为推动嵩明乃至昆明的经济发展提供人力资源。

县域内职教资源整合也促进了城乡协调，推动了农村劳动力转移。首先，县域内中职学校的布局调整带动了农村学生进城和农村劳动力转移。在城乡融合发展推进过程中，县域内中等职业学校建设的重点逐步向县城和重要乡镇集中，推动了中职学校建设与城镇建设相结合，并通过农村学生进城带动了农村劳动力转移。合并前的湘潭县职业技术学校由县一职和县二职组成，县二职地处农村，离县城有 30 多公里，地理位置较为偏僻。合并后湘潭县职业技术学校的几个校区和实训基地全部位于县城或重点乡镇，这样就有效提高了湘潭县城和杨嘉桥等重点乡镇的人口集聚力。其次，资源整合也较好地满足了农村转移劳动力对职业教育和培训的多样化需求。我国大量农村转移劳动力由于缺乏基本的职业技能，长期以来只能在城镇从事待遇低、无保障、不稳定、社会地位较低的职业，就业质量不高成为农村转移劳动力融入城镇生活的重要障碍。经过职教资源整合后，湘潭县域内职业培训由原来十来个单位各自为政实施转变为由相关单位制订培训方案和经费标准，由湘潭县职业技术学校统筹实施，逐步形成了多途径、多形式和多层次的职业培训格局，基本满足了农村专业劳动力对职业教育和培训的多样化需求。最后，职教资源整合推动了农村剩余劳动力的就地转移。湘潭县在职业教育管理体制上建立起农科教资源与农村剩余劳动力转移的综合治理结构，促进了农科教协同与“三农”结合，与农村剩余劳动力转移相结合。

通过政府统筹，加强了农业、科技和教育部门在职业培训与农村劳动力转移上的结合，引导和推动农村劳动力的就地转移。

中山职院开展的人才培养模式改革同样也促进了农村学生在城镇就业，从而实现社会流动。中山职院的学生，有60%以上都是中山市外的生源，这些学生中有相当一部分来自农村中低收入家庭，在社会上属于弱势群体。通过职业教育掌握一技之长，获得社会认可，改变自身命运是他们的迫切需求。中山职院通过政校企深度合作的人才培养模式改革，培养与当地产业高度匹配的技术技能型人才。由于人才培养和地方产业发展对接良好，中山对职业人才的吸引力大为增强，最终中山职院毕业生中的90%以上都选择留在中山，为中山的经济社会发展服务。他们自身也收入稳定，获得了一定的社会地位。同时，中山职院面向全体学生推行的创新创业教育，营造了氛围，搭建了平台；成立了创新创业中心，为学生提供了多元的职业选择和广阔的发展舞台。经过几年培育，中山职院已陆续走出了一批批有成就感的毕业生，他们带着中山职院赋予的底气，赢得了社会认可，从而实现了社会地位的提升。

（二）与国外成熟制度的比较

1. 嵩明职教园区与澳大利亚TAFE学院的比较

澳大利亚TAFE学院实行的职业教育与培训体系，不但确立了澳大利亚职业技术教育的基础，也对经济、社会和教育等方面产生了积极的影响。自20世纪70年代以来，澳大利亚TAFE学院鲜明的职业教育和培训的特色为世人称道。我国西部地区嵩明职教园区与之相比较，其相同之处在于，职教园区的设置和建设，往往是与周边的工业园区建设相结合的，职教园区的专业设置和人才培养，与区域产业发展现状和工业园区的需求对接。澳大利亚的TAFE学院为使职业教育培训的人才规格与行业的人才需求无缝对接，企业和行会积极参与职业教育与培训，并在培训中居主导地位。一方面，企业和行会可以为职业教育提供实践平台和资金，为学生就业打好基础。另一方面，可以聘请学校为企业进行订单式人才培养，提高企业与人才的对接。另一个相同之处在于，二者的办学理念都以需求为导向。澳大利亚 TAFE 学院承担了证书培训、学历教育和补习等多种职业教育类型，学生来源也极其多样。在 TAFE 学院，不同年龄、不同基础和不同目标的学生和谐相处。他们也可根据自身实际和发展意愿，适时转换学习身份。TAFE 学院以需求为导向的办学理念，为不同层次、不同需求的受教育者提供多样化选择。同样，我国西部地区的嵩明职教园区也十分重视学员和市场需求，除了为学生开设多样化的专业以供选择，还为各种层次的农村劳动力提供各种类型的职业培训。嵩明职教园区始终坚持以就业为导向，力争把职教园区建设成市场紧缺专业人才的培训基地，对农村劳动力、返乡农民工以及失地农民进行技能培训，使这些劳动力能在短期内具备从事二、三产业的技能，从而拓展其择业范围。

二者的不同之处体现在，一方面是 TAFE 学院建立起了以培训包为特色的能力本位职业培训课程体系。澳大利亚职业教育的课程体系充分反映了行业对从业人员工作能力的实际需求，规定了各行业中从业人员所应具备的知识、技能和素养。各行业根据岗位资格的不同要求对相关能力标准进行组合，形成职业教育的培训包，开发出相应的课程。课程的开设要根据行业发展需要以及企业提供的岗位技能要求和标准来确定。[①] 在以能力为本位的课程体系中，培训包是其中的重要组成部分。培训包是针对特定的行业而开发的，可以把不同能力的要求包容其中。为适应产业结构的变化，按规定，培训包必须每两年更新一次，从而保证职

① 李亚峰：《澳大利亚 TAFE 体制对我校高职教学教改的启示》，载《职教论坛》2009 年第 3 期，第 62－64 页。

业培训与市场需求不脱节。国家每隔3～5年要对培训包的内容进行检查。① 而我国嵩明职教园区在构建能力本位职业教育与培训课程体系方面还相对落后，还未开发出具有较强针对性和适用性的课程体系。另一方面是，澳大利亚TAFE学院建立了较为有效的投资体制，拨款和经费使用的监督机制较为完善，而我国西部嵩明职教园区的经费投入和使用机制还有待完善。澳大利亚联邦政府和州政府承担TAFE学院70%左右的办学经费，但这种经费支持不是采用直接拨款的形式，而是采取由学院向政府“购买”培训任务的方式予以支持。具体操作为，先由学院向政府“购买”教育培训任务，并保质保量完成培训，再由政府按规定进行拨款，如职业培训未达要求，学院则须退还已划拨的资金。这种“购买”职业教育培训的方式，加大了竞争的力度，促进了培训质量的提高。② 为规范投资体制，澳大利亚还设立了国家培训委员会、国家培训署等职业教育协调机构，为政府的职业教育投资提供咨询指导。同时，教育部通过对职业教育机构学生人数、课程专业的变化、学院规划目标的调整以及审计、决算等方面的监测来调整投资。③

2. 湘潭县域职教资源整合与美国社区学院的比较

我国中部地区县域职教资源整合后，县域内的大部分职教资源都整合到县级职教中心和示范性职业技术学校中来。在我国县域范围内，由于受人力、财力所限，县级职教中心与示范性职业技术学校往往是两套牌子，一班人马。我国的县级职教中心发挥

① 卢建平：《澳大利亚职业教育模式摭谈》，载《职教论坛》2005年第26期，第61－62页。

② 焦红丽：《澳大利亚职业教育培养模式及启示》，载《国家教育行政学院学报》2012年第4期，第92－94页。

③ 邱国丹、黄雪英：《试论澳大利亚职业教育中的政府作用：论实质性政府干预对中国职业教育发展的重要性》，载《黑龙江高教研究》2008年第11期，第69页。

的功能在某种程度上与美国的社区学院相似。首先，二者都是面向特定区域服务。我国县级职教中心是面向所在县域，为县域内学生和劳动力服务，而美国社区学院则是面向社区，具有鲜明的社区功能。美国社区学院设立的目的就是立足社区，为社区人才培养和经济社会发展服务。因此，服务社区是美国社区学院的办学宗旨之一。其次，二者都通过开设丰富的职业教育和培训课程供学生和有需求的群体选择，从而成为县域或社区的职业教育中心、成人教育中心、培训补习中心和就业指导中心，从而面向县域或社区开创出独特的活动领域和培训市场。最后，二者的收费都比较低廉。我国已实行农村学生就读中等职业学校的免费制度，每年面向县域举办的上万人次的农民工培训也是免费的。美国的社区学院在收费方面与普通大学相比，费用也十分低廉。

二者的不同之处首先在于，美国社区学院的课程设置和教学实施更具灵活性，更加贴近学员的实际需求。社区学院提供的课程以转学课程和职业课程为主，同时还为有需求的群体提供各种短期职业培训班。社区学院的教学则强调灵活以及与实践结合。社区学院根据学生的入学成绩和专业方向等，设计多种教学计划，开设各种课程。学生修满学分即可毕业，毕业之后，可以继续深造，也可选择就业。其次是美国社区学院的教学方式比较灵活。为适应不同学生的需求，社区学院采用集体授课、个别教学和半工半读等多种方式开展教学，充分调动学生的积极性。而我国的县级职教中心受条件所限，面向劳动力的职业培训计划和短期培训班还缺乏系统规划和有计划实施，在学员需求调研方面也有所欠缺。最后，尽管二者的收费都比较低廉，但筹资渠道不一样。美国社区学院的办学经费来源广泛，以联邦政府和州政府拨款为主。此外，社区学院还能得到大量的社会和个人的捐助。同时，社区学院还通过提供技术服务和咨询服务等方式获得资金。这种多元化的经费筹措机制，为社区学院提供了稳定的经费来源。而我国目前只有部分省份实行了职业院校生均拨款，职业教育经费来源主要还是依靠政府投入，社会、企业和个人的捐助所占比例非常小。经费筹集渠道的单一化导致县域职业教育办学经费较为紧张。

3. 中山职院人才培养模式改革与德国“双元制”的比较

中山职院人才培养模式改革的主要特点在于，通过政校企深度合作，设置与地方产业链高度对接的专业链，改革课程体系和授课模式，培养复合型的技术技能人才。与德国的“双元制”相比较，二者的相同之处在于，一方面，二者都强调人才培养的实践导向和工学结合。双元制下的德国学生大部分时间都在企业进行技能培训和实践操作，在职业院校的理论学习也是与企业的实操紧密结合的。这增强了学生学习的目的性，让学生能较快掌握企业的生产流程，学习结束后能马上上岗开展工作。中山职院也非常重视实践导向与工学结合，学生很少在普通教室上课，而是将课堂与实训车间置于统一空间，大量采用项目化教学，在实践操作中激发学生对理论学习的需求，从而促使学生主动学习，提升学习效率。另一方面，二者都重视与企业的合作。中山职院一是在专业设置上注意与产业对接，并对地方企业的对人才需求的规格、要求和类型等进行充分调研。二是在课程的设置上与企业合作进行设计、论证和调整，聘请企业导师参与人才培养。也就是说，中山职院与企业的合作不是仅仅在实习阶段进行表层合作，而是将合作大大提前，并贯穿于人才培养的全过程。德国的“双元制”同样也注重职业院校与企业的密切配合，在伙伴式合作中共同完成职业教育和训练任务。同时，德国的校企合作是以企业的实践训练为主、与职业院校的理论学习相互配合的合作。

二者的不同之处在于，一是德国双元制下的校企合作并非由职业院校与企业个体的协调独立完成的，而是由社会力量多方参与，并在国家法律法规和职业教育合同的共同约束下完成的。而在我国，由于相关法律制度不够健全，校企合作主要靠职业院校借助自身资源与企业进行沟通和博弈，但因企业的利益诉求未能得到满足，企业的参与程度一直不高。二是政府在校企合作和人才培养中的角色和作用不同。虽然德国和我国都强调政府在职业教育中的主导地位，但我国的国家立法、政府引导和制度保障等措施都还缺乏系统性和可操作性，而双元制下的德国政府则明确通过法律规定、政策引导和经费支持等方式对企业参与职业教育进行干预和调控，并明确企业的责、权、利，规范职业培训的资格与组织程序，明确培训规则，明晰管理职责。通过比较，我们不难发现，德国双元制下的政府责任更加明晰，对职业教育的干预和调控更为具体和有效。

（三）职业教育制度经验启示

首先，要用制度保障政府在职业教育中充分发挥主导作用。从典型案例可知，无论是西部职教园区建设、中部县域职教资源整合还是东部职业院校政校企合作人才培养模式改革，都离不开政府的推动和主导。但由于法律制度不健全，在职业培训统筹实施、职教资源整合和产教一体、校企合作中，政府的干预和调控作用未能得到充分发挥。反观“双元制”下的德国政府，由于国家立法、政策引导和制度保障比较系统和完备，政府的责任更加清晰，明确了企业的责、权、利，因此德国政府对职业教育的干预和调控更为有效。

其次，要用制度形式保障职业院校的专业设置和人才培养与地方需求一致，切实服务当地经济社会发展。中山职院人才培养模式的成功之处恰恰在于在专业设置上注重与当地产业的高度对接，将人才培养的类型、层次、数量与当地企业的需求高度对接。但中部地区县级职教中心、县级职业技术学校和西部地区职教园区的职业院校在专业设置和人才培养上就未能做到充分与当地产业融合，学生的专业结构还不是很合理，劳动力结构性短缺的问题还将长期存在。反观美国的社区学院，服务社区就已成为社区学院的办学宗旨之一。社区学院职业教育的专业设置和课程设计都立足于社区需求和就业趋势，充分利用社区资源，为社区发展服务。

最后，要用制度形式拓宽职业教育的筹资渠道，并完善投资体制。我国规定教育费附加的 30% 要用于职业教育，但由于地方政府财力不一，很多地区实际上并未达到要求。同时，我国的经费投资仅有政府一个主体，企业、社会、个人等主体的作用没有充分发挥出来。在经费的使用上，也缺乏完善的拨款、使用和管理机制，经费使用效益没有充分发挥。反观澳大利亚 TAFE 学院的经费制度，则明显较为完善。比如，澳大利亚联邦和州政府承担了 TAFE 学院 70% 左右的办学经费，这些经费不是通过直接拨款的形式，而是采用“购买”职业教育培训的方式进行支持。也就是说，由学院向政府“购买”教育培训任务，按要求完成培训，就可得到政府的拨款。如培训未达要求，学院则须将相应额度的资金退还政府。在投资体制方面，通过设立国家培训委员会和国家培训署等职业教育协调机构，为政府投资提供咨询。同时，国家还可通过对职业教育结构学生数量、课程专业变化、学校规划目标调整和审计、决算等方面监测来调整对职业院校的投资。

二、制度问题

（一）经费投入问题

为实现嵩明职教园区的快速发展，嵩明县委、县政府对园区管委会实行财政体制单列，将园区内开发建设产生的正税、非税收入全部用于园区建设。将土地出让收益扣除失地农民社会保障金和上缴部分后，其他部分全部用于园区基础设施建设。但由于职教园区建设费用非常高，省、市、县各级政府的财力又有限，资金缺口仍然相当大。为进一步拓宽投融资渠道，2009 年，嵩明县委、县政府支持职教园区成立兰茂星城投资有限公司，代表政府主控土地一级市场，负责职教园区的基础设施和公共实训基地等项目的建设和管理。通过该投融资平台，职教园区已累计筹措 7 个多亿的建设资金。园区在建设模式上，采取银行融资和 BT（建设—移交）、BOT（建设—运营—移交）等融资模式，在一定程度上弥补了资金缺口，推动了园区的建设进程。但由于园区建设工程量大，参与的建设单位众多，资金实力大小不一，造成了建设周期拉长甚至工期停滞的问题，以至于部分签约职业院校不能按期入驻招生办学。

湘潭县在职教资源整合的过程中也存在经费投入不足，办学条件亟待改善的问题。由于我国长期以来实行“以县为主”的教育管理体制，县级政府在财政支持方面承担了较大的压力。湘潭县地处中部，与我国发达地区相比，经济水平还存在较大差距。受经济发展水平的制约，仅仅依靠县级政府的财政能力要办好县域内的职业教育显然不太现实。根据国家及省市政府关于大力发展职业教育的文件精神，要保证教育费附加中投入职业教育的比例不低于 30%。但现实情况是，由于长期以来财政经费投入职业教育领域相对不足，致使职业教育存在较多历史欠账，发展滞后，条件简陋、设备过时以及“双师型”师资不足等问题较为普遍。在面向县域的职业教育资源整合中，尽管职业教育在县级政府的支持下得到了较多经费，但与经济社会的迅速发展形势相比，其办学条件仍较为落后，迫切需要拓宽资金来源渠道，与此同时，政府也应进一步加大经费投入。

中山职院自成立以来的财政投入已累计超过 10 亿元。当前中山职院的办学经费主要来自三种渠道，即政府投入、社会募资和企业出资，其中政府投入是最重要的筹资渠道。但由于地方高等职业院校办学的特殊性，中山职院的办学经费还是显得比较紧张。这一方面是因为财政未对中山职院实行生均拨款；另一方面是由于职业院校实训基地的设备更新快，而要培养出紧跟产业结构和社会发展的职业人才，实训设备的更新又是必不可少的。在这方面，发达国家一般或直接加大财政投入，或降低对职业学院的收费，或通过特定的财政政策进行间接支持。根据我国的现实情况，显然由中央财政直接大幅增加拨款不大可能，但国家完全可做到在现有基础上运用相关财政政策对职业院校进行扶持，如对职业院校予以低息贷款、对捐赠企业实行税收减免等，从而逐步加大社会和企业在资金投入上的份额。

（二）管理和办学体制问题

健全的管理体制是保证职教园区可持续发展的重要因素。要实现对职教园区科学、高效的管理，一种较为理想的状态是，由政府牵头将各利益相关者组织起来，成立政府、行业、企业和职业院校共同参与的职教园区管委会，建立起政府主导，多方联动的组织管理机制。园区管委会则负责对园区进行统一管理和协调，打破政府包办一切的管理格局。但嵩明职教园区自投入运行以来，园区管委会的地位一直比较尴尬。具体体现为，园区管委会在职业院校大量入驻、在校学生不断增加的情况下，其管理职能却仍停留在开发建设管理层面，并没有及时转变到教育管理上来。不可否认职教园区管委会在园区初期建设方面发挥过重要作用，但在园区正常运转后，职教园区管委会却仍然只是开发建设和管理机构，而没有转变为教育服务和管理机构。此外，嵩明职教园区管委会仅仅是隶属于嵩明县的管理机构，缺乏省市教育行政部门的统筹指导，因此园区在战略规划和可持续发展方面显得先天不足。

湘潭县在职教资源整合的过程中也遭遇条块分割和多头管理的问题。长期以来，由于受计划经济体制的影响，我国县域内的职业教育机构分属于教育、经济以及劳动和社会保障等多个部门。这种多头管理的体制削弱了职业教育的组织功能，条块分割的现象比较普遍。尽管湘潭县政府部门对分散于县级各单位的培训资源进行了统筹，但由于县域内职教资源的行政隶属关系比较复杂，[①] 再加上未能从立法层面赋予县级职教中心资源配置权、行政决策权和经费使用权，[②] 最终政府的统筹也显乏力。湘潭县域内部分职业学校属教育行政部门管理，部分又属劳动和社会保障局管理，政出多门，多头管理，长期形成的行事惯性使得政府的统筹无法彻底解决问题。而县级职教中心设在湘潭县职业技术学校校内，几块牌子，一套人马，与学校一起受教育行政部门管理。由于缺乏相关的制度保障，县级职教中心的地位显得比较尴尬，因而在推行职业培训资源整合的过程中遭遇的阻力较大。

中山职院在与中山市的古镇、沙溪、南区和小榄四个镇区合作举办产业学院的过程中，也存在一定的办学和管理体制问题。一方面是编制的问题。中山的刺绣人才是紧缺和急需引进的人才，但由于事业编制的限制，很多优秀人才无法入编，导致优秀人才很难真正留住。另一方面，中山职院对与镇区合办的二级产业学院试行了混合所有制办学体制，但很多方面还不太成熟。目前，古镇、沙溪、南区和小榄四个二级产业学院均形成了镇校二元或多元投资结构，初步构建了董（理）事会领导下的院长负责制，但实际上有些关键机制还未建立起来，比如，赋予二级产业学院人、财、物等资源决定权等，因此，二级产业学院还需要在体制机制创新方面有更大突破。

（三）校企合作问题

嵩明职教园区在产教对接和人才培养方面与企业的需求还有

---

① 张力跃：《政府应在县域职教资源整合中加强统筹管理：以贵州省平坝县为个案的分析》，载《职教论坛》2007 年第 19 期，第 49－51 页。

② 姜群英、雷世平：《我国县域职业教育研究论纲》，载《职教论坛》2009 年第 7 期，第 10 页。

一定的差距，校企合作要走向深入和实质性合作也还需多方制度保障，园区内职业院校专业设置和调整还未能做到与地方产业结构转型升级保持一致。具体表现为部分职业院校对新兴产业所需人才缺乏敏感度、支持力度不够，而对所谓热门专业则比较热衷。比如，园区毗邻的杨林国家级工业园区和空港经济区目前需要大量茶叶种植与加工、花卉种植与经营、汽车装配、汽车修理等专业人才，但能培养这些人才的院校较少。而一些早期的热门专业，如行政管理、计算机应用等，目前的就业市场容量已趋于饱和，就业形势不甚乐观，但由于办学惯性等原因却仍有设置。由于嵩明职教园区管委会地位尴尬，对园区内职业院校的专业设置缺少有效干预和引导，因而专业的调整和设置问题长期得不到纠正。深究其原因，就政府方面而言，未能搭建起资源共享、协同发展的校企合作平台，也未能建立政府、院校和企业三方联动的校企合作长效机制。就职教园区而言，缺乏专门机构负责校企合作和产教对接，校企合作支撑资金不足，同时对校企合作也缺乏有效的监督和管理。就工业园区而言，在顶岗实习、技术研发、课题合作等方面未能与园区协作发展。这些原因都阻碍了职教园区与工业园区实现成功的产教对接。

湘潭县在职业学校资源整合过程中，由于专业设置和地方产业未实现良好对接，人才培养未能充分调动企业的积极性，在很大程度上阻碍了学生就业质量的提升。在专业设置方面，资源合并后的湘潭县职业技术学校开设了热门的计算机应用和学前教育等专业，但在湘潭县域范围内无法为所有毕业生提供相应的就业岗位。而湘潭县域内的湘莲种植与加工、旅游产业等则又缺乏相应的专业人才支撑。在人才培养方面，湘潭县职业技术学校采用的是“2+1”模式和“1.5+1.5”模式，即学生用两年或一年半来学习理论知识，再用一年或一年半的时间到企业学习相关的职业技能。但在实际操作中，是由学校与相应企业签订协议，将学生成批派往企业实习。这种方式虽能在一定程度上提升学生的操作技能，但由于企业并未真正参与学校人才培养过程，也缺乏相应的制度保障企业的投入获得相应的回报，这导致企业参与校企合作的动力不足。而学生由于理论学习和实际操作呈现分割的现象，也阻碍了学生综合素质的提高，这在一定程度上影响了学生就业质量的提升，也阻碍了学生的社会融合。

中山职院将政校企合作作为人才培养模式改革的主要方式，在专业设置上实现了专业与产业的高度对接，同时还通过在镇区成立二级产业学院、向产业学院派驻科技特派员和校企合作专干的方式，推动政府、学校、企业三方实质性合作，取得了一些成绩，但也存在不少问题。总体来说，中山职院目前的政校企合作还不够深入。由于企业行业等没有真正参与职业院校人才培养的全过程，在课程开发和教育教学过程中的话语权有限，导致企业在政校企合作中积极性不够。同时，由于政校企三方的目标不一致，利益关系不够协调，导致政校企合作还存在一定的表层合作的问题。就企业的诉求而言，企业在政校企合作中最想得到的是能给企业带来效益的高素质技术技能人才和有利于企业发展的配套政策。但由于缺乏相关的制度约束和政策配套，企业尚缺乏足够的动力来全程参与职业院校的人才培养。在目前国家层面校企合作制度缺失的情况下，企业的积极性不高是困扰中山职院的一大问题。

三、基于典型案例经验问题的延伸思考

（一）政府在职业教育中应扮演何种角色

“善政必简”，这句话对职业教育同样适用。综观美、德、澳等发达国家的职业教育经验，再与我国西、中、东部职业教育典型案例的经验、问题进行比较，我们不得不反思这样一个问题：政府在职业教育中应该扮演何种角色？是划桨还是掌舵，或

者兼而有之？早在2010年，我国就提出建立健全“政府主导，行企参与”① 的办学机制，对政府、行业和企业这职业教育三要素的分工进行了确定。这里最值得研究和思考的是，政府在职业教育中应该扮演何种角色？主导什么？如何主导？

我国职业教育政府包揽的现象历来比较普遍，在政府一家独大的格局之下，导致了行业企业参与职业教育的积极性不高和社会力量介入不充分等问题。要改进我国职业教育的治理体系，需要重点解决“政校企合作以及政府与市场的关系”等问题。② 反观美、德、澳三国职业教育中的政府角色，三国都趋向形成有限的政府责任，将大部分职能让渡给技能供给体系。政府主要发挥宏观调控作用，对职业教育市场的容量、质量等作出规定，而市场如何达到这些容量和质量标准则成了其他职业教育利益相关方的工作。另外，三国还注重适度的国家干预，通过拨款、税收和行政补贴等方式促进企业参与职业教育，通过制定系列法律及提供大量经费来保障职业学校与区域劳动力市场对接。

反思我国职业教育的政府主导为何会偏离社会需求，我们有必要认识到，政府在职业教育中的角色，应该由直接参与转变为间接干预，遵守市场机制，着重通过制度的建设充分调动各利益相关方的积极性。同时，政府要围绕构建以人为本的职业教育制度体系，凝聚社会共识，引导价值观念，优化服务体系，倡导创新精神、创业精神、工匠精神和团队精神，推动职业人才可持续发展，让职校师生获得归属感、荣誉感和成就感。

（二）职业教育的管理体制如何完善

从我国西、中、东部职业教育典型案例的比较可知，我国现

---

① 中共中央、国务院：《中共中央国务院印发〈国家中长期教育改革和发展规划纲要（2010—2020年）〉》，2010年7月29日。

② 于志晶、李玉静：《推进善治：实现现代转型》，载《中国教育报》2014年4月28日6版。

行职业教育管理体系存在政府插手过多和多头管理的矛盾和问题。一方面，由于政府对自身角色认识不清，在倾力发挥主导作用的同时扮演了全能化的控制角色，插手职业教育的各个环节，管、办、评不分，导致职业院校缺乏主动办学的积极性。[①] 这样导致的后果是，专业设置的趋同化、人才培养的单一化和院校建设的行政化。企业一方面无法获取适岗的技术技能人才，另一方面又无足够动力和机会全程参与职业院校的人才培养过程。“多头管理”在县域范围内主要体现为政府各职能部门之间存在越位或缺位的管理。由于历史的原因，教育部门、劳动和社会保障部门、国土资源部门等都是职业教育与培训的管理主体。各主体之间如果缺乏有效的协调机制，则必然出现重复培训、低效培训和资源闲置与浪费问题。因此，有必要寻求各管理主体积极参与职业教育的利益平衡点，建设相应的保障制度，提升管理效益。

（三）校企合作中企业的积极性如何调动

在我国，与企业合作办学应该是高职院校的强烈愿望。但现阶段企业的积极性还未调动起来，很多合作也限于表层，缺乏能产生实效的深度合作。[②] 究其原因，一是在于，企业投入人力、物力参与校企合作人才培养，最终培养的人才却有可能转投其他企业。二是在于，大部分企业并未实质性参与职业院校的人才培养全过程，企业在课程设置和教育教学过程中缺少话语权。三是在于，当前我国对企业参与职业教育缺乏相关约束和鼓励制度，企业的利益诉求得不到保障。因此，从政府层面出台相关制度，协调政府、学校和企业三方的利益关系，是切实提高企业参与校

---

① 郐志辉、李涛：《治理体系和能力现代化的三重核心命题》，载《湖北函授大学学报》2014 年第 6 期，第 1 页。

② 曾阳：《企业参与职业教育校企合作的动力机制分析及借鉴：以德国“双元制”为例》，载《职业教育（中旬刊）》2020 年第 11 期，第 7 – 11 页。

企合作积极性的迫切需求。

(四) 经费筹集和分配等问题如何解决

我国职业教育的经费投入中，政府拨款占到了相当大一部分，其次来自学生缴纳的学费，企业、社会和个人的捐助所占比率非常小。在经费的分配上，国家要求教育费附加中的30%要用于职业教育，但由于监管乏力，很多省份实际上并未达到要求。按学生人数划拨教育经费是相对公平和有效的经费投入方式，截至2015年年底，尽管全国31个省市均出台了高职院校生均经费拨款标准，但之前出台标准的省份一度存在标准偏低、拨付不到位等问题，① 其他省份的经费执行情况还有待观察。职业教育由于其办学过程的特殊性，如实训中心建设费用高、设备更新快、师资培训要求高等，导致对办学经费的要求相对较高。尽管近年国家不断加大对职业教育的经费投入，但办学经费不足仍是现阶段职业院校发展面临的最大困难。因此，有必要进一步加大投入，适当提高职业教育经费占财政性教育经费支出的比例。在经费分配问题上，美国、德国和澳大利亚等发达国家都纷纷引入绩效分配机制，通过绩效拨款，使绩效评价机制成为引导职业院校组织行为的重要杠杆，也为高质量的职业教育提供保障。另外，在经费的管理上，也需要通过制度进一步完善职业教育经费的使用和监督，提升资金使用效益。

---

① 参见上海市教育科学研究院、麦可思研究院《2015中国高等职业教育质量年度报告》，高等教育出版社2015年版。

第七章　职业教育服务城乡融合发展的制度建设

在对制度变迁历程和制度困境进行梳理和分析的基础上，结合发达国家职业教育制度经验启示以及我国部分地区典型案例经验问题的参考，本书试图建构一个职业教育服务城乡融合发展的制度体系。为尽可能避免主观臆断和随意取舍，先对职业教育的制度诉求加以分析，随后从招生考试、人才培养、管理体制、劳动人事和经费保障五个维度对职业教育的制度环境进行阐述，在此基础上，运用德尔菲专家咨询法，对职业教育服务城乡融合发展的制度选项进行确定，最终构建起由六项宏观制度、九项中观制度和三十九项微观制度构成的“职业人才支持服务制度体系”。

第一节　职业教育服务城乡融合发展的制度诉求分析

城乡融合是当前我国经济社会发展的重要战略目标和价值追求。职业教育的制度建设须立足于城乡融合对职业教育的制度诉求，找准制度建设的方向和着力点。本节在对职业教育制度建设的价值追求、目标取向和核心内容进行审视的基础上，从推动区域经济、促进社会融合和关注人的发展三方面分析了城乡融合对职业教育的制度诉求，以期建设有效的职业教育制度，释放职业教育的功能，服务城乡融合的发展。

一、推动区域经济：职业教育制度建设的价值追求

推动区域经济协调发展是我国国民经济发展的重要战略目标。改革开放以来，我国的区域经济发展战略大致可划分为两个阶段。[①] 第一个阶段是“效率优先”发展阶段，实施不平衡发展的区域经济战略，优先发展东部沿海地区。第二个阶段是“效率优先、兼顾公平”阶段。为解决区域经济发展差距持续扩大的问题，我国的区域经济发展战略逐步由不平衡发展战略转向平衡发展战略，但在短期内仍很难实现区域间的均衡发展。

随着新型城镇化的推进，产业结构调整升级，经济社会开始转型，社会对高素质技能型人才的需求日渐扩大，区域经济和职业教育的关系日趋密切。一方面，区域经济对职业教育具有重要决定作用。区域经济决定了职业教育的发展规模、结构、速度和质量。另一方面，职业教育对区域经济发展又具有能动作用。职业教育可为区域经济发展提供高素质的人才支撑，并能优化区域劳动力素质结构。[②] 为使职业教育与区域经济发展之间形成良性循环，有学者指出，“区域经济要协调发展，就需要有一个与其相适应的职业教育体系”[③]。反映在职业教育的制度建设上，就要求人才培养层次、规模、结构、质量等要与当地产业结构和经济发展水平相适应，不断优化劳动力素质结构，不断提升职业人才培养质量，充分构建与当地产业发展相匹配的层次分明的人才网络，从而推进地方经济社会的持续发展。

---

① 周绍杰、王有强、殷存毅：《区域经济协调发展：功能界定与机制分析》，载《清华大学学报（哲学社会科学版）》2010 年第 2 期，第 141 – 148 页。

② 崔晓迪：《现代职业教育与区域经济协调发展研究：以天津市为例》，载《教育与经济》2013 年第 1 期，第 31 – 35、72 页。

③ 林克松、朱德全：《职业教育均衡发展与区域经济协调发展互动的体制机制构建》，载《教育研究》2012 年第 11 期，第 102 – 107 页。

二、促进社会融合：职业教育制度建设的目标取向

2013 年颁布的《中共中央关于全面深化改革若干重大问题的决定》提出，“要健全相关教育体制机制，使广大农民也能分享现代化成果”①。2016 年 3 月，我国国民经济和社会发展第十三个五年规划纲要出台，明确提出要“大力发展职业教育，加大职业教育脱贫力度”②。2021 年 3 月，我国国民经济和社会发展第十四个五年规划和 2035 年远景目标纲要明确提出，要“坚持农业农村优先发展，全面推进乡村振兴”③。这些文件出台释放的信号是，要特别重视农村的发展和面向农村的职业教育，从而促进城乡统筹发展和社会融合。

毋庸置疑，城镇化意味着每年都会有大量农业人口转向二、三产业就业，相当一部分农民会从农村转向城镇安家落户，但这并不意味着要将农村变成“空心村”，只剩下老弱病残留守；也不是要消灭农村，将农村人全部迁往城镇。城乡融合需要在农业产业化、农村宜居化和农民职业化三个方面努力。体现在职业教育方面，就是要转变以往职业教育“片面城市化”的倾向，要更加重视发展面向农村的、城乡统筹发展的职业教育。因此，在充分提升农村转移劳动力就业素养和技能的同时，也要重视留守农民、失地农民和职业农民的职业教育和培训，从而推动转移农

---

① 中国共产党第十八届三中全会：《中共中央关于全面深化改革若干重大问题的决定》，2013 年 11 月 12 日。

② 新华社：《中华人民共和国国民经济和社会发展第十三个五年规划纲要》，见新华网（http://www.xinhuanet.com/politics/2016lh/2016-03/17/c_1118366322.htm），2016-03-17。

③ 新华社：《中华人民共和国国民经济和社会发展第十四个五年规划和 2035 年远景目标纲要》，见新华网（http://www.xinhuanet.com/2021-03/13/c_1127205564.htm），2021-03-13。

民尽快融入城镇生活，也促使留在农村生活和工作的其他类型农民提升综合素养和生活质量，不断缩小城乡生活品质差距。这就要求职业教育在就业、培训、管理和经费等方面加强制度建设，为推进社会融合提供支撑。

三、关注人的发展：职业教育制度建设的核心内容

首先，在人才培养上要转变重技术轻人文的思想，要求学生在掌握技术技能的同时，全面提升职业素养，成为有担当、有责任感、有温度的职业人才。其次，要构建面向人的终身发展的职业教育体系。这就要求突破仅在职业学校体系内构建职教体系的常规思维，不仅研究中、高职衔接，打通专科、本科和“本科后”的节点，还要研究院校和企业、院校之间和企业之间的合作，以及职前和职后的衔接等，使职业教育真正形成面向平民的终身教育体系。最后，要不断完善职业资格认证制度、学分认证和转换制度、职业准入制度、从业人员晋升制度等，使起点较低的底层群体有望通过多样化的选择，不断提升人力资本，改善生活质量，实现社会流动。这就要求在职业教育招生就业、劳动人事和人才培养等方面加强制度供给，为职业人才的终身发展提供保障。

第二节　职业教育服务城乡融合发展的制度环境分析

职业教育制度环境是指能对职业教育制度运行产生影响的，人们在长期社会交往过程中自觉遵守和认同的习俗、规则和行动准则。对制度环境加以分析，有利于研究者透视社会和家庭面对职业教育的选择动机，有利于审视当前我国职业教育的制度困境。因此，要构建职业教育服务城乡融合发展的制度体系，有必

要先对我国当前的职业教育制度环境进行分析。本节拟从职业教育招生考试制度环境、人才培养制度环境、管理体制制度环境、劳动人事制度环境和经费保障制度环境五个方面进行阐述。

一、招生考试制度环境

职业教育作为我国教育体系的重要组成部分，本应在经济、社会发展中发挥重要作用。然而，由于历史和现实的多种限制因素存在，现阶段职业教育在我国还是以“二流教育”的形象出现，职业院校学生无论是在收入水平、社会地位、晋升空间还是社会保障方面似乎都“低人一等”。从源头上分析造成这种现象的原因，我国现行招生考试制度的限制是不可忽视的因素之一。招生考试制度良性与否，能极大影响学生报考意愿和选择趋向，因此也能直接决定生源的数量和质量，进而对职业教育的人才培养、就业质量和职业教育吸引力产生重要影响。就我国目前阶段而言，招生考试制度环境不容乐观，主要体现为以下四个方面。

首先，受现行中、高考招生考试制度制约，职业教育在生源选择方面缺乏话语权。相对于普通教育而言，职业教育的招生始终处于陪衬地位。高职的生源主要有两种，一种是通过高考录取的专科批次学生，这一种生源一般占到一半以上；另一种是从中职升学到高职的学生。在现行高考招生录取制度下，高职批次的招生安排在本科批次之后，招收的学生大多是现行教育体制下的“学习失败者”。而中职的招生由于要与普通高中竞争，自身的培养质量和未来升学空间又非常有限，因此招生相对比较困难，招到的学生也难以安心向学，辍学率比较高。要改变这种困境，有必要从招生考试制度着手，突出职业教育人才招录的技术技能特点，吸引和选拔真正适合职业教育的人才来接受职业教育，使职业教育的人才招录和培养能真正与普通教育区分开来。

其次，受现行不完善的职业教育体系制约，职业院校学生奋斗前景缺少吸引力。由于目前职业教育还未在纵向上构成中职、高职、应用型本科和应用型研究生的完整教育体系，学生报读中职和高职就在一定程度上决定了其未来的社会地位、经济地位和发展空间，学生通过职业教育实现社会流动的可能性较小，这是制约学生和家长对职业教育选择意愿的重要因素。由于社会上普遍存在“职业教育地位低”“没出息”的价值认同，职业院校的招生受到严峻挑战。要改变这种现状，构建完整的职业教育体系已迫在眉睫。

再次，受普通教育和职业教育缺乏融通的现状制约，职校学生缺乏多种选择权。长期以来，我国普通教育和职业教育作为并行发展的两种教育类型，相互之间的沟通和融合较少，学生缺少横向选择权。由于受现行招生考试制度制约，普通教育和职业教育之间缺乏相应的横向融通机制，接受普通教育的学生想中途换读职业教育或职业院校学生中途换读普通教育都非常困难，缺少相关的转学制度支撑。这也在一定程度上制约了社会和家庭对职业教育的选择。

最后，受目前学分认定和职业资格认证体系不健全的制约，低学历、无背景的农村从业人员缺乏“中途上车”的就学机会。在服务城乡融合发展的过程中，其中一个重要指标就是“人的城镇化”，而“人的城镇化”又主要取决于农村弱势群体的城镇化。在当前的招生考试制度环境下，低学历、年龄大、有过多年从业经历的社会人员缺乏稳定、有效的渠道来提升自身的就业含金量。尽管近年国家大力推行面向农民工的职业培训，但由于缺乏顶层设计，没有完善的学分认定和职业资格认证制度做支撑，加之受经费、场地、师资等因素制约，培训质量和效果并不容乐观，农民工的主动参与意愿也并不高。要改变这种局面，关键在于要制定一套面向社会从业人员的、专业门类齐全的学分认定和职业资格认证体系，使社会人员在接受培训提高技能的同时，在学历证书和职业资格证书上也能有所收获，从而有效提高自身就业资本，进而提升就业质量，实现身份地位的向上流动。

二、人才培养制度环境

我国职业教育的人才培养制度环境主要存在专业设置脱离实际、课程设计职业性和衔接性不足、师资队伍可持续发展动能不足、办学主体单一和校企合作中企业参与动力不足等问题。

在专业设置上，经济发达地区的职业院校大多注重专业设置与当地产业的相互对接，以此满足区域内行业、产业对职业教育人才的需求。但经济欠发达的中部和西部地区的职业院校，由于受办学经费、实训场地等条件限制，加上提高就业率的压力，在专业设置上形成了一定程度的路径依赖，专业设置更新较慢，未能与当地产业完全契合。传统专业很大部分还是面向沿海经济发达地区的产业形态设置，学生毕业后在当地难以找到合适的工作，因此对吸纳人才在当地就业，发挥职业教育的人才聚集功能非常不利。

在课程设计上，当前我国职业院校大都在横向设计上注重课程设置的科学性和有效性，突出实践操作的重要性，也逐步加大了实训投入，但在沟通衔接中职、高职和应用型本科的课程，构建纵向衔接的课程体系方面做得不够。课程设置衔接不够，也为职业院校学生在体系内的进一步深造设置了障碍。低学段的学生在升入高一学段后，课程体系的不同会造成学生的认知空白，大量补修课程也会增加学生的课业负担，这在一定程度上影响了人才的培养质量。

在师资队伍建设方面，职业院校的师资大部分来自普通教育学校，这部分师资在一开始就带有鲜明的普通教育特色，以普通教育的思维和方式方法来开展职业教育，教学效果可想而知。近年来，国家在加强“双师型”队伍建设方面投入加大，“双师型”教师比例得到提升，师资力量也得到加强。但在我国教育体系中，职业教育尚未摆脱“次等教育”的身份，职业教育师资在教师培训、教师发展等方面依然需要更多、更大的支持。

在办学体制方面，我国实行的是政府主导的职业教育办学体制。由于职业教育的各利益相关者都将职业教育的投入、管理和改革等任务依赖于政府来加以主导，导致行业、企业在职业教育办学中作用未能充分发挥。也就是说，在办学主体方面，政府一家独大，行业、企业和民营机构的主体作用未能充分发挥。

在校企合作方面，主要存在企业参与积极性不高的问题。推进校企合作的实质性运行和深度开展，是当前我国职业教育改革与发展的重要任务之一。由于市场调节机制失灵、政府本身存在的缺陷以及政府的不当干预等问题，目前我国的校企合作很大程度上还停留在应付式合作和表层象征性合作阶段。要推动校企合作走向深入，主要取决于政府能否正确认识自身的功能和限度，能否在与校企合作各利益相关方的博弈过程中建立起一整套激励和制衡制度。①

三、管理体制制度环境

2005年，国务院文件明确我国职业教育管理体制是“在国务院领导下，分级管理、地方为主、政府统筹、社会参与”②。由于将管理方式将中央集中管理变为分级管理，增加了管理主体，有利于发挥省、市一级地方政府和教育行政部门的积极性。鼓励社会力量参与管理的方式，也为职业教育管理注入了新鲜血

① 曾阳、黄崴：《政府干预职业教育校企合作的限度及其改进：基于公共选择理论的分析》，载《现代教育管理》2016年第5期，第73－78页。

② 国务院：《国务院关于大力发展职业教育的决定》（国发〔2005〕35号），2005年10月28日。

液。总之，“分级管理、地方为主、政府统筹、社会参与”的管理体制对我国职业教育的发展起到了重要的促进作用。但同时我们也必须看到，这一管理体制在具体实施的过程中也存在一定的弊端。

首先，以地方为主的管理体制使经济欠发达地区的职业教育发展较为艰难。我国幅员辽阔，各省市、地区之间的经济、社会发展水平差异较大，导致各地的教育发展水平也参差不齐。以地方为主的职业教育管理体制，导致的直接问题是“穷的地方办穷的职业教育，富的地方办富的职业教育”。经济发达地区的产业发达，人才集聚能力强，职业教育的基础较好。再加上当地政府有实力加大投入，因此职业教育与产业形态和发展情况结合较好，人才培养质量较高，就业情况较好。与之相对的是，广大的中、西部地区由于经济发展水平相对较为落后，职业教育的基础较为薄弱，当地政府财力有限，对支持职业教育发展“心有余而力不足”。以地方为主的职业教育管理体制客观上进一步加大了经济发达地区和经济欠发达地区的职业教育发展水平差距，并且这一差距还有进一步加大的趋势，这就加剧了职业教育领域的不公平状况。

其次，经济发达地区对经济欠发达地区职业教育的办学和人才就业具有导向作用，逐渐形成“洼地效应”。由于经济欠发达地区职业教育在专业设置上与当地产业契合不够，加上经济发达省市在薪资和发展前景方面更具吸引力，很多专业的学生都被沿海地区的企业吸纳就业，使当地企业受益有限。而根据“分级管理、地方为主”的管理体制，职业教育的投资以地方政府为主，但最终地方却无法享受职业教育人才培养的成果，这样就出现了投资和受益的背离，从而损害了地方政府的投资办学积极性，进一步加大了职业教育发展的不均衡。

最后，行业、企业等社会力量参与职业教育的积极性不高。

职业教育管理体制要求“政府统筹、社会参与”，但我国现实的职业教育管理制度环境是，社会力量参与职业教育的积极性不高，行业、企业参与职业教育的程度有限。由于当前参与职业教育的回报与投入不成正比，企业参与校企合作培养的人才经常被其他企业“挖墙脚”，而其他不参与职业教育的企业也并不会受到相应的惩罚，因此，大部分企业都想“搭便车”，参与职业教育校企合作的动力不足。要解决社会参与职业教育积极性不高的问题，有必要进一步完善政府对职业教育的适度干预制度，做到不越位、缺位和错位，以制度保障行业和企业在职业教育中发挥主体作用。

四、劳动人事制度环境

劳动人事制度环境在职业教育人才培养“出口端”决定职业人才的就业、晋升、待遇和保障，因此直接决定职业人才的经济地位和社会地位，同时也反向影响职业教育的吸引力和学生家庭对职业教育的报考意愿。当前我国职业教育劳动人事制度环境主要存在用人机制不健全、人才评价机制不完善等问题。

第一，由于整个社会并未建立起一套完整的职业资格准入制度，职业资格证书的价值还未完全凸显出来。一方面，接受了正规职业教育的学生获得相关职业资格证书后，其就业质量并未得到明显提高。另一方面，未接受职业教育未获得职业资格证书的社会人员同样和职业院校学生在同一平台竞争。这一现状在一定程度上抵消了职业教育和职业资格证书的价值。

第二，技术技能型人才在入职、晋升、培训、收入和社会保障等方面的待遇有待提升。职业院校的学生虽然就业率普遍较高，但就业质量还是相对较低。首先，体现在学生就业时大多是从事一些技术含量较低的操作性工种，业务能力提升空间有限，导致自身发展空间受限。其次，在企事业单位的员工招聘上，很多单位都把最低学历要求定为本科，这样就变相地将职业院校学生拒之门外，人为阻隔了职业院校学生的就业途径。最后，部分职业院校学生在非正规民营单位就业，这些单位无论是薪资待遇还是社会保障都令人担忧。

第三，我国社会“唯学历论”的倾向限制了职业院校学生的发展。我国自古就有“劳心者治人，劳力者治于人”（《孟子·滕文公上》）的观点，但在当今社会中，职业教育作为培养技术技能型人才的教育类型，其培养的人才在劳动力市场容易遭受不公平的定位和评价。技术技能型人才在人才评价中遭受不平等对待，阻碍了职业院校学生的向上社会流动。同时，重学历、轻技能的社会倾向还未得到扭转，职业院校学生在求职过程中经常遭遇“起点不公平”。由于高等教育大众化的持续推进，本科人才逐渐过剩。部分单位在人才选聘的过程中还是存在“学历高消费”的倾向，[①] 将人才选拔的学历起点定为本科，从而将职业院校人才拒之门外。同时，在公务员招录上，也有诸多限制。“唯学历论”的社会用人环境严重限制了技术技能型人才的职业选择和发展，强化了阶层固化，造成了人才的浪费。

五、经费保障制度环境

我国职业教育经费保障制度环境主要存在经费投入不足和成本分担与利益补偿机制不健全等问题。在职业教育的经费保障上，尽管近年职业教育的中央财政投入逐步加大，职业院校的办学条件得到一定程度的改善，但我国的教育经费增长与 GDP 增长始终不能保持同步，而职业教育经费在教育经费投入中又属于

---

① 孙玫璐：《我国职业教育公平的制度环境问题简析》，载《职教通讯》2011年第13期，第1－4页。

“弱势中的弱势”。[①] 职业教育不同于普通教育，其对机器、设备和实训场地的要求较高。而且，机器设备的更新换代较快，前期花重金购置的设备往往几年后就过时了。而长期不更新实操设备很显然又非常不利于高素质技能人才的培养。因此，在尚未落实生均拨款制度的省区，职业教育办学经费紧张是很普遍的现象。正因如此，当前我国高职院校的学费收入还是职业院校办学经费的重要来源，很多专业的收费远远超过普通本科相关专业的收费。就我国实际而言，就读高职院校的学生大部分来自农村以及城镇中下层家庭，家庭贫困的生源比例要高于普通高等学校。这部分学生的家庭本寄希望于子女学习以一技之长改善生存处境，但现实情况是他们要投入更多的经费，获得的教育质量却不尽如人意，学生就业后的晋升空间也很有限。职业教育的这种经费投入制度环境造成了新的社会不公，不利于社会弱势群体的身份、地位提升和社会阶层的改变。

在职业教育成本分担与利益补偿方面，由于国家尚未建立正式的职业教育与培训的成本分担与利益补偿的法律法规，对职业教育各利益相关者的责任和义务缺乏明确的约定，导致现在行业、企业参与动力不足，职业教育与培训质量不高等问题。在校企合作培养职业人才的过程中，由于参与校企合作的企业的利益未得到有效保障，培养的人才大多并未能给企业带来收益，因而大多数企业参与校企合作的积极性不高。因此，要完善职业教育的成本分担与利益补偿机制，需要在完善相应的法律法规的基础上，明确各利益相关方的责、权、利，建立好相应的奖惩机制，切实提高行业、企业参与职业教育的动力。

① 孙玫璐：《我国职业教育公平的制度环境问题简析》，载《职教通讯》2011年第13期，第1－4页。

第三节　职业教育服务城乡融合发展的制度调研分析

一、调查方法与过程

本书采用德尔菲专家咨询法对职业教育服务城乡融合的制度建设进行调查。德尔菲专家咨询法一般运用在政策制定、技术预测、方案评估和经营管理等领域，职业教育的制度建设属于政策制定的范畴，因此本书采用德尔菲专家咨询法开展调查研究是可行的。

咨询共分两轮进行。第一轮咨询主要涉及职业教育服务城乡融合的制度建设的主要方面。第二轮在第一轮咨询的基础上，针对专家普遍认同的制度建设措施开展延伸性的追问，聚焦更为具体的制度建设，从而构建职业教育服务城乡融合发展的制度框架。

咨询的对象主要分为五类：一是各级教育行政部门行政人员，二是行业协会专家、企事业单位人力资源部门负责人，三是职业院校管理人员，四是各级教育科研院所研究人员，五是普通高等学校职业教育研究人员。最终被确定为咨询对象的专家还须至少满足以下一项条件：在职业教育领域主持过课题、出版过专著或发表过核心期刊论文；近年参与过职业教育政策制定；近年参与过政府部门职业教育政策调研和文件起草；参与管理的院校或处室职业教育成效显著；在行业、企业一线对职业教育有持续研究。为保证较高的调查精准度，调查样本数最终确定为二十五人，样本专家分别来自我国东中西部的广东、湖南和云南三省。

咨询问卷设计方面，笔者梳理了近年职业教育的制度文献，并咨询了相关专家。第一轮问卷按人才培养的流程设计了职业院校专业设置制度建设、招生考试制度建设、人才培养制度建设、管理体制制度建设、劳动人事制度建设和经费保障制度建设六个主要问题，并针对这六个一级指标共设计了三十项二级指标。问卷采用五级量表（“1”代表“很不重要”，“2”代表“不重要”，“3”代表“一般”，“4”代表“重要”，“5”代表“很重要”）收集专家的倾向性意见，同时设计了开放式问题供专家进一步发表意见。第二轮问卷在统计分析第一轮问卷的基础上，剔除了无关选项，并对第一轮问卷中的问题进行延伸性追问，从而使重要的具体制度能够凸显出来。对第二轮咨询结果采用中位数法进行统计分析，分析专家意见的集中程度，提炼出意见高度一致的制度建议，最后构建出职业教育服务城乡融合发展的制度框架。

二、咨询结果与分析

（一）第一轮咨询结果

第一轮咨询共发放问卷 25 份，回收问卷 20 份，回收率 80%。在对专家咨询结果进行统计时，将选择分值“4”（“重要”）和“5”（“很重要”）的选项列为赞成项，即专家赞成该项制度建设。专家对各二级指标所代表的制度选项的倾向性意见见表 7 - 1。

表7-1 专家对职业教育服务城乡融合发展制度建设倾向性意见汇总（第一轮咨询）

一级指标	二级指标	认为“重要”及“很重要”者所占比例
专业设置制度	1. 做好面向区域发展的专业规划，优化资源配置和专业结构	100%
	2. 根据地区产业结构和发展需求设置专业，调整专业布局	100%
	3. 明确专业设置流程，加强专业设置的科学性和规范性	96%
	4. 建立地方政府、教育行政部门、行业企业和职业院校共同参与的专业设置制度	88%
	5. 建立健全职业院校专业设置的预警机制和动态调整制度	76%
招生考试制度	1. 建立多样化的高等职业教育招生考试及入学制度	84%
	2. 探索应用型本科高校面向中职学生招生选拔机制	76%
	3. 适度提高高职院校招收中职毕业生以及应用型本科高校招收职业院校毕业生的比例	76%
	4. 贯彻落实非户籍生源在流入地参加考试升入高等职业院校的制度	76%
	5. 建立社会人员从业经历学分折算和职业资格认定制度	88%

续表7－1

一级指标	二级指标	认为“重要”及“很重要”者所占比例
人才培养制度	1. 建立中职、高职和应用型本科相互衔接的课程体系	72%
	2. 加大模块化和项目化的课程比例	76%
	3. 建立“校企合作、产教融合、工学结合”的有效机制	92%
	4. 完善职业教育人才为区域经济社会发展服务的制度	76%
	5. 提高面向农村群体的职业教育与培训效益	92%
管理体制制度	1. 建立市域统筹的职业教育管理体制	76%
	2. 以县级政府为主加强面向区域内的职业教育培训统筹管理	88%
	3. 以县级职教中心为主加强县域职教资源整合	84%
	4. 政府充分放权，加强职业院校自主管理	84%
	5. 以制度保障行业和企业在职业教育中发挥主体作用	92%
劳动人事制度	1. 建立规范、严格的职业资格准入制度	96%
	2. 完善学历证书和职业资格证书“双证融通”制度	84%
	3. 以制度保障职业院校学生参与人才选拔和聘用的公平性	96%
	4. 建立逐步提高技术技能人才收入整体水平制度	96%
	5. 完善技术技能人才社会保障制度	92%

续表7－1

一级指标	二级指标	认为“重要”及“很重要”者所占比例
经费保障制度	1. 切实落实和完善生均公用经费拨款制度	100%
	2. 建立完善的职业教育税收优惠制度	92%
	3. 完善金融服务支持职业教育发展制度	92%
	4. 推进面向农村生源的高等职业教育低廉收费制度建设	92%
	5. 提高职业院校学生奖助标准和受益比例	92%

笔者分析第一轮专家咨询结果，取专家赞成者比例达到或超过80%的二级指标进入第二轮咨询，低于80%赞成率的选项则予以剔除。在第一轮咨询结果中，赞成者比例超过80%的二级指标有22项；赞成者比例未达到80%的二级指标有8项，分别是“建立健全职业院校专业设置的预警机制和动态调整制度”“探索应用型本科高校面向中职学生招生选拔机制”“适度提高高职院校招收中职毕业生以及应用型本科高校招收职业院校毕业生的比例”“贯彻落实非户籍生源在流入地参加考试升入高等职业院校的制度”“建立中职、高职和应用型本科相互衔接的课程体系”“加大模块化和项目化的课程比例”“完善职业教育人才为区域经济社会发展服务的制度”“建立市域统筹的职业教育管理体制”。

（二）第二轮咨询结果

笔者针对第一轮咨询赞成者比例达到或超过80%的22个二级指标，经过适当的问题合并和组合，设计了第二轮专家咨询问卷。第二轮咨询针对重点问题进行追问，列出一系列具体制度，由专家根据具体制度的重要性程度选择相应的分值。根据第一轮咨询结果，在专业设置制度方面，最值得追问的是专业设置与产业结构协调以及优化专业结构和布局。因此，在第二轮咨询问卷中，设计了两个问题对专业设置进行进一步咨询，分别是“如何开展与区域产业结构协调的专业设置”和“如何优化区域内专业结构和布局”。在招生考试制度方面，第一轮咨询结果显示只有“建立多样化的高等职业教育招生考试及入学制度”和“建立社会人员从业经历学分折算和职业资格认定制度”是专家认为“重要”或“很重要”的。针对这两个问题，在第二轮咨询中设计了招生考试制度问题为“如何改革招生制度以满足技术技能人才的深造需求”，既有对原有问题的追问，同时也增加了第一轮咨询时尚未考虑到的另外三个问题。在人才培养制度方面，第一轮咨询中有“建立‘校企合作、产教融合、工学结合’的有效机制”和“提高面向农村群体的职业教育与培训效益”两项获得92%的专家认为其“重要”或“很重要”。因此在第二轮咨询中，设计的咨询问题为“如何建立校企合作的长效机制”和“如何推动职业培训规范快速发展”，重点对校企合作和职业培训进行进一步咨询。在管理体制制度方面，根据第一轮咨询结果，同时对第一轮的咨询问题进行整合和提炼，设计了第二轮咨询的两个问题为“如何以地方政府为主加强区域内职业教育统筹管理”和“如何根据工业化和城乡融合需求优化职业教育结构”。在劳动人事制度方面，第一轮咨询中五个二级指标全部入选。为提高问题的聚焦度，第二轮咨询主要针对两个最重要的方面进行进一步咨询，即“如何保障技术技能人才职业生涯发展通道畅通”以及“如何提高技术技能人才的社会地位”。在经费保障制度方面，由于第一轮咨询中的五个二级指标的专家赞同率都在90%以上，因此将这五项指标全部纳入最终的制度建设体系，不再在第二轮咨询问卷中出现。因此，第二轮咨询问卷的设计分为九个主要问题，每个问题后面都列举五项具体制度供专家选择。参与咨询的专家为第一轮咨询反馈了问卷的二十位专家。最后利用 SPSS 19.0，从中位数、下四分位 Q_L、上四分位 Q_U、Q_U-Q_L、集中程度及均值五个方面对问卷咨询结果进行分析。

在这一轮统计分析中，对专家意见的中位数、下四分位点 Q_L、上四分位点 Q_U 分别进行数据分析，a_1 和 a_n 分别代表问卷选项分值的最小值和最大值，在本研究中，最小值为1，最大值为5。假若 $Q_U-Q_L<a(a_n-a_1)$，其中 $0<a<1$，便代表该项数据反映的专家意见集中程度较好。本研究取 $a=0.45$，最小值 a_1 为1，最大值 a_n 为5，集中程度基数值为：$a(a_n-a_1)=1.8$。Q_U-Q_L 的值越小，表示集中程度就越高。当 Q_U-Q_L 的值为0时，集中程度为最高。当 $Q_U-Q_L<1.8$ 时，可以认为专家意见集中程度良好。当 $Q_U-Q_L>1.8$ 时，则认为集中程度较差，中位数和均值所代表的意义不可接受。（见表7－2）

表7－2　专家对职业教育服务城乡融合发展的制度建设倾向性意见汇总（第二轮咨询）

主要方面	具体制度	中位数	下四分位 Q_L	上四分位 Q_U	Q_U-Q_L	集中程度	均值
如何开展与区域产业结构协调的专业设置	1. 职业院校根据区域产业链设置相应的专业群	5	5	5	0	<1.8	4.8
	2. 设置区域经济社会发展急需的鼓励类产业的相关专业，减少或取消设置限制类、淘汰类产业相关专业	3	3	4	1	<1.8	3.3

续表 7－2

主要方面	具体制度	中位数	下四分位 Q_L	上四分位 Q_U	Q_U-Q_L	集中程度	均值
如何开展与区域产业结构协调的专业设置	3. 建立政府、行业企业与职业院校共同参与的专业设置制度	4	4	5	1	<1.8	4.45
	4. 建立规范合理的专业设置流程制度	4	4	4	0	<1.8	4.1
	5. 职业院校的课程设置、教学实施、师资配备、教学改革等各项工作围绕专业设置进行调整	3	2.25	4	1.75	<1.8	3.35
如何优化区域内专业结构和布局	1. 做好面向区域经济社会发展的专业规划	5	4	5	1	<1.8	4.5
	2. 提前预测经济动态，做好人才需求预测，使高职教育专业结构与区域经济结构的战略性调整同步	4	4	5	1	<1.8	4.35

续表 7-2

主要方面	具体制度	中位数	下四分位 Q_L	上四分位 Q_U	$Q_U - Q_L$	集中程度	均值
如何优化区域内专业结构和布局	3. 围绕区域产业转型升级，加强政府宏观调控，形成与区域产业分布形态相适应的专业布局	4	3	4	1	<1.8	3.65
	4. 成立区域内“政府牵头，院校主导，行企参与”的职业教育发展联盟，统筹管理区域专业结构和布局	5	4.25	5	0.75	<1.8	4.6
	5. 完善人才需求反馈机制，根据劳动力市场对人才规模、层次、类型等需求优化专业结构和调整布局	4	4	4	0	<1.8	4

续表 7-2

主要方面	具体制度	中位数	下四分位 Q_L	上四分位 Q_U	$Q_U - Q_L$	集中程度	均值
如何改革招生制度以满足技术技能人才的深造需求	1. 根据不同的入学和升学需求建立多样灵活的招生和入学制度	4	4	5	1	<1.8	4.3
	2. 建立“宽进严出”的招生培养制度	4	4	5	1	<1.8	4.15
	3. 针对农民工需求开展专业提升计划，完善相应的学分制度，通过灵活的修读形式，使学历教育与非学历培训相结合	3.5	3	4	1	<1.8	3.6
	4. 注重专业人才培养的延续性，招生政策向有升学需求的专业对口学生倾斜	4	4	4	0	<1.8	4.1
	5. 通过质量认证体系、学分银行和职业资格考试制度对非学历职业教育进行学历认证	5	4	5	1	<1.8	4.55

续表 7-2

主要方面	具体制度	中位数	下四分位 Q_L	上四分位 Q_U	$Q_U - Q_L$	集中程度	均值
如何建立校企合作的长效机制	1. 以立法的形式明确校企合作各利益相关者的责任、权利和义务	5	5	5	0	<1.8	4.9
	2. 通过生均补偿或减免税收等形式由政府对参与校企合作企业给予成本补偿，对校企合作有成效的企业给予奖励	5	4.25	5	0.75	<1.8	4.7
	3. 设立“校企合作专项经费”，保障校企合作持续、深入开展	4	4	4	0	<1.8	4.1
	4. 完善校企合作的评价问责制度	3	3	4	1	<1.8	3.25
	5. 将企业开展校企合作的情况纳入其社会责任报告	4	4	4	0	<1.8	3.75

续表7-2

主要方面	具体制度	中位数	下四分位 Q_L	上四分位 Q_U	$Q_U - Q_L$	集中程度	均值
如何推动职业培训规范快速发展	1. 制定支持职业培训产业发展的政策，鼓励企业、社会团体和个人依法投资职业培训市场	4	4	4	0	<1.8	4.1
	2. 引导和鼓励职业院校与行业企业合作，开展各类职业培训	5	4	5	1	<1.8	4.45
	3. 推动企业利用自身资源打造职业培训品牌	4	4	4	0	<1.8	4.1
	4. 积极探索多元化、市场化的融资渠道，为优质职业培训机构提供多种形式的金融服务	3	3	4	1	<1.8	3.3
	5. 加强政府和行业对职业培训机构的监管，建立培训机构评级标准	4	3.25	4	0.75	<1.8	4.2

续表 7－2

主要方面	具体制度	中位数	下四分位 Q_L	上四分位 Q_U	$Q_U - Q_L$	集中程度	均值
如何以地方政府为主加强区域内职业教育统筹管理	1. 建立政府统筹、分级管理、社会参与的职业教育管理体制	4	4	5	1	<1.8	4.15
	2. 建立和完善法人治理结构，探索建立社会广泛参与、产权明晰多元的理事会或董事会决策议事、监督制度	4	4	4	0	<1.8	4.1
	3. 明确地方政府的经费投入责任，加强发展战略、规划、政策、标准的制定和实施	4	4	5	1	<1.8	4.2
	4. 完善行业教学指导制度，发挥行业在制定职业资格标准、指导专业设置、深化教学改革、开展质量评价等方面的作用	4	3	5	2	>1.8	4.1

续表7-2

主要方面	具体制度	中位数	下四分位 Q_L	上四分位 Q_U	Q_U-Q_L	集中程度	均值
如何以地方政府为主加强区域内职业教育统筹管理	5. 推进政校分开、管办分离，扩大职业院校在教育教学、机构编制、人才引进和职务评聘、收入分配等方面的自主权	4.5	4	5	1	<1.8	4.5
如何根据工业化和城乡融合需求优化职业教育结构	1. 统一规划区域内城镇化建设、产业布局和职业教育发展	5	4	5	1	<1.8	4.55
	2. 鼓励职业院校集中力量办好当地经济社会需要的特色优势专业群	4	4	4.75	0.75	<1.8	4.15
	3. 鼓励企业和行业协会举办或参与举办农业职业教育机构，建立城乡结合、以城带乡的职业教育协同发展机制	4.5	4	5	1	<1.8	4.4

续表7-2

主要方面	具体制度	中位数	下四分位 Q_L	上四分位 Q_U	$Q_U - Q_L$	集中程度	均值
如何根据工业化和城乡融合需求优化职业教育结构	4. 开展国家和省级农村职业教育示范县建设	3	2	3	1	<1.8	2.65
	5. 加强区域内职业教育资源整合	4	4	4	0	<1.8	4
如何保障技术技能人才职业生涯发展通道畅通	1. 以制度保障职业院校毕业生参与人才选拔和聘用的起点公平	5	5	5	0	<1.8	4.8
	2. 完善不同专业的职业晋升制度，形成完整的职业晋升体系	5	4	5	1	<1.8	3.9
	3. 完善职业资格证书制度，逐步实现职业资格证书与学历证书、职称证书的互通互认	5	4.25	5	0.75	<1.8	4.6
	4. 健全技术技能人才评价制度，形成强调问题解决能力的评价体系	4	4	4	0	<1.8	4.05

续表7-2

主要方面	具体制度	中位数	下四分位 Q_L	上四分位 Q_U	Q_U-Q_L	集中程度	均值
如何保障技术技能人才职业生涯发展通道畅通	5. 完善技术技能人才使用制度，建立规范的、层级明晰的技术技能人才发展国家标准	4	4	4.75	0.75	<1.8	4.1
如何提高技术技能人才的社会地位	1. 以制度保障技术技能人才收入水平整体提升	5	5	5	0	<1.8	4.8
	2. 为技术技能人才提供完善的医疗、养老、就业等社会保障制度	5	5	5	0	<1.8	4.8
	3. 制定高技能人才激励办法，加大对高技能人才的奖励力度	4	4	4	0	<1.8	4
	4. 建立健全国家和省市各级高技能人才特殊津贴制度	4	3	4	1	<1.8	3.6
	5. 以制度保障高技能人才在聘任、工资、带薪学习、培训、出国进修、休假等方面逐步享受与工程技术人员同等待遇	4	4	5	1	<1.8	4.3

从表7－2可见，供专家选择的45个选项中，有11个选项可以剔除。剔除的原则一是均值小于4，说明专家对此项的赞同度过低；二是集中程度大于1.8，说明专家对此项看法的离散程度大，争议较多。根据原则一，可以剔除“设置区域经济社会发展急需的鼓励类产业的相关专业，减少或取消设置限制类、淘汰类产业相关专业”“职业院校的课程设置、教学实施、师资配备、教学改革等各项工作围绕专业设置进行调整”“围绕区域产业转型升级，加强政府宏观调控，形成与区域产业分布形态相适应的专业布局”“针对农民工需求开展专业提升计划，完善相应的学分制度，通过灵活的修读形式，使学历教育与非学历培训相结合”“完善校企合作的评价问责制度”“将企业开展校企合作的情况纳入其社会责任报告”“积极探索多元化、市场化的融资渠道，为优质职业培训机构提供多种形式的金融服务”“开展国家和省级农村职业教育示范县建设”“完善不同专业的职业晋升制度，形成完整的职业晋升体系”“建立健全国家和省市各级高技能人才特殊津贴制度”10项。根据原则二，可以剔除“完善行业教学指导制度，发挥行业在专业和课程设置、教学改革与评估及职业资格标准制定等方面的作用”1项。因此，根据两项原则，一共剔除11项选项，剩余34项具有制度构建价值。第二轮咨询统计分析结果保留的34项制度，加上第一轮全部专家均高度赞成的5项经费保障制度，两轮咨询共计有39项制度具有构建职业教育服务城乡融合发展制度体系的价值。

三、专家咨询的结论

在专业设置制度方面，专家普遍赞同的有两点，一是专业设置应与区域产业结构相协调。而要使二者高度契合，最为重要的是要根据产业链设置专业群，同时应该由政、企、校共同参与专业设置，并规范专业设置的流程，以此保障专业设置的科学、合理和可行。二是要注意优化专业结构和布局。优化结构和布局的目的是使人才的供需对等，使院校培养的技术技能人才的数量、层次、类型等与市场需求相吻合。为此，专家认为，应首先做好区域专业规划，并建立区域内人才需求预测制度。其次，要成立职教发展联盟，统筹管理区域专业结构和布局。最后，还应该完善人才需求反馈机制，根据劳动力市场对人才规模、层次、类型等需求优化专业结构和调整布局。

在招生考试制度方面，专家认为当务之急是改革招生制度以满足技术技能人才深造需求。首先，应建立多样灵活的招生和入学制度，使不同基础和需求的群体都有机会接受职业教育和培训。其次，要建立“宽进严出”的招生培养制度，适当降低入学门槛，重点抓好培养过程。再次，应注重专业人才培养的延续性，招生政策可向有升学需求的专业对口学生倾斜。最后，要通过质量认证体系、学分银行和职业资格考试制度对非学历职业教育进行学历认证，满足有学历提升需求群体的要求。

在人才培养制度方面，专家认为要使职业教育推进区域经济、社会融合和人的发展，主要应建立校企合作长效机制，切实提高职业人才培养和培训质量。首先，应以立法形式明确利益相关者的责、权、利。其次，应通过生均补偿或减免税收等形式由政府对参与校企合作企业给予成本补偿，对校企合作有成效的企业给予奖励。最后，还可通过设立校企合作专项经费的方式，保障校企合作持续、深入开展。而对于职业培训发展制度的建设，首先，应制定相应的支持职业培训产业发展的政策，鼓励企业、社会团体和个人依法投资职业培训市场。其次，要引导和鼓励职业院校与行业企业合作，开展各类职业培训。再次，应推动企业利用自身资源打造职业培训品牌。最后，应加强政府和行业对职业培训机构的监管，建立培训机构评级标准。

在管理体制制度方面，专家认为要以地方政府为主加强区域内职业教育统筹管理。首先要建立政府统筹、分级管理、社会参与的职业教育管理体制。其次，要建立和完善法人治理结构，探索建立社会广泛参与、产权明晰多元的理事会或董事会决策议事、监督制度。再次，应明确地方政府的经费投入责任，加强发展战略、规划、政策、标准的制定和实施。最后，应推进政校分开、管办分离，扩大职业院校在教育教学、机构编制、人才引进和职务评聘、收入分配等方面的自主权。

在劳动人事制度方面，专家认为要使职业教育真正能促进人的发展，发挥实实在在的作用，必须抓住两点，其一是要以制度保障技术技能人才职业生涯发展通道畅通，其二是要采取措施切实提高技术技能人才的社会地位。要保障职业人才职业生涯发展通道畅通，首先要以制度保障职业院校毕业生参与人才选拔和聘用的起点公平，使职业院校学生也具有平等竞争的机会。其次要完善职业资格证书制度，逐步实现职业资格证书与学历证书、职称证书的互通互认。再次，与完善资格证书制度配套的是，要健全技术技能人才评价制度，形成强调问题解决能力的评价体系，改变人才选聘的唯学历倾向。最后，还要完善技术技能人才使用制度，建立规范的、层级明晰的技术技能人才发展国家标准。而要真正提高技术技能人才的社会地位，一是应以制度保障技术技能人才收入水平整体提升。二是要为技术技能人才提供完善的医疗、养老、就业等社会保障制度。三是应制定高技能人才激励办法，加大对高技能人才的奖励力度。四是应以制度保障高技能人才在聘任、工资、带薪学习、培训、出国进修、休假等方面逐步享受与工程技术人员同等待遇。

在经费保障制度方面，全部专家都认为切实落实和完善生均公用经费拨款制度非常重要。同时，还应建立完善的职业教育税收优惠制度，完善通过金融服务支持职业教育发展制度，推进面向农村生源的高职低廉收费制度，还要提高职业院校学生奖助标准和受益比例。

在两轮专家咨询中，都有若干位专家提供了开放式的制度建设意见，笔者根据这些意见在提出制度建设体系时进行了微调，但由于难以统计专家意见的集中度，无法分析其他专家对该类问题的看法，因此无法作出精确的分析。此外，本书所取样本量较小，专家来源虽然覆盖我国西、中、东部地区，但我国幅员辽阔，各地职业教育发展水平和实际情况不一，因此，对待本书的咨询结果并不能绝对化。

第四节 “职业人才支持服务制度体系”的建设

根据专家咨询意见，本书的职业教育服务城乡融合发展的制度体系框架共由三个逻辑层次的制度构成。一是宏观层面的制度建设，由“专业设置制度”等6项制度组成，涵盖职业教育人才培养的全过程。二是中观层面的制度建设，由“专业设置与区域产业结构协调”等9项制度构成，这9项制度由第一轮专家咨询结果分析、提炼而成。三是微观层面的制度建设，包括“根据产业链设置专业群”等39项具体制度。(见图7－1)

一、建立满足产业需求且布局结构优化的专业设置制度

从本书理论基础之一的区域经济增长理论可知，人力资本、资金和技术是影响区域经济增长的三个基本因素。而对职业教育而言，对区域经济发展能起到的直接的作用是，通过高质量的人才培养，推动技术革新和区域经济进步。由劳动密集型产业带来的人口红利已逐渐消失，产业转型升级对职业教育的专业设置和

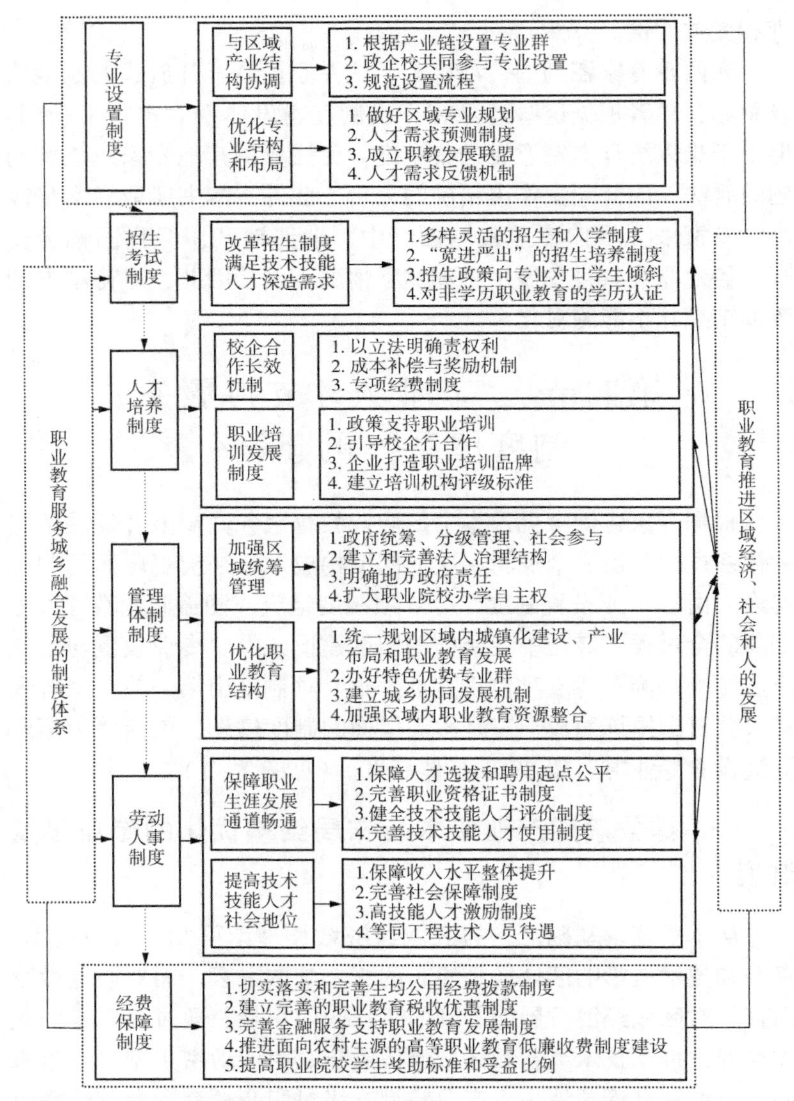

图7－1　职业教育服务城乡融合发展的“职业人才支持服务制度体系”

人才培养也提出了更高要求，只有充分满足区域产业发展需求，不断优化专业结构和调整布局，才能真正发挥职业教育推动区域经济和城乡融合发展的作用，促使我国由人力资源大国转变为人力资本强国，进而享受到人才质量提升所带来的二次人口红利。

回顾我国职业教育专业设置和课程设置的制度变迁过程，从市场经济探索期到市场经济确立期再到市场经济发展期，改革专业和课程设置脱离经济建设和社会发展需求的呼声从未停歇，但历经三十余年改革之后，职业教育专业设置和课程设置与社会实际需求的融合度还是具有提升的空间。要解决“技工荒”和“用工难”等问题，提升人才培养的针对性和适切性，为区域经济发展作出贡献，有必要开展与区域产业结构高度协调的专业设置，并优化专业结构和布局。

（一）专业设置与区域产业结构相协调

1. 职业院校根据区域产业链设置相应的专业群

由前文第五章的典型案例分析中可知，中山职院人才培养获得成功的一个重要原因即是，该校的专业设置与区域产业高度衔接，每一条产业链都有一组完整的专业群与之相对应，真正实现了专业与产业的无缝对接。我国长期以来职业教育专业设置和调整与经济社会发展现状的契合度不高，人才培养被当地行业、企业接纳的程度也有待增强。由此导致的后果是：一方面大量职业院校毕业生干起了专业不对口的工作，甚至沦为流水线上的操作工；另一方面，对专业技能有一定要求的技术技能型工种人才缺口较大。供需不对等造成了人才培养的极大浪费。究其原因，主要还是在于职业院校为当地产业培养人才的定位不清晰，这种情况在中、西部地区更为明显。

当前，我国职业教育还存在较为严重的非均衡发展的问题，中西部地区之间、城乡之间职业教育水平差距较大。职业教育非均衡发展的深层原因在于区域经济发展的不均衡。长期以来，我国东部沿海地区由于具有较好的经济基础，形成了较大的规模经济，产生了一定的聚集效应，因此在吸引投资和就业方面具有较大的优势，同时也使其区域经济增长更具后劲。而中西部等相对落后的地区则在区域经济发展中处于不利的位置。由于经济发达地区就业优势明显，很多中西部地区的职业院校迫于就业率压力，在专业开设、课程设置、人才培养规模和层次等方面无一不以发达地区的需求为导向，实际发挥的是为发达地区输送人才的职能，未能与区域经济的发展有效地结合起来。由此导致的后果是，未能职业教育的发展扎根地方经济发展的土壤，后续发展乏力；地方经济发展未能得到职业教育的人才支撑，地方政府和社会支持职业教育发展的积极性不高。从某种意义上来说，我国中西部地区的职业教育与区域经济发展之间陷入了一种“恶性循环”。要变“恶性循环”为“良性循环”，充分实现职业教育与区域经济发展的良性互动，有必要先从专业设置入手，切实加强专业设置与当地产业的对接。①

2. 建立政府、行企与院校共同参与的专业设置制度

由专业程度较高的专业委员会来负责开展专业设置工作，是关系到专业设置是否科学、合理和可行的重要举措。目前，我国职业院校的专业设置还存在一定程度的盲目性和随意性，有的院校仅仅是学院行政班子会上讨论一下就确定了专业的增删和调整。因此，建立一个由政府、行业企业和职业院校共同组成的专业设置委员会就显得很有必要。

之所以要由政府、行业企业和职业院校三方共同参与来开展专业设置，一方面是可以充分发挥各方所长，解决专业设置科学性、合理性和可行性不足的问题，使职业院校的专业设置真正契

---

① 曾阳：《比较视域下职业教育产教融合的制度分析与合作生态构建》，载《职业技术教育》2021 年第 4 期，第 42－47 页。

合当地经济社会发展，并在某些新兴专业的设置上适度超前于产业发展，为当地经济社会发展做好人才储备工作。另一方面，政府、行业企业和职业院校三方协同开展专业设置，也有利于发挥政府的统筹、协调作用，行业企业在职业教育的源头上就实质参与，可以有助于解决行业企业参与职业教育兴致不高的问题。[①] 回顾中山职院人才培养中政校企合作不够深入的问题，其产生的根源之一就是企业在专业设置、课程开发和教育教学过程中的话语权有限，未能真正参与人才培养的全过程，从而导致企业参与职业教育的积极性不够。因此，为提高职业教育专业设置的科学性、合理性和可行性，提高行业企业参与职业教育的动力，有必要建立政府、行业企业与职业院校共同参与的专业设置制度。

3. 建立规范合理的专业设置流程制度

规范的流程制度可避免专业设置的盲目、随意和受个人操纵。首先，应扎实做好前期的调研工作，要摸清市场对人才的规模、层次、类型等需求，使专业设置与市场需求紧密结合。其次，应由专业设置委员会聘请专家开展多轮论证，广泛听取行业、企业、教师和学生的意见，使专业的调整和增设程序规范，结果合理。最后，由专业委员会正式确定专业设置的结果，并对新设专业进行跟踪反馈，为下一轮的专业设置打下基础。

（二）优化区域内专业结构和布局

1. 建立面向区域经济社会发展的专业规划制度

当前，我国职业院校专业设置还存在一定的盲目性和随意性，在专业设置的过程中，只是考虑到眼前的需要，什么热门就设置什么专业，这导致很多热门专业在较短的周期内就人才饱和，学生难以就业，而有的冷门专业则鲜有人问津，造成了资源

① 曾阳：《比较视域下职业教育产教融合的制度分析与合作生态构建》，载《职业技术教育》2021 年第 4 期，第 42 – 47 页。

的极大浪费。要改变专业设置的盲目性和随意性，有必要以制度的形式要求各地根据经济社会发展实际需求制定相应的专业规划。从规划“专业取向、需求程度、发展重点、分布原则和发展步骤”[①] 等方面，对区域内职业院校的专业设置进行统一规划。

2. 推动职业教育专业结构与区域经济结构的战略性调整保持同步

由于区域经济结构的调整势必带来产业结构的调整，职业教育的专业设置要与产业结构相适应，必然也要随之调整。但因为职业教育人才培养具有一定的周期性和滞后性，因此，要保持与区域产业结构调整一致的步伐，改变因人才培养周期导致滞后的被动局面，有必要形成一定的人才需求预测制度，提前预测区域经济发展动态，并做好人才需求预测，提前布局。[②] 通过研究区域内产业结构的发展态势和调整态势，预测产业发展和人才需求的未来走势，并以此作为专业规划和布局的基础。

3. 成立区域内职业教育发展联盟

当前，我国区域内各职业院校在专业设置和人才培养上基本还是各自为政的局面，专业重复设置严重，人才培养特色不明显。为推动区域内职业院校的差异性发展，将特色专业做大做强，使人才培养具有鲜明的校际特征，有必要建立区域职业教育发展联盟制度，成立由政府牵头，院校主导，行企参与的职业教育发展联盟，对区域内专业结构和布局进行统筹管理，使各职业院校在发展联盟这一平台上，根据自身的办学理念和思路，结合实际办学条件，开展专业建设。使各校避免专业重复建设，避免

---

① 黄春麟：《高等职业教育专业布局规划的内容、方法与步骤》，载《职业技术教育》2004 年第 7 期，第 35 – 38 页。

② 曾阳：《比较视域下职业教育产教融合的制度分析与合作生态构建》，载《职业技术教育》2021 年第 4 期，第 42 – 47 页。

就业市场的低水平竞争。

4. 完善人才需求反馈机制

人才培养是个系统工程，要做到专业设置和人才培养与产业结构相适应，既要做好专业预测工作，也要完善人才需求反馈机制，根据劳动力市场对人才规模、层次、类型等需求的反馈情况，及时优化专业结构和调整布局。完善人才需求反馈机制，应充分发挥行业和企业的作用，认真听取行业企业的反馈意见，及时对专业结构和布局进行调整。

二、建立入学灵活且满足深造需求的招生考试制度

在我国现阶段，职业院校的招生主要还是通过中考、高考等统一考试的形式来进行。但目前职业教育尴尬的“二流教育”的身份地位，使学生在中考后首选升学目标必然是普通高中，高考后首选升学目标也必然是普通高校，而最终入读职业院校的学生普遍被打上“学业失败者”的标签。

我国现行的高考招生录取制度对职业院校非常不利。本科3批录取后才轮到专科批次录取，在这一批次录取的学生，很多已成为“问题学生”，厌学、逃学现象较为普遍。可以说，职业教育从招生源头上就已注定要“负重前行”。要改变职业教育的弱势教育身份，真正选拔喜欢职业教育并具有一定的动手操作能力的学生接受职业教育，有必要改革现行的招生考试制度，突出职业教育的技能性特征，通过建立多样灵活入学制度，满足技能人才深造需求，从而真正发挥职业教育服务城乡融合发展的作用。

（一）根据不同需求建立多样灵活的招生入学制度

除通过普通高考招生入学外，我国部分省区已开始实行春季高考制度，与传统的夏季高考错开时间，面向有志成为技术技能人才等人群，考试方式也以测试实际操作能力为主。这有利于招收到真正对职业教育感兴趣的人才而非高考落榜被动选择职业教

育的学生，从长远看，有利于职业教育的发展。另外，招收初中毕业生的“3＋3”本科教育、五年制高职教育等也是需求量较大的招生和入学制度。在学习方式和时间安排上，我国的职业教育也可借鉴美国的社区学院，充分照顾学习者的个体需求，灵活安排修习方式和时间，推行完善的学分制，使全日制与半工半读相结合，尽量考虑到不同群体的实际需求。

（二）建立“宽进严出”的招生培养制度

优秀职业人才的招生选拔，除了要求具备一定的文化素养外，对技术技能工作的兴趣以及较强的动手操作能力也是需要考察的重要因素，单纯以一次考试的结果作为招生选拔的标准已不能满足时代和社会的要求。因此，有必要在招生入口适当放开，在学生毕业的出口端把好关，通过培养过程的严格要求，实行完善的学分制度，保障人才培养质量。

（三）招生政策向有升学需求的专业对口学生倾斜

随着社会的发展，越来越多的工种具有一定的技术含量，从业者并非经过短期培训就能轻松驾驭，而是需要职业院校和企业进行系统、长期的培养才能胜任。因此，在招生考试制度建设方面，对于专业人才的培养应注重延续性，中职学生报考相同专业的高职院校、高职学生报考同一专业的本科院校时，应在招生人数、录取条件等方面给予一定的政策支持。

（四）对非学历职业教育进行学历认证

为加强职业院校学生的就业竞争力，一方面要继续加强学历证书和职业资格证书“双证融通”的制度建设，另一方面，对于有学历提升需求的群体，在制度设计上，应使部分从业人员的从业经历、培训经历等非学历职业教育具有转化为学历认证的可能，以满足年龄偏大、有一定工作经验和实践技能，但不具备传统意义上学历提升条件的群体的需求。这种认证关键在于要针对不同的行业、专业门类建立完善的认证体系，通过质量认证体系、学分银行和职业资格考试制度等对非学历职业教育进行学历认证。

三、建立推动校企合作和培训实质开展的人才培养制度

强调人的发展和“人的城镇化”，是城乡融合的重要理念之一。职业教育服务城乡融合发展的一个重要方面即是促进人的发展，这里“人的发展”主要是指农村群体人力资本的提升。如前文所述，人力资本理论第一次将资本的概念从物扩展到人，认为对人进行投资，可以用相对较小的投资，产生较大的经济和社会效益。人力资本对经济增长的贡献大小，与影响人力资本的制度因素密切相关。良性的制度可以无限激发人的创造力，而不适宜的制度则会抑制人的创造力。因此，在人才培养方面，有必要通过制度建设，提高人才培养质量，促进职业人才人力资本的提升，进而推动经济和社会发展。

（一）建立校企合作的长效机制①

1. 以立法明确校企合作利益相关者的责权利

我国的《职业教育法》自1996年颁布实施至今，在很多方面已与现代职业教育的发展现状不相适应，迫切需要进行修订。现行《职业教育法》只在第六条中对行业、企业参与职业教育的责任进行了笼统规定：“行业组织和企业、事业组织应当依法履行实施职业教育的义务。”② 为保证企业实质性参与校企合作，应尽快修订《职业教育法》，明确行业、企业在校企合作中的主体地位，明确政府、学校、企业三方在职业教育校企合作中的责

① 曾阳：《比较视域下职业教育产教融合的制度分析与合作生态构建》，载《职业技术教育》2021年第4期，第42－47页。

② 第八届全国人大：《中华人民共和国职业教育法》，1996年5月15日。

任、权利、义务等法律规范。同时，还应根据地方实际和行业特点，由地方政府制定相应的实施细则，加强法律法规的可操作性。

2. 对参与校企合作企业给予成本补偿和奖励

由于职业技术人才培养属于公共产品的生产，企业参与人才培养产生的成本就不应该由企业承担。政府可通过多种方式对这一成本予以分担，可以由公共财政按生均补偿标准直接划拨给企业，也可以通过减免企业税收的方式，使企业无须为校企合作付出成本。同时，地方政府还可通过成立校企合作基金的形式，奖励积极参与校企合作并做出成效的企业和学校，使校企双方在参与校企合作的过程中，既能完成高质量技能人才培养任务，又能获得一定的经济效益，还能树立良好的社会形象。

3. 设立校企合作专项经费保障校企合作开展

校企合作是利国利民、利校利企的事业，政府需要在经费、政策等方面予以保障。经费方面，政府应加大对校企合作育人的财政投入，在适当的时候，还可设立校企合作专项经费，专门用于保障校企合作正常开展。政策方面，要尽快出台职业教育校企合作促进的相关办法，鼓励企业举办或参与举办职业教育，保障现代学徒制、企业参与混合所有制办学和企业独立举办职业院校等多种形式的校企合作顺利开展，① 推动校企合作走向深入。同时，要建立对政府、学校和企业履行校企合作职责的评价与问责制度，在明确各方权利与义务的基础上，建立第三方评价与问责制度，促使校企合作的利益相关者严格自律，防止和减少“逆向选择”的产生。

---

① 吴建新、欧阳河、黄韬等：《专家视野中的职业教育校企合作长效机制设计：运用德尔菲专家咨询法进行的调查分析》，载《现代大学教育》2014 年第 5 期，第 83 页。

（二）推动职业培训规范快速发展

1. 鼓励企业、社会团体和个人依法投资职业培训市场

提高面向农村的职业培训的效益，是发挥职业教育服务城乡融合发展功能的重要抓手。农村人口的整体素质是否得到提升，是否普遍具有一技之长，现有制度是否创造了条件为这一群体的素质提升提供助力，是衡量城乡融合发展水平的一个重要指标。因此政府有必要形成支持职业培训产业发展的制度，并鼓励企业、社会团体和个人依法投资培训市场。一是建立人力资本投入成本分担机制。农村群体可依据订单式的培训项目，选择自身急需的项目参加培训，培训所需经费可分为不同的类别和层次。普及型职业培训由政府出资，农民免费参与；推广型的培训项目主要由政府出资，农民只需承担少部分的培训经费；高端型培训项目由农民自愿选择，自费参加。二是要合理分配县域内普通教育投入和职业教育投入比例，不能顾此失彼，也不能厚此薄彼，要根据县域的经济、社会发展状况进行权衡和统筹分配。三是政府在购买职业教育服务上要舍得投入，要让民办机构和组织有利可图，从而充分调动社会力量参与职业教育和培训的积极性。

2. 引导和鼓励职业院校与行企合作开展职业培训

伴随着经济社会的发展，传统意义上的狭义的职业教育定义逐渐淡出视野，职业教育的范畴不断得到拓展。因此，需要打破在学历系统内构建职教体系的线性思维，充分结合职业教育的特点，突破职业学校的拘囿，在大职教观的统领下，与行业企业充分合作，针对特定人群，开展各类职业培训。

面对不同类型、不同年龄层次、不同受教育水平的农村群体，职业培训要针对不同需求，按需施训，体现职业培训的层次性。同时，要从公民的终身发展着眼，从长远进行战略规划，体现职业培训的系统性。要针对各县域内转移农民、留守农民、失地农民和职业农民，调查各类群体的数量，了解不同群体的需

求，根据不同类型人才培养规律，在县域范围内进行统一规划、系统组织、划分层次，按照统一安排与自愿选择相结合的原则，设计普及型、推广型和高端型职业培训课程包，构建不同类型农民群体职业培训的完整体系。

3. 推动企业利用自身资源打造职业培训品牌

当前，面向农民工、失业人员和转岗人员等的职业培训每年都开展不少，但存在的问题是参加培训人员的积极性不高，培训效果也不够理想，还需进一步发挥培训的社会效应。要增强培训的号召力与参与度，培训的组织方必须树立精品意识，针对特定人群量身打造培训方案，使职业培训真正做出实效。企业是重要的培训组织结构，具有良好的实践环境、实训场所和培训师资，所以应当推动企业利用自身资源打造职业培训品牌，以真正能提升人力资本的培训效果吸引各类有培训需求的人员积极通过培训提升自我素质，增加职场筹码，实现职业晋升和身份地位的向上社会流动。

4. 加强政府和行业对职业培训机构的监管

首先，要明确职业培训的监督、管理主体是教育行政部门还是劳动保障部门，在县域范围内杜绝多头领导和重复培训，保证职业培训的规划性、系统性、针对性和实效性。其次，村、乡镇、县级职业教育培训机构的设置，要在县域范围内统筹师资配备、培训内容、培训方式和培训反馈，针对不同地域的实际情况，结合农村群体的现实需求设计合理的职业教育培训包，并注意培训的梯度性和差异性，注意整体设计和协调。最后，要注重职业培训效果的评价和反馈，杜绝低效培训和无效培训。政府部门要充分发挥“裁判”的作用，对于系统内组织的培训要严格管理，实行考核。对于服务外包的培训项目，更要严格反馈，以培训效果作为聘请社会组织开展培训的依据，以此形成竞争氛围，提高培训组织和管理的水平。同时，要通过建立培训机构评级标准的方式，推动职业培训规范、快速发展。

四、建立区域统筹管理且结构合理的管理体制制度

建设服务城乡融合发展的职业教育制度，离不开对职业教育管理体制制度的革新，而对管理体制制度的革新，又主要在于摆正政府、市场和院校三者的关系。从前文西、中、东部职业教育典型案例的比较可知，我国现行职业教育管理体系还存在政府不当干预和多头管理等问题。一方面，政府的不当干预会导致管、办、评不分，削弱职业院校的办学主动性和积极性。另一方面，多头管理会导致管理的越位和缺位现象频频发生，并直接导致职业培训的重复培训、低效培训以及资源闲置与浪费等问题。要理顺职业教育管理体制制度，有必要通过制度建设，加强区域职教的统筹管理，调整优化地区职教结构，从而真正服务城乡融合发展。

（一）以地方政府为主加强区域内职业教育统筹管理

1. 建立政府统筹、分级管理、社会参与的管理体制①

市场失灵的存在说明职业教育管理不能完全交予市场，政府在其中应发挥统筹作用，应建立起政府统筹、分级管理、社会参与的职业教育管理体制。在职业教育管理中，政府不干预或干预不到位将无法依靠市场机制解决企业参与积极性不高、“搭便车”等问题，而干预过度又可能滋生出设租、寻租等活动。因此，只有进一步规范政府的干预职能，才能真正使政府干预发挥实效。这就要求政府要转变观念，从全能政府转变为有限政府，明确干预的程度和边界，明晰责任和权限。同时，要加强服务意识，在明确干预目标的基础上，规范干预流程，真正实现由“管

① 曾阳：《比较视域下职业教育产教融合的制度分析与合作生态构建》，载《职业技术教育》2021 年第 4 期，第 42－47 页。

制”向“服务”的转变。在职业教育公共管理领域，政府的主要职责不是亲自划桨，而是掌舵与服务。政府要明确自身的责任边界和介入范围，在政策的顶层设计、经费支持和保障制度等方面发挥积极作用，而专业和课程设置、教学标准制定、培养质量考核评估等权力可下放给市场与社会。政府还权于社会各利益主体，将有利于发挥行业协会和商会的作用，有利于企业深度参与校企合作人才培养的全过程。

2. 探索建立理事会或董事会决策议事、监督制度

为应对职业教育管理中可能出现的寻租与合谋等问题，需要加强对政府干预行为的监督，探索建立社会广泛参与、产权明晰多元的理事会或董事会决策议事、监督制度，并建立相应的问责制度。一是要利用第三方机构负责监督。社会第三方监督机构的工作任务、地位等都应在相关法规中加以明确，以避免监督机构成为摆设，这是解决“谁来监督”的问题。二是保证监督的过程透明公开。对区域内职业教育管理政策调整的论证、职业教育成效的评价以及经费的使用等问题都应保证透明公开，使学校、企业和社会能及时知晓，这是解决“监督什么”的问题。三是对监督结果进行及时反馈和处理。监督机构应根据不同时期的工作要点，及时公布对职业教育重大事项监督的结果，并根据反馈和处理情况促进政府干预行为的调整，这是解决“怎样监督”的问题。只有不断规范监督程序和内容，加大监督力度，才能尽可能去除政府干预的“负效应”，促进职业教育的良性运行。

3. 加强发展战略、规划、政策、标准的制定和实施

为加强职业教育管理，需要使用好财政和立法这两个调节杠杆。比较美国、德国、澳大利亚三国的职业教育管理制度可知，政府很少对职业教育进行直接干预，而是通过利用财政和立法等调节杠杆，为职业教育搭建平台，创造良好的制度环境，并保证行业和企业在职业教育中的主体地位。一方面，我国应进一步明

确地方政府的经费投入责任，加大财政投入，保障职业教育正常开展。比如通过设立校企合作专项基金，对企业参与校企合作进行绩效奖励，保障校企合作的有效开展。此外，对于企业创建实习、实训基地的建设经费，政府还应给予一定额度的补贴。另一方面，要使用好立法这一杠杆，加强政府在发展战略、规划、政策和标准等方面的制定和实施。以校企合作为例，我国要改变校企合作中企业参与动力不足问题，亟须在立法层面对行业、企业在校企合作中的责任和义务进行明确规定，通过出台职业教育校企合作促进条例，对积极参与的企业给予税收减免并增加其社会美誉度，对参与不力的企业根据相关制度进行问责，从而推动校企合作走向深入。

4. 扩大职业院校办学自主权

要推动职业院校的“去行政化”，提高职业院校的办学积极性，提升职业教育的办学效益，须以制度建设推进政校分开、管办分离，扩大职业院校在教育教学、机构编制、人才引进和职务评聘、收入分配等方面的自主权。政府需摆正自身的位置，实现由“全面介入”向“适度介入”转变，由“直接介入”向“间接介入”转变，由“管理型政府”向“服务型政府”转变。借鉴美国、德国和澳大利亚等国的做法，充分利用立法和财政等调节杠杆，创造良好的制度环境，为职业院校的办学做好服务。政府、院校的责任和义务，须以立法的形式予以明确。

（二）根据工业化和城乡融合需求优化职业教育结构

1. 统一规划区域城镇化建设、产业布局和职业教育发展①

随着新型城镇化的推进，产业结构调整升级，经济社会开始转型，社会对高素质职业技术技能人才的需求日趋扩大，区域经

---

① 曾阳：《比较视域下职业教育产教融合的制度分析与合作生态构建》，载《职业技术教育》2021年第4期，第42－47页。

济和职业教育的关系日趋密切。“一方面，区域经济决定了职业教育的发展规模、结构、速度和质量。另一方面，由于职业教育能为区域经济发展提供人才支撑，并对劳动力素质结构优化起重要作用，因此职业教育又对区域经济发展具有能动作用。”① 为使职业教育与区域经济发展之间形成良性循环，有必要通过制度建设统一规划区域内城镇化建设、产业布局和职业教育发展，使职业教育的人才培养层次、规模、结构、质量等要与当地产业结构和经济发展水平相适应，不断优化劳动力素质结构，提升职业人才培养质量，充分构建与当地产业发展相匹配的层次分明的人才网络，从而推进区域经济社会的持续发展。

2. 鼓励职业院校集中力量办好特色优势专业群

建设特色优势专业群，是职业院校体现办学特色、实现差异化发展的重要因素。这种专业群，是适应当地经济社会发展需求的，跟产业发展紧密结合的。同时，专业群的设置还要体现特色，结合地方文化、历史发展状况，有选择地进行设置。另外，这种专业群还应是在一定领域内具有优势的，不管是师资的水平、实训设施设备条件还是技术应用情况，都应在业内处于领先水平，要集中力量办好这些专业群，培养出具有过硬素质的技术技能型人才，满足当地经济社会发展需要。因此，应通过相关制度建设，鼓励职业院校集中力量办好当地经济社会需要的特色优势专业群，专业的设置与当地产业紧密结合并办出特色，充分发挥职业教育与区域经济发展的相互促进作用。

3. 鼓励行企举办或参与举办农业职业教育机构

城乡融合发展的一个重要目标就是要形成以城带乡、城乡结合的协同发展机制，最终实现城乡统筹发展。毋庸置疑，城镇化

① 崔晓迪：《现代职业教育与区域经济协调发展研究：以天津市为例》，载《教育与经济》2013 年第 1 期，第 31－35、72 页。

意味着每年都会有大量农业人口转向二、三产业就业，相当一部分农民会从农村转向城镇安家落户。但这并不意味着要将农村变成“空心村”，只剩下老弱病残留守。也不是要消灭农村，将农村人全部迁往城镇。城乡融合需要在农业产业化、农村宜居化和农民职业化三个方面努力。体现在职业教育方面，就是要转变以往职业教育“片面城市化”的倾向，重视发展面向农村的职业教育。城乡融合语境下的职业教育，应是推进城乡统筹发展的职业教育。因此，在充分提升农村转移劳动力就业素养和技能的同时，也要重视留守农民、失地农民和职业农民的职业教育和培训。对于谁来举办面向农村的职业教育的问题，除了政府，还应充分发挥企业和行业协会的作用。应通过相关制度建设，鼓励企业和行业协会举办或参与举办农业职业教育机构，从而建立城乡结合、以城带乡的职业教育协同发展机制。

4. 以制度推进区域内职业教育资源整合

我国职业教育政策文件在多年前即已提出要“推进县域内职业教育资源整合，充分发挥县级职教中心的作用”，并要求每个县都要建立一所“示范性职业技术学校”。[①] 但在县域范围内，由于受编制、财力等因素所限，县级职教中心和示范性职业技术学校往往都是一套人马，两块牌子。在推进县域内职教资源整合方面，表层的整合已经完成，但实质的整合却还有待加强。与我国的县级职教中心功能相似，美国的社区学院也是面向社区培养应用型人才，以此服务社区，促进社区经济社会发展。但我国的县级职教中心由于受经费、管理体制等条件限制，面向农民工和其他社会从业人员的职业培训还缺乏系统规划和有计划的实施，在学员需求调研方面也有所欠缺，其功能还远未发挥出来。在管

① 国务院：《国务院关于大力推进职业教育改革与发展的决定》（国发〔2002〕16号），2002年8月24日。

理主体上，教育部门、劳动与社会保障部门、国土资源部门等都是职业教育与培训的管理主体，“多头管理”的实然状况使政府各职能部门之间存在越位或缺位的现象。因此，有必要寻求各管理主体积极参与职业教育的利益平衡点，通过制度的建设，理顺整合后的县级职教中心、示范性职业技术学校和主管部门的关系，明确职业培训利益相关者的责任、权利和义务，使职业培训有规划、成系统，从而真正产生实效。

五、建立保障职业发展且社会地位提升的劳动人事制度

从社会分层理论可知，社会成员社会地位的高低与其占有的社会资源直接相关。职业教育之所以被视为弱势教育，主要还是因为职业院校毕业生职业生涯发展通道不畅、占有的社会资源有限和社会地位不高等。要发挥职业教育提高弱势群体社会地位、推动底层群体社会流动的作用，关键在于开展劳动人事制度建设，以制度保障社会弱势阶层的基本权益，提升其经济收入和社会地位。

（一）保障技术技能人才职业生涯发展通道畅通

1. 保障毕业生参与人才选拔和聘用的起点公平

就业过程中的身份歧视将会扩大教育不公，并阻碍职业教育的发展。当前，社会上还存在着一种学历高消费的风气，不是按照岗位要求招聘适岗人才，不以技能和综合素质论人才，而是以学历论人才，在招聘条件中以“第一学历本科以上”“职业院校学生除外”等条款将职业院校学生拒之门外。要保障技术技能人才职业生涯发展通道畅通，须以制度的形式杜绝歧视性招聘条款的出现，提供公平竞争的就业环境，提倡以实力而不是唯学历选拔人才。

2. 逐步实现职业资格证书与学历、职称证书互通互认

我国的职业资格证书制度始于1994年，在20余年的发展历程中，曾对规范人才准入、转变人才观念和提高人才素质等方面起到了积极的作用。但随着社会的发展，职业资格的设置越来越多，除国务院各部门设置的560多项外，各地还自行设置有570多项职业资格，这其中部分职业资格的设置异化成了各部门创收的工具，对于人才的培养和就业的促进却并未起到应有的作用。对此，国务院2014年发文取消了房地产经纪人等11项职业资格许可和认定事项。[①] 2015年对不符要求的职业资格继续进行取消。对职业资格证书的清理有助于去芜存菁，逐步消除混乱市场带来的负面影响，逐步提高职业资格证书的含金量。同时，还要通过制度的建设加强职业资格证书与学历证书、职称证书的互认，逐步实现“三证融通”，尽可能减少重复认证，使职业人才能将精力集中在专业技术上而不是疲于应付考证、认证和评职称。

3. 健全强调问题解决能力的评价体系

长期以来，在社会上占主导地位的都是学术型人才评价标准，而职业教育本身的评价标准体系还未完全建立起来。以学术型人才评价标准来评价应用型人才，职业院校学生的职业能力水平得不到正确评价，在对学生形成深切的挫败感的同时，也会造成新的教育不公的出现。因此，以制度的形式，健全技术技能人才评价制度，形成强调问题解决能力的评价体系，对于职业院校的人才培养和用人单位的人才聘用都非常重要。只有与学术型人才评价区别开来，突出应用型人才评价的特色，才能真正做到以评价促发展，从而保障技术技能人才职业生涯发展通道畅通。

① 国务院：《国务院关于取消和调整一批行政审批项目等事项的决定》（国发〔2014〕27号），2014年7月22日。

4. 建立规范、层级明晰的技术技能人才发展国家标准

技术技能人才的培养和使用要围绕国家职业标准来开展。国家职业标准是在职业分类的基础上，对从业人员的职业能力的规范性要求。[①] 根据各大职业门类建立规范的、层级明晰的国家职业标准，既可为职业院校课程设置和教学实施提供参考，也可为职业资格证书制度体系的完善提供支持，同时还可为农民工、新生劳动者和再就业人员的职业培训提供参照，使这部分劳动者能依据国家职业标准的要求，有针对性地参加职业培训，使其在短时间内提升职业能力。对用人单位而言，完善的国家职业标准可以促进其按职业能力选聘适岗人才，在人才的使用上，不再是跟风或跟着感觉走，而是有标准可依。

(二) 提高技术技能人才的社会地位

1. 以制度保障技术技能人才收入水平整体提升

职业教育要改变弱势教育的形象，需不断提升从业人员的社会地位，而社会地位在很大程度上又是由经济地位决定的，因此，有必要通过制度的形式提升技术技能人才的经济地位，保障其收入水平整体提升。以广东为例，据广东省人力资源和社会保障厅发布的《2015 年二季度广东人力资源市场供求和企业用工监测情况》，技工的求人倍率（需求数与求职数之比）为 1.40，同比上升 1 个百分点，这说明技工的缺口仍然较大。在待遇方面，2015 年在岗技工月工资中位数为 3067.75 元，同比上升 6.38%。[②] 与用工缺口相对应的是，社会对职业教育的歧视仍然没有纠正过来，主动选择职业教育的家庭仍然很少。要改变这种

---

① 陈献礼：《浅谈国家职业标准与高职高技能人才培养》，载《高等职业教育（天津职业大学学报）》2006 年第 6 期，第 9 页。

② 张林、粤仁宣：《广东全省二季度总体用工缺口收窄，技工仍然很“吃香”》，载《羊城晚报》2015 年 7 月 22 日。

状况，需要多种制度联动，而技术技能人才收入水平提升制度是其中的重要制度之一。

2. 为技术技能人才提供完善的社会保障制度

学生家庭不愿选择职业教育的另一个原因是，技术技能人才缺乏完善的医疗、养老、就业等社会保障。在我国，中小企业占企业的主体，出于节约成本的考虑，很多企业不愿为技术工人提供完备的医疗、养老、失业保险等社会保障。这种缺乏社会保障的状况更加加剧了技术技能人才的不安全感，也降低了技术技能人才的社会地位，弱化了职业教育的吸引力。要改变这种现状，只有通过立法的形式，通过强制性制度的输出，约束用人单位必须投入资金为员工提供完备的社会保障，以此来保障技术技能人才社会地位的提升。

3. 加大对高技能人才的奖励力度

根据人社部发布的《2014 年度第二季度部分城市公共就业服务机构市场供求状况分析》，结果显示我国的技师、高级工程师等技能人员缺口依然显著，用人单位开出高薪仍招不到高技能人才。同时，我国的技能人才还出现断层现象。我国目前技工分为初级技工、中级技工、高级技工、技师和高级技师五个层级，职称的晋升需满足一定的工作年限和任职资格。以南京为例，南京全市 56.2 万名技术工人中，高级技工仅占 7%，技师占 1%，而高级技师只有 99 人，不到万分之二，且大多数已退居二线或退休在家。[①] 对职业教育的认识偏见是导致高技能人才缺乏的重要原因之一。因此，有必要通过制度的形式，制定高技能人才激励办法，加大对高技能人才的奖励力度，加快各层级人才培养的力度，完成高技能人才的储备工作。

① 王力、郁进东：《南京一年缺十万高级技工》，载《中国青年报》2003 年 9 月 9 日。

4. 保障高技能人才逐步享受与工程技术人员同等待遇

要提高技术技能岗位的吸引力，除了提升收入整体水平、完善社会保障外，还应完善相关的福利待遇，以制度的形式保障高技能人才在聘任、工资、带薪学习、培训、出国进修、休假等方面逐步享受与工程技术人员同等待遇。要保证福利待遇能真正落地，须以立法的形式予以明确。因此，有必要修改《职业教育法》，将高技能人才的福利待遇等保障写入法规。

六、建立生均拨款且来源广泛分配合理的经费保障制度

目前，我国中职教育已基本占据高中阶段教育的半壁江山，高职教育也获得了长足发展，职业教育在国家产业升级和经济转型过程中发挥着举足轻重的作用，对推动工业化、城镇化和农业现代化也意义重大。在当前的发展阶段，职业教育迫切需要各级政府的经费支持和保障。切实落实生均经费拨款制度，保证职业院校充足和稳定的资金支持，是经费保障制度的重中之重。同时，还应拓宽经费筹措来源，并进一步优化经费的分配使用，使社会弱势阶层子女能充分享受政策红利。

（一）切实落实和完善生均公用经费拨款制度

在中职方面，早在1996年出台的《职业教育法》中就明确规定，各地应制定本地区职业学校生均经费标准，然而到目前为止只有14个省、市和自治区出台了标准，[①] 过半地区仍未落实中职生均拨款制度。高职方面，也仍有将近半数的省、市、自治区未出台生均公用经费拨款的政策文件。同时，已制定生均经费拨款制度的省份总体投入水平较低，区域之间的差异非常明显。针

① 李曜明、张婷：《中职生均经费标准何时落地》，载《中国教育报》2014年4月22日1版。

对这种情况，财政部、教育部于2014年出台意见，强调要进一步“加大财政投入，建立和完善以改革和绩效为导向的高职院校生均拨款制度”①。同时，为激励和引导各地建立和完善高职院校生均拨款制度，中央财政自2014年起建立“以奖代补”机制，分为“标准奖补”和“改革绩效奖补”对各地高职教育发展进行综合奖补。该意见同时还规定，对于2017年生均财政拨款水平仍未达12000元的省份，中央财政将停发“标准奖补”并暂停“改革绩效奖补”，而且教育部将在下一年度对其招生进行限制。该意见的出台有力地促进了各地出台生均拨款政策的积极性，2015年已有多个省份出台了相关政策，原来已出台拨款政策的多个省份也充分配合意见精神，纷纷调整拨款标准，争取在2017年前达到生均12000元的标准。2015年，财政部、教育部又针对中职出台《关于建立完善中等职业学校生均拨款制度的指导意见》②，再次提出中央财政将通过“以奖代补”的方式，激励各地政府建立和完善中职学校的生均拨款制度，并要求各地应当在2016年年底以前，建立和完善中职学校生均拨款制度。财政部、教育部的这两个意见的出台，通过奖补和惩戒结合的制度设计，有力地推动了各地出台生均拨款制度的进程，并通过绩效评价机制的建立，提升了经费使用的效益。

（二）建立完善的职业教育税收优惠制度

在校企合作方面，由于职业技术人才培养属于公共产品的生产，企业参与人才培养产生的成本就不应该由企业承担。为提高

① 财政部、教育部：《财政部　教育部关于建立完善以改革和绩效为导向的生均拨款制度加快发展现代高等职业教育的意见》（财教〔2014〕352号），2014年10月30日。

② 财政部、教育部、人力资源社会保障部：《财政部　教育部　人力资源和社会保障部关于建立完善中等职业学校生均拨款制度的指导意见》（财教〔2015〕448号），2015年11月9日。

企业参与校企合作的积极性，政府应出台相关制度减免参与企业的税收，减免部分可冲抵企业在校企合作中付出的人工、设备等成本。同时，企业实习基地的建设对提高职业教育人才培养质量也意义重大。企业实习基地的建设，具有部分公共产品的特性，其成本应由政府和企业共同承担。因此，政府应制定相关制度，通过直接拨款或是减免税收的形式，对企业的建设成本进行成本分担。在职业培训方面，政府应建立相应制度，对于积极参与和推动职业教育与培训的企业，鼓励其创新经营、加大投入，并根据相关规定对职业培训做出成效的企业予以适度税收减免，以此提高企业与社会参与职业培训的积极性。

（三）完善金融服务支持职业教育发展制度

就我国职业教育的财政制度来说，以政府拨款为主，企业和社会力量共同参与的思路越来越明确。就企业和社会力量举办职业教育和培训而言，要推动职业教育快速、稳定发展，有必要通过制度制定不断完善金融服务支持职业教育发展。比如，鼓励和引导金融机构为企业举办实训基地提供信贷和融资服务，鼓励各级政府通过财政贴息等手段对职业院校和职业教育培训机构融资给予支持，鼓励地方政府、企业和院校合作发行产业发展基金，鼓励符合条件、参与职业教育并做出成效的企业和培训机构上市融资，等等。通过相关制度建设，不断完善金融服务支持职业教育发展，为职业教育的快速、稳定发展提供政府拨款以外的资金支持。

（四）推进面向农村生源的低廉收费制度建设

2012 年，我国全面实行了农村生源免费入读中职学校制度，为社会弱势阶层的子女接受基本的职业教育解决了后顾之忧。在高职教育方面，虽然高职的生源绝大部分来自农村，但高职的收费与普通本科高校相比却存在倒挂现象，高职各专业收费普遍高于普通本科。高职的高收费将一部分有意向入读但家境贫困的学生拒之门外，勉强入读的农村学生家庭也承受了较大的经济压力，高收费阻碍了高职吸引力的提升。因此，有必要通过制度建设，将高职教育真正看作一种高教类型，按照人才培养的成本核算收费标准。在当前国家大力发展职业教育，推进产业化、信息化、新型城镇化和农业现代化的背景下，有必要逐步降低高职教育的收费标准，加大财政投入，推动职业教育发展。2014 年，财政部、教育部联合发文，要求全国各地在 2017 年前达到生均拨款 12000 元的标准，否则将停止中央财政对该地的综合奖补。在中央激励制度的刺激下，各省份给予热烈回应，纷纷推出本省的高职生均拨款政策。在这种背景下，学费收入不应再成为职业院校经费来源的大头，应该通过制度的建设，以生均拨款制度的全面落地为契机，降低高职学费标准，真正造福社会底层群体。

（五）提高职业院校学生奖助标准和受益比例

职业院校生源以农村生源为主，而农村生源中家庭贫困的学生又占了相当大的比例，这一现象在中、西部地区尤为明显。因此，为了防止农村家庭“因贫失学”和“因教返贫”，除了逐步降低高职的学费收费标准，还应通过制度的完善，不断提高中职和高职学校学生的奖学金和助学金标准，并逐步扩大受益面，使大部分学生在学期间都有机会享受 1～2 项奖助。因此，各地有必要制定相应制度，对生均经费的分配和使用原则进行适度约束，以学生生存和发展为根本，力求资金用在刀刃上，真正促进人的发展和职业教育质量提升。

综上所述，城乡融合主要表现在区域经济、社会和人的发展三个方面，职业教育服务城乡融合发展也主要体现在职业教育推进区域经济、社会和人的发展，这三方面也是职业教育制度建设的基点和参照。从人才培养的流程来看，要使职业教育发挥服务城乡融合发展的作用，需要在专业设置、招生考试、人才培养、管理体制、劳动人事和经费保障六大方面开展相关制度建设。在这六大宏观制度构成的体系框架之下，是由九项二级指标构成的中观制度以及三十九项三级指标构成的微观制度，本书的制度体系即是由宏观、中观和微观三个层面的制度构成。在这三个层面的制度建设上，本书仅从服务城乡融合发展，也就是从推进区域经济、社会和人的发展的角度切入，摈弃了其他普遍意义上的改进职业教育的制度建设。同时，由于区域经济、社会和人的发展这三方面是有机融合、难以决然分开的，因此很难具体划分哪项制度是专门促进区域经济发展，哪项制度是促进社会融合和人的发展的。

总之，职业教育作为一种“平民教育”，作为一种与城乡融合发展联系最为紧密的教育类型，从全方位构建促进经济、社会和人的发展的制度体系，在促进职业教育自身功能优化的同时，也可对服务城乡融合发展发挥应有的作用。

第八章 职业教育服务城乡融合发展的制度保障

为充分释放职业教育服务城乡融合发展的功能，需要处理好县域和他域、职教和普教、投入和回报以及效率和公平四个关系，在地域延展、内部发展、投入回报和价值取向等方面给予保障。①

第一节 县域和他域相互沟通

一、统筹各级政府资源实现共享

这里的“他域”指的是市域和省域。省、市级政府需要统筹职业教育资源，实现资源共享。“县域统筹”职业教育有利于职业教育和培训在县域范围内实现统筹安排、实施和反馈，但由于县域内一般只设中等职业学校，企业的规模也较小，因此，必须与市域和省域职业教育系统保持良好沟通，使职业教育在县域内盘活，并向县域外延伸，使整个职业教育系统保持开放和衔接，保障农村群体终身发展的需要。

具体来说，首先要做好顶层设计，做好区域内职业教育和培训的统筹规划。应做好充分调研，了解县域内中职教育、市域和省域内高职专科教育及应用型本科教育的规模、发展和衔接情况

① 曾阳：《乡村振兴战略下职业教育服务城乡融合发展的路径研究》，载《国家教育行政学院学报》2019 年第 2 期，第 28－29 页。

等，有的放矢地做好规划。[①] 其次要做好区域内职业教育资源的统筹配置。比如经费投入方面，应统筹考虑不同层次职业教育和培训的需求，以经费投入为杠杆引导职业教育和培训对区域经济社会发展产生更大的推动作用。最后要做好区域内职业教育评价体系的统筹设计。应统筹思考不同层次的职业教育和培训的评价体系的衔接，通过完善、合理的评价体系引导区域内职业教育和培训协调发展。

二、建立完善经费投入联动机制

在经费投入上，在保证国家投入的基础上，省、市、县级政府要建立经费投入联动机制，保证职业教育的整体投入。长期以来，我国实行“以县为主”的教育管理体制。事实证明，“以县为主”的教育管理体制有利于在县域内统筹教育事业的发展，但由于我国县域经济的地域差异较大，这就导致“富县办富教育、穷县办穷教育”的问题。为避免县域统筹的职业教育出现类似问题，在保证国家投入的基础上，有必要建立省、市、县职业教育投入的分担和联动机制。

首先，应根据地区经济社会的发展实际，研究各级政府在职业教育和培训上经费投入的占比，制定相对合理的投入分担机制，并根据需要进行阶段性动态调整。其次，应以政府投资为引导，通过财政补贴、税收优惠等方式，吸引社会投资支持职业教育和培训。[②] 最后，需要进一步推进土地流转制度改革，可通过租赁、承包、转让等方式，引导企业投资职业教育和培训，为农

---

① 侯长林等：《职业教育应统筹发展》，载《光明日报》2014 年 10 月 28 日 14 版。

② 韩丽娜：《新型职业农民培育背景下农村职业教育改革分析》，载《农业经济》2020 年第 3 期，第 86 页。

村剩余劳动力积极创造就业机会。[①]

第二节　职教和普教渗透融合

一、关注受教育者综合素质提升

职业教育与普通教育都是面向公民的教育，都应关注受教育者综合素质的提升。职业教育不应只是传授技能，还应渗透公民教育，培养有理想、有担当、有社会责任感的社会公民。同样，普通教育也不能与职业教育截然分开。普通教育的课程设计和教学组织实施中也需要渗透职业教育，使受教育者在潜移默化中养成基本的职业素养。

职业教育作为我国一种重要的教育类型，是对受教育者从事职业活动开展的专门教育，也是培养“知识型、技能型、创新型”劳动者大军的主阵地。[②] 进入新的历史时代，社会对职业人才提出了更高要求，职业教育需要在培养“德技并修”的专业人才上持续发力，需要通过职业技能训练和职业道德培养，实现职业人才综合素质的提升，成为能够担当“中国智造”和民族复兴伟业的时代新人。

二、加强普职教育间的沟通联系

在县域范围内，学校领域的职业教育一般只限于中等职业教育，因此有必要加强更高层次的职业教育与普通教育的沟通与联系。通过相关的制度设计，使不同类型的农村群体可根据自身的

---

① 马宽斌、黄丽丽：《乡村振兴战略：农村职业教育改革与发展新动能》，载《成人教育》2020 年第 2 期，第 50 页。

② 刘宝民：《认真落实“立德树人”根本任务 着力培养“德技并修”有用人才》，载《中国职业技术教育》2019 年第 4 期，第 19 页。

特定需求自由选择由职业教育体系进入普通教育体系或者由普通教育体系进入职业教育体系的时间和阶段，充分满足不同群体的个性化需求。

由于现阶段我国职业教育的地位和社会认可度与普通教育存在不对等性，要真正实现普职教育的渗透融合，还需进一步畅通职业教育的升学通道，使不同需求的农村群体能相对自由地选择职业教育的形式和层次。同时，应进一步打通职业教育证书融通体系，利用学分转化的形式促进普职教育的融通，[①] 使农村群体获得更多深造和培训的机会。

第三节　投入和回报收益明显

一、优化职业教育资源供给

作为“理性经济人”的农村群体，在面对职业教育和培训时，会通过计算投入产出比来决定是否参加或在多大程度上参与。因此，作为职业教育的办学主体，需要考虑优化课程设置、培训和教学的组织和管理等，从供给端提升职业教育资源的质量，使受教育群体能扎实掌握职业技术和技能。

具体包括，在职业学校教育方面，专业的开设要适应当地经济、社会的发展，突出特色，既注重就业，又注重与高一级别院校专业的衔接。同时，应建立相应的工作经历认证机制和职业培训学分转换机制。在职业培训方面，要体现出层次性和系统性。面对不同类型、不同年龄层次、不同受教育水平的农村群体，职业培训要针对不同需求，按需施训，体现职业培训的层次性，从

① 李小波、叶学文：《普职教育融合的内涵、困境与路径》，载《教育与职业》2020年第11期，第45页。

而提升职业教育资源的吸引力。

二、突出特定群体获得优势

需要通过制度设计使参加职业培训的农村群体，在就业机会的获得、薪酬待遇、晋升空间等方面比未参加培训的群体具有明显的优势。只有使农村群体能得到实实在在的收益，职业培训才能真正成为人力资本投入，也才能真正提高农村群体的参与积极性。

这就要求进一步完善职业资格准入制度、职业资格证书制度、学分认证和转换制度等。比如，建立职业培训证书与职业学校课程学分的转换制度，使具有相关职业培训证书的农村群体能免修相应课程；针对不同职业的从业经历，建立相应的学分认证制度，使农村群体的工作经验能成为可评估、可量化的“财富”等。

第四节　效率和公平动态平衡

一、政策制定平衡多种价值取向

就职业教育而言，建立在工具理性和效率基础上的经济发展取向和建立在公平、正义基础上的社会发展取向是摆在职业教育政策制定者面前的两种取向。

如何将人的终身发展价值、标准与劳动力市场及经济社会发展需要进行整合，是制定职业教育政策的重要任务。比如，需要合理分配县域内普通教育投入和职业教育投入比例，不能顾此失彼或厚此薄彼，应根据县域的经济、社会发展状况进行权衡和统筹。

二、职教功能应兼顾效率和公平

如单纯从经济学成本效益视角考察职业教育问题，就很容易忽略职业教育促进公平的社会功能。某些看起来经济效益欠佳的职业教育项目，其实具有良好的社会效益。①

有必要完善人力资本投入成本分担机制。农村群体可依据订单式的培训项目，选择自身急需的项目参加培训，培训所需经费可分为不同类别和层次。普及型的职业培训由政府出资，农民免费参与；推广型的培训项目主要由政府出资，农民只需承担少部分的培训经费；高端型的培训项目由农民自愿选择，自费参加。需要统筹职业教育的经济功能和社会功能，在动态发展中兼顾效率和公平，共同服务城乡融合发展和乡村全面振兴。

① 和震：《来自三个国际组织职业教育政策文本的分析》，载《职业技术教育》2006年第18期，第52－55页。

结　语

城乡融合发展是我国拉动内需、促进产业转型升级的重要抓手，是解决“三农”问题、破解城乡二元发展结构的有效途径，也是提高人口素质、促进公民社会形成的重要凭借。城乡融合发展是不可阻挡的必然趋势，也是我国未来经济社会发展的动力所在。我国的城镇化经过多年发展，在取得可见的成绩的同时，也面临一些困境，其中，最为核心的问题就是流动人口边缘化的问题。因此，促进人口的城镇化，提高农村人口融入城市生活的能力，是未来城乡融合发展的重中之重。

在城乡融合发展的推进过程中，教育特别是职业教育能否有所作为？如果能有所作为，那么又能从哪些方面发挥作用？在当前职业教育的社会认可度如此低迷的历史阶段，如何使它承担起服务城乡融合发展的重任？正是基于对以上问题的思考，本书形成以下假设。第一，新时期我国现代化进程要求以区域经济协调发展、城乡社会融合和人的终身发展为基础的城乡融合，职业教育对区域经济、社会融合和人的发展具有重要推动作用。第二，区域经济协调发展、城乡社会融合和人的终身发展构成城乡融合的三个主要方面，但其核心在于“人的城镇化”，因此，区域经济的发展和社会融合的提升是城乡融合实现的基础，并且为职业人才的终身发展提供必要通道，而提升其可持续发展的意识和能力则是城乡融合实现的关键。第三，职业教育地位不高、发展遭遇困境的核心根源在于制度，制度建设是决定职业教育能否服务城乡融合发展的核心问题。职业教育的制度建设需要立足于人的发展，基于职业人才培养和培训的全过程来进行整体建构。立足于以上假设，本书认为，由于职业教育更注重培养人的实践操作技能，使人成长为具有一技之长的技能型人才，因此可在推进“人的城镇化”方面发挥重要作用。但职业教育的功能又是有限度的，并且是受现实条件制约的，能不能发挥作用以及发挥多大的作用，需要通过制度的建设来加以保障。职业教育要服务城乡融合发展，必须找准施加影响的抓手，而这一抓手同时也是城乡融合的本质特征。通过对二者的交叉点的分析和提炼，本书确定了区域经济协调发展、社会融合和人的终身发展这三个城乡融合的本质特征，继而围绕这三个特征，通过历史借鉴、国际比较、案例分析以及专家咨询等方式，构建起一个能推进区域经济、社会融合和人的终身发展的制度体系，从而发挥职业教育服务城乡融合发展的作用。

一、主要研究过程

本书先从理论分析层面对职业教育服务城乡融合发展的合理性展开论证。区域经济增长理论、社会分层理论、人力资本理论和制度变迁理论是本书的主要理论基础。其中，前三个理论分别为城乡融合的三个本质特征提供理论支撑，制度变迁理论则作为贯穿始终的理论基础，将另外三种理论有机联合，使之在本书中相互联系、互为补充。四种理论最终在城乡融合发展的统摄之下，共同为职业教育的制度建设服务。本书认为，区域经济增长理论关于非均衡增长、梯度发展的观点以及对人力资本、资金和技术三要素的合理配置的论述，可为职业教育推进区域经济发展的制度建设提供支撑。社会分层理论中关于对弱势阶层的维护以及对职业、声望、受教育程度等社会经济地位评价指标体系的论述，可为职业教育推进社会融合的制度建设提供参考。人力资本理论对于教育投资和人力资本投资对经济增长和社会进步的作用的论述，可为职业教育推进人的发展的制度建设提供依据。制度变迁理论为本书提供一种历时的视角，制度变迁理论中的路径依赖分析，有助于制度建设路径的选择，而制度变迁动因的几种假说，则有助于职业教育制度建设的思路、方式和力度的选择。在对职业教育服务城乡融合发展的合理性进行理论分析的基础上，本书设计出研究的分析框架，并以此作为全书分析论证的依据。

在理论分析的基础上，本书分三个阶段展开历史分析，对改革开放以来我国职业教育的办学、管理、招生就业、经费、课程和教师制度的变迁过程进行纵向和横向的比较分析。通过对1978—1991年市场经济探索期的职业教育制度变迁过程进行分析，本书发现，这一时期的职业教育制度主要针对改革开放初期师资不足、质量不高、经费缺乏、课程单一、招生办学能力不强等问题，推出相应的制度，拓宽办学主体，下放管理权限，改革课程设置，多方筹措办学经费，多方培养培训职业师资，通过多种制度改进，促进初等和中等职业教育的恢复和发展。通过对1992—1999年市场经济确立期的职业教育制度变迁过程进行分析，本书认为，这一时期的职业教育制度一方面适应市场经济体制改革的要求，转变之前大面积发展职业教育的思路，从注重数量转变为关注提升质量，提出要在区域内建设一两所示范性骨干学校，教师队伍建设方面也重点关注提高教师的整体素质。另一方面进一步简政放权，并开始全面实行学生缴费上学，毕业后自主择业的制度。总体而言，这一时期的职业教育制度适应经济体制改革的需求，通过制度改进，推动职业教育市场化程度不断提升。通过对2000—2020年市场经济发展期的职业教育制度变迁过程进行分析，本书发现，这一时期的职业教育制度不但要应对与市场接轨带来的招生、就业压力，同时也要应对普通高等学校持续扩招带来的冲击。这一时期，虽然各级政府对职业教育的投入逐年加大，从制度方面也一再强调扩大招生范围，改革招生形式，优化师资队伍，提高培养水平，但职业教育的吸引力还是逐步下降，逐渐沦为面向社会弱势群体举办的“二流教育”。在对改革开放以来我国职业教育制度变迁过程进行纵向分析和横向比较的基础上，本书从制度变迁的动力机制、政府因素和发展惯性等方面对我国职业教育制度发展陷入困境的原因进行探析。研究认为，从制度变迁的动力机制看，我国职业教育制度变迁的三个主要阶段都不同程度存在制度供给与需求的矛盾。从制度变迁的政府因素看，还需进一步厘清政府、学校和企业之间的利益关系，明确各自的责任边界。从制度变迁的发展惯性看，还存在三大问题：一是制度供给延续了“城市中心取向”的发展路径，二是中西部地区职业教育陷入“服务发达地区”的低成本陷阱，三是制度供给陷入“就业率导向”的路径依赖。以上的三大因素，导致我国职业教育制度未能充分发挥实际效能。

通过对美国社区学院、德国双元制和澳大利亚 TAFE 学院的发展历程、主要特色以及运行机制的分析和比较，本书发现，在职业教育的政府作用方面，三国都具有完善的管理体系，强调有限的政府责任以及适度的国家介入。在职业教育的质量保障方面，三国都建立了全国统一的资格框架，具有完善的师资和教学制度，并重视职业教育法律保障。在职业教育的经费投入方面，三国的共同特点一是经费来源广泛，以政府拨款为主；二是资金使用规范，注重资金效益；三是引入绩效分配，注重公平效率。在职业教育的社会合作方面，三国都形成了复杂的社会伙伴关系，企业成为重要的职业教育参与方，校企合作成为重要的社会合作内容。研究表明，良好的制度供给是发挥职业教育功能的有力保障。

为了近距离地了解我国职业教育的制度运行情况，为制度的建设提供参照，本书选取西部地区的云南嵩明职教园区作为职业教育推进区域经济发展的案例样本，选取中部地区的湖南湘潭县作为职业教育推进社会融合的典型案例，选取东部地区的广东中山职院作为职业教育推进人的终身发展的案例样本。通过对这些样本地区的职业教育制度经验和问题的比较分析，本书发现，西部地区嵩明职教园区的发展模式形成了政府推动、科学规划、资源共享和服务地方的发展特色，在推进区域经济发展的过程中起到提供人才支撑、引导农村转移劳动力就业以及适应和引导产业结构转型升级的作用，但同时也在管理体制、资源共享、专业设置和产教对接等方面存在问题。中部地区湘潭县职教的资源整合模式形成了政府统筹、整体规划，分类整合、优化配置以及专业优先、提高效益等特色，在助推社会融合方面主要发挥了以下作用：一是扩大了办学规模，提高了就业竞争力；二是整合了特色专业，缓解了劳动力结构性短缺；三是促进了城乡协调，推动了农村劳动力转移。但该模式也存在资源总量不足、优质资源匮乏，条块分割、多头管理，经费投入不足、办学条件亟待改善以及招生有困难、就业质量不高等问题。东部地区中山职院的人才培养模式改革主要形成了以下特色：一是目标明确，以培养服务地方经济社会发展的创新型技术技能人才为主；二是内容多样，与企业合作构建了职业能力与岗位要求结合的模块化课程体系；三是方式灵活，推广班导师和工作室制大力开展创新创业教育；四是模式创新，推行政校企深度合作并成立二级产业学院。人才培养模式改革起到了提高人才整体素质、推动人才优化配置和促进人才合理流动的作用，但也存在经费投入不足、办学体制机制创新不够以及政校企合作中企业积极性不够等问题。通过对西、中、东部制度经验进行比较，同时与国外成熟的职业教育制度进行对比，本书得到以下制度经验启示：首先，要用制度保障政府在职业教育中充分发挥主导作用；其次，要用制度形式保障职业院校的专业设置和人才培养与地方需求一致，切实服务当地经济社会发展；最后，要用制度形式拓宽职业教育的筹资渠道，并完善投资体制。通过对典型案例的职业教育制度问题进行比较，本书发现，经费投入问题、管理和办学体制问题和校企合作问题是样本地区普遍存在的制度问题。由此引发以下延伸思考：一是政府在职业教育中应扮演何种角色，二是职业教育的管理体制该如何完善，三是校企合作中企业的积极性如何调动，四是经费筹集和分配等问题如何解决。这些都是下一步制度建设需要着重解决的问题。

在对职业教育服务城乡融合发展的经验和问题全面分析把握的基础上，本书针对城乡融合对职业教育的制度诉求进行分析，并对职业教育招生考试、人才培养、管理体制、劳动人事和经费保障等制度环境进行透视，在此基础上运用德尔菲专家咨询法对职业教育服务城乡融合的制度建设进行调查。本书尝试建构一种“职业人才支持服务制度体系”来推动城乡融合的发展。这个制度体系以职业人才的培养和发展为纵轴，主要针对当前职业教育推进区域经济、社会融合和人的发展方面的缺失和不足而设计，共包括专业设置制度、招生考试制度、人才培养制度、管理体制制度、劳动人事制度和经费保障制度六个宏观层面的制度。咨询共分两轮进行。第一轮咨询主要涉及职业教育服务城乡融合的制度建设的主要方面。第二轮咨询在第一轮的基础上，针对专家普遍认同的制度建设措施展开延伸性的追问，聚焦更为具体的制度建设，从而构建出职业教育服务城乡融合发展的制度框架。根据专家咨询意见，本书的职业教育服务城乡融合发展的制度体系框架共由三个逻辑层次的制度构成。一是宏观层面的制度建设，由“专业设置制度”等六项制度组成，涵盖职业教育人才培养的全过程。二是中观层面的制度建设，由“专业设置与区域产业结构协调”等九项制度构成，这九项制度是由第一轮专家咨询结果分析、提炼而成。三是微观层面的制度建设，包括“根据产业链设置专业群”等三十九项具体制度。最终，本书建构出一个由六项宏观制度、九项中观制度和三十九项微观制度组成的“职业人才支持服务制度体系”，以此保障职业教育服务城乡融合发展。

二、主要研究结论

通过对职业教育的制度经验、问题的国内国际比较，并结合现实案例进行具体分析，本书主要得出如下研究结论：以制度保障职业人才可持续发展的空间是实现“人的城镇化”的关键所在，职业教育的制度建设有必要立足于人才培养的各个环节，从专业设置、招生考试、人才培养、管理体制、劳动人事和经费保障六大方面构建制度体系，通过完整的制度体系的构建，发挥“整体大于部分之和”的效果，使职业教育能在服务城乡融合过程中发挥应有作用。具体的制度建设路径如下。第一，在专业设置制度建设方面，需要与区域产业结构相协调，并优化区域内专业结构和布局。为使专业设置满足区域产业发展需求，职业院校应根据区域产业链设置相应的专业群，建立政府、行业企业与职业院校共同参与的专业设置制度，并建立规范合理的专业设置流程制度。为优化专业结构和布局，需要建立面向区域经济社会发展的专业规划制度；加强对人才需求的预测和研究，使职业教育的专业结构与区域经济结构保持同步；成立区域内“政府牵头，院校主导，行企参与”的职业教育发展联盟，统筹管理区域专业结构和布局；完善人才需求反馈机制，根据劳动力市场对人才规模、层次、类型等需求优化专业结构和调整布局。第二，在招生考试制度建设方面，应根据不同的入学和升学需求建立多样灵活的招生和入学制度；建立“宽进严出”的招生培养制度；注重专业人才培养的延续性，招生政策向有升学需求的专业对口学生倾斜；通过质量认证体系、学分银行和职业资格考试制度对非学历职业教育进行学历认证。第三，在人才培养制度建设方面，应建立校企合作的长效机制，并推动职业培训规范快速发展。为建立校企合作长效机制，首先，要以立法的形式明确校企合作各利益相关者的责任、权利和义务；其次，要通过生均补偿或减免税收等形式由政府对参与校企合作企业给予成本补偿，对校企合作有成效的企业给予奖励；最后，要设立校企合作专项经费，保障校企合作持续、深入开展。为推动职业培训规范快速发展，首先，应制定支持职业培训产业发展的政策，鼓励企业、社会团体和个人依法投资职业培训市场；其次，应引导和鼓励职业院校与行业企业合作，开展各类职业培训；再次，要推动企业利用自身资源打造职业培训品牌；最后，要加强政府和行业对职业培训机构的监管，建立培训机构评级标准。第四，在管理体制制度建设方面，应以地方政府为主加强区域内职业教育统筹管理，并根据工业化和城乡融合需求优化职业教育结构。为加强统筹管理，首先，应建立政府统筹、行企参与和分级管理的职业教育管理体制；其次，应建立和完善法人治理结构，探索建立社会广泛参与、产权明晰多元的理事会或董事会决策议事、监督制度；再次，应明确地方政府的经费投入责任，加强发展战略、规划、政策、标准的制定和实施；最后，应以制度建设推进政校分开、管办分离，扩大职业院校在教育教学、机构编制、人才引进和职务评聘、收入分配等方面的自主权。为优化职业教育结构，首先，要统一规划区域内城镇化建设、产业布局和职业教育发展；其次，要鼓励职业院校集中力量办好当地经济社会需要的特色优势专业群；再次，要鼓励企业和行业协会举办或参与举办农业职业教育机构，建立城乡结合、以城带乡的职业教育协同发展机制；最后，要以制度推进区域内职业教育资源整合。第五，在劳动人事制度建设方面，应保障技术技能人才职业生涯发展通道畅通，并提高技术技能人才的社会地位。为保障发展通道畅通，首先，应以制度保障职业院校毕业生参与人才选拔和聘用的起点公平；其次，应完善职业资格证书制度，逐步实现职业资格证书与学历证书、职称证书的互通互认；再次，应健全技术技能人才评价制度，形成强调问题解决能力的评价体系；最后，应完善技术技能人才使用制度，建立规范而层级明晰的技术技能人才发展国家标准。为提高技能人才社会地位，首先，应以制度保障技术技能人才收入水平整体提升；其次，应为技术技能人才提供完善的医疗、养老、就业等社会保障制度；再次，应制定高技能人才激励办法，加大对高技能人才的奖励力度；最后，应以制度保障高技能人才在聘任、进修和休假等方面逐步享受与工程技术人员同等待遇。第六，在经费保障制度建设方面，要切实落实和完善生均公用经费拨款制度，建立完善的职业教育税收优惠制度，完善金融服务支持职业教育发展制度，推进面向农村生源的高职教育低廉收费制度建设，并提高职业院校学生奖助标准和受益比例。

三、研究不足及展望

"城乡融合发展背景下职业教育制度建设研究"这一议题契合了当前国家和社会普遍关注的几个重大问题，如农村转移劳动力的社会融合、职业教育吸引力的提高以及城乡融合的健康、平稳推进等。因此，这一议题研究有着重要的实际意义及政策参考价值。但我国幅员辽阔，地区之间的经济发展和职业教育的办学水平差异巨大，这对构建具有普适性的制度体系提出了挑战。尽管本书分别从西部、中部和东部选取了样本地区进行了案例分析与比较，但由于每个样本地区只是集中于一个方面的调查，这一调研结果是否能代表其他区域尚不确定。同时，受本人知识结构、认知水平、时间精力和研究能力所限，本书对中外职业教育推进城镇化的制度经验和问题研究得还不够深入，分析得还不够全面，这在一定程度上影响了制度体系构建的全面性和完整性。

城乡融合的发展进程不可阻挡，职业教育在服务城乡融合发展方面，必将随着自身的进一步完善而发挥更大的作用。在未来的研究中，如何通过体制机制的完善，使职业教育在区域经济社会发展中成为重要的增长极，是值得进一步研究的方向。

参考文献

一、著作类

埃茨科威兹．国家创新模式：大学、产业、政府“三螺旋”创新战略［M］．周春彦，译．北京：东方出版社，2014.

埃德加．区域经济学导论［M］．上海：上海远东出版社，1992.

巴萨拉．技术发展简史［M］．周发光，译．上海：复旦大学出版社，2000.

班克斯．教育社会学［M］．高雄：复文图书出版社，1978.

贝克尔．人力资本理论：关于教育的理论和实证分析［M］．郭虹，等译．北京：中信出版社，2007.

边燕杰．市场转型与社会分层：美国社会学者分析中国［M］．北京：生活·读书·新知三联书店，2002.

波普诺．社会学［M］．李强，等译．第10版．北京：中国人民大学出版社，1999.

布迪厄，华康德．实践与反思：反思社会学导引［M］．李猛，李康，译．北京：中央编译出版社，1998.

布坎南．自由、市场和国家：20世纪80年代的政治经济学［M］．吴良建，等译．北京：北京经济学院出版社，1988.

布劳．社会生活中的交换与权力［M］．孙非，张黎勤，译．北京：华夏出版社，1988.

布列克里局，杭特．教育社会学理论［M］．李锦旭，译．台北：台湾桂冠图书股份有限公司，1987.

陈衍，李玉静，等．职业教育国际竞争力报告（2008）［M］．长春：东北师范大学出版社，2008.

陈振明. 政策科学：公共政策分析导论［M］. 北京：中国人民大学出版社，2003.

崔爱林. 二战后澳大利亚高等教育政策研究［M］. 保定：河北大学出版社，2011.

德兰迪. 知识社会中的大学［M］. 黄建如，译，北京：北京大学出版社，2010.

丁煌. 政策执行阻滞机制及其防治对策：一项基于行为和制度的分析［M］. 北京：人民出版社，2002.

范先佐. 教育经济学新编［M］. 北京：人民教育出版社，2010.

冯增俊. 比较教育学［M］. 南京：江苏教育出版社，1996.

冯增俊. 教育创新与民族创新精神［M］. 福州：福建教育出版社，2002.

冯增俊. 教育人类学［M］. 南京：江苏教育出版社，2001.

格林. 教育、全球化与民族国家［M］. 朱旭东，徐卫红，等译. 北京：教育科学出版社，2004.

胡俊生. 农村教育城镇化研究［M］. 北京：中国社会科学出版社，2014.

黄龙威. 职业教育协调发展研究［M］. 长沙：湖南人民出版社，2005.

黄日强，邓志军，张翌鸣. 中部地区高等职业教育与区域经济发展的研究［M］. 北京：开明出版社，2004.

黄崴. 教育法学［M］. 北京：高等教育出版社，2007.

黄崴. 教育管理学［M］. 北京：中国人民大学出版社，2009.

黄崴. 教育管理学：概念与原理［M］. 广州：广东高等教育出版社，2002.

吉登斯. 社会的构成：结构化理论大纲［M］. 李康，李猛，译. 北京：生活·读书·新知三联书店，1998.

姜大源. 职业教育学研究新论 [M]. 北京：教育科学出版社，2007.
蒋伟涛. 重识乡土中国 [M]. 北京：社会科学文献出版社，2016.
靳希斌，等. 人力资本学说与教育经济学新进展 [M]. 北京：教育科学出版社，2010.
科尔曼. 社会理论的基础 [M]. 北京：社会科学文献出版社，1999.
科斯，阿尔钦，诺思，等. 财产权利与制度变迁：产权学派与新制度学派译文集 [M]. 上海：上海人民出版社，1994.
匡瑛. 比较高等职业教育：发展与变革 [M]. 上海：上海教育出版社，2006.
赖特. 阶级 [M]. 刘磊，吕梁山，译. 北京：高等教育出版社，2006.
朗格朗. 终身教育引论 [M]. 周南照，陈树清，译. 北京：中国对外翻译出版公司，1985.
雷正光. “双元制”职教模式及其实验研究 [M]. 北京：中国科学技术出版社，1999.
李继延，等. 中外职业教育体系建设与制度改革比较研究 [M]. 上海：复旦大学出版社，2014.
李路路，孙志祥. 透视不平等：国外社会阶层理论 [M]. 北京：社会科学文献出版，2002.
李培林，李强，孙立平. 中国社会分层 [M]. 北京：社会科学文献出版社，2004.
李强. 社会分层十讲 [M]. 社会科学文献出版社，2008.
李强. 社会分层与贫富差别 [M]. 厦门：鹭江出版社，2000.
李强. 转型时期的中国社会分层结构 [M]. 哈尔滨：黑龙江人民出版社，2002.

刘易斯. 二元经济论 [M]. 北京：北京经济学院出版社，1989.
卢代富. 企业社会责任的经济学与法学分析 [M]. 北京：法律出版社，2002.
卢瑟福. 经济学中的制度：老制度经济学和新制度经济学 [M]. 北京：中国社会科学出版社，1999.
陆学艺. 当代中国社会阶层研究报告 [M]. 北京：社会科学文献出版社，2002.
陆学艺. 当代中国社会流动 [M]. 北京：社会科学文献出版社，2004.
伦斯基. 权力与特权：社会分层的理论 [M]. 杭州：浙江人民出版社，1988.
罗伯逊. 社会学 [M]. 北京：商务印书馆，1991.
吕达，周满生. 当代外国教育改革著名文献 [M]. 美国卷第1册. 北京：人民教育出版社，2004.
吕汝健. 职业技术教育与县域经济耦合关系研究 [M]. 银川：宁夏人民出版社，2013.
马尔库塞. 单向度的人：发达工业社会意识形态研究 [M]. 刘继，译. 上海：上海译文出版社，2008.
马和民. 新编教育社会学 [M]. 上海：华东师范大学出版社，2002.
马树超，郭扬. 高等职业教育：跨越·转型·提升 [M]. 北京：高等教育出版社，2008.
麦可思研究院. 2010 年中国大学生就业报告 [M]. 北京：社会科学文献出版社，2010.
孟景舟. 解构与重构：多元视角下的职业教育 [M]. 北京：光明日报出版社，2011.
墨菲. 文化与社会人类学引论 [M]. 王卓君，等译. 北京：商务印书馆，1991.

牛征. 职业教育经济学研究 [M]. 天津: 天津教育出版社, 2002.

诺斯. 制度、制度变迁与经济绩效 [M]. 刘守英, 译. 上海: 生活·读书·新知三联书店上海分店, 1994.

诺思, 托马斯. 西方世界的兴起 [M]. 厉以平, 蔡磊, 译. 北京: 华夏出版社, 1999.

诺思. 制度、制度变迁与经济绩效 [M]. 杭行, 译. 上海: 格致出版社, 上海人民出版社, 2008.

欧阳河, 等. 职业教育基本问题研究 [M]. 北京: 教育科学出版社, 2006.

帕累托. 精英的兴衰 [M]. 台北: 桂冠图书股份有限公司, 1993.

潘懋元. 多学科观点的高等教育研究 [M]. 上海: 上海教育出版社, 2001.

钱民辉. 教育社会学: 现代性的思考与建构 [M]. 北京: 北京大学出版社, 2004.

青木昌彦. 比较制度分析 [M]. 周黎安, 译. 上海: 上海远东出版社, 2001.

任君庆. 高等职业教育的发展趋势 [M]. 北京: 科学技术文献出版社, 2005.

石伟平. 比较职业技术教育 [M]. 上海: 华东师范大学出版社, 2001.

舒尔茨. 人力资本投资: 教育和研究的作用 [M]. 蒋斌, 张蘅, 译. 北京: 商务印书馆, 1990.

孙立平. 重建社会: 转型社会的秩序再造 [M]. 北京: 社会科学文献出版社, 2009.

陶秋燕. 高等技术与职业教育的专业和课程: 以澳大利亚为个案的研究 [M]. 北京: 科学出版社, 2004.

涂尔干. 社会分工论 [M]. 渠东, 译. 北京: 生活·读书·新知三联书店, 2000.

万秀兰. 美国社区学院的改革与发展 [M]. 北京: 人民教育出版社, 2003.

王斌华. 澳大利亚教育 [M]. 上海: 华东师范大学出版社, 1996.

王春燕, 史晓鹤. 我国现代职业教育支撑体系研究 [M]. 北京: 北京大学出版社, 2014.

王晓洁, 尹坚, 靳津平. 圆梦之城: 嵩明职教基地创业备忘录 [M]. 昆明: 云南科技出版社, 2015.

韦伯. 新教伦理与资本主义精神 [M]. 于晓, 陈维纲, 等译. 北京: 生活·读书·新知三联书店, 1987.

韦森. 社会制序的经济分析导论 [M]. 上海: 上海三联书店, 2001.

沃克, 马尔. 利益相关者权力: 21 世纪企业战略新理念 [M]. 北京: 经济管理出版社, 2003.

吴雪萍. 国际职业技术教育研究 [M]. 杭州: 浙江大学出版社, 2004.

吴雪萍. 基础与应用: 高等职业教育政策研究 [M]. 杭州: 浙江教育出版社, 2007.

肖化移. 审视高等职业教育的质量与标准 [M]. 上海: 华东师范大学出版社, 2006.

徐国庆. 实践导向职业教育课程研究: 技术学范式 [M]. 上海: 上海教育出版社, 2005.

徐平利. 职业教育的历史逻辑和哲学基础 [M]. 桂林: 广西师范大学出版社, 2010.

续润华. 美国社区学院发展研究 [M]. 北京: 中国档案出版社, 2000.

杨国祥，丁钢．高等职业教育发展的战略与实践［M］．北京：机械工业出版社，2006.

英格尔斯，等．人的现代化：心理·思想·态度·行为［M］．成都：四川人民出版社，1985.

英克尔斯，史密斯．从传统人到现代人：六个发展中国家的个人变化［M］．顾昕译．北京：中国人民大学出版社，1992.

翟海魂．发达国家职业技术教育历史演进［M］．上海：上海教育出版社，2008.

张洪生．教育选择论［M］．济南：山东人民出版社，2008.

张家祥，钱景舫．职业技术教育学［M］．上海：华东师范大学出版社，2001.

张人杰．国外教育社会学基本文选［M］．上海：华东师范大学出版社，1989.

BLAU P. DUNCAN. The American occupational structure [M]. New York: Wilsey, 1967.

BOEKE J H. Economics and economic policy of dual societies as exemplified by Indonesia [M]. New York : Institute of Pacific Relations, 1953.

BOULDING K E. The economy of love and fear [M]. Belmont, California, 1973.

BOURDIEU P. Distinction: a social critique of the judgment of taste [M]. Boston: Harvard University Press, 1984.

BRINT S, KARABEL J. The diverted dream: community colleges and the promise of educational opportunity in america, 1900—1985 [M]. New York: Oxford University Press, 1989.

BRINT S. The diverted dream: community colleges and the promise of educational opportunity in american 1902—1985 [M]. New York & Oxford: Oxford University Press, 1989.

BUNZEL J H. Challenge to American school: the case for standards and values [M]. New York & Oxford: Oxford University Press, 1985.

BURAWOY M, WRIGHT O. Sociological Marxism [M]//TURNER J. The handbook of sociological theory. New York: Plenum Books, 2002.

CARROLL A B, BOCHOLT A K. Business and society: ethics and stakeholder management, 4th ed [M]. Cincinnati, Ohio: South-Western Publishing CO, 2000.

COLEMAN J S. Foundation of social theory [M]. Cambridge: Belknap Press of Harvard University Press, 1990.

ERIKOSON R. GOLDTHORPE J. The constant flux: a study of class mobility in industrial societies [M]. Oxford: Clarendon Press, 1992.

GRIFFITH M, CONNOR A. Democracy's open door: the community college in American's future [M]. Portsmouth: Boynton Cook Publishers, 1994.

MCKENZIE S. Adult and vocational education for social sustainability: a new concept for TVET for sustainable development [M]. Springer Netherlands, 2009.

MILLS C W. The power elite [M]. New York: Oxford University Press, 2000.

NATIONAL SKILL STANDARDS BOARD. Built to work: a common framework for skill standards [M]. Washington, DC, National Skill Standards Board, 2000.

PARKIN. The social analysis of class structure [M]. London : Tavistock Publication, 1974.

PAVLOVA M. Technology and vocational education for sustainable

development [M]. Technical and Vocational Education and Training: Issues, Concerns and Prospects Volume 10, 2009.
POPKIN S. The rational peasant [M]. Berkeley: University of California Press, 1979.
Schultz J W. Transforming traditional agriculture [M]. New Haven: Yale University Press, 1964.
SCOTT J. The Moral economy of the peasant: rebellion and subsistence in southeast Asia [M]. New Haven: Yale University Press, 1976.
SPENCE M, Market signaling [M]. Cambridge, Ma: Harvard University Press, 1974.

二、学位论文类

陈福祥. 公共性职业教育培训的有效供给：基于制度分析的视角 [D]. 重庆：西南大学，2011.
陈仙. 行业企业参与职业教育的动力机制研究 [D]. 杭州：浙江工业大学，2008.
初冰. 美国社区学院的发展对我国高等职业教育的启示 [D]. 济南：山东师范大学，2004.
董仁忠. “大职教观” 视野中的职业教育制度变革研究 [D]. 上海：华东师范大学，2008.
樊秀娣. 我国高等职业教育的基本建设研究 [D]. 上海：华东师范大学，2003.
郭怡麟. 互联网的应用对美国城市社区发展的影响 [D]. 济南：山东师范大学，2012.
蒋义. 我国职业教育对经济增长和产业发展贡献研究 [D]. 北京：财政部财政科学研究所，2010.
康永久. 教育制度的生成与变革：新制度教育学论纲 [D]. 武

汉：华中师范大学，2001.
李卿. 澳大利亚 TAFE 学院质量保障体系研究：以皇家墨尔本理工大学 TAFE 学院为例 [D]. 南昌：东华理工大学，2013.
李延平. 职业教育公平问题研究 [D]. 西安：陕西师范大学，2008.
李振跃. 高校学生工作者人力资本及其定价研究 [D]. 厦门：厦门大学，2008.
刘倩. 陕西省农村劳动力转移分类培训研究 [D]. 咸阳：西北农林科技大学，2013.
刘晓. 利益相关者参与下的高等职业教育办学模式改革研究 [D]. 上海：华东师范大学，2012.
罗航燕. 澳大利亚高等职业教育体系研究 [D]. 武汉：华中师范大学，2011.
宋晓巍. 东北三省外贸结构及其优化问题研究 [D]. 长春：东北师范大学，2011.
孙玫璐. 职业教育制度分析 [D]. 上海：华东师范大学，2008.
佟爱琴. 知识型企业人力资本介入治理及其制度创新研究 [D]. 上海：同济大学，2008.
万恒. 社会分层视野中职业教育价值的再审视 [D]. 上海：华东师范大学，2009.
汪璐. 澳大利亚 TAFE 学院办学模式研究 [D]. 桂林：广西师范大学，2010.
杨海燕. 城市化进程中职业教育发展研究 [D]. 北京：北京师范大学，2006.
袁庆禄. 人力资本、教育投资对经济增长的贡献及效应分析 [D]. 贵阳：贵州大学，2006.
臧志军. 职业教育国家制度的比较研究 [D]. 上海：华东师范大学，2013.

张力跃. 我国农村职业教育困境研究：从社会结构与农民对子女职业教育选择的关系视角 [D]. 长春：东北师范大学，2008.

张利萍. 教育与劳动力流动研究 [D]. 武汉：华中师范大学，2006.

张小红. 智力资本及其管理研究 [D]. 北京：中国农业科学院，2007.

赵敏. 美国职业教育立法研究 [D]. 苏州：苏州大学，2008.

钟云华. 学生贷款与贫困生的社会流动：资本转化理论的扩展 [D]. 武汉：华中科技大学，2010.

朱晓明. 人力资本差异性与区域经济增长：以浙江、陕西两省为例 [D]. 杭州：浙江大学，2005.

三、期刊论文类

艾德乐. 企业社会责任国家战略：德国联邦政府企业社会责任行动方案概要 [J]. WTO 经济导刊，2012 (4)：39.

白汉刚. 区域经济社会发展与职业教育的关系研究 [J]. 职教论坛，2007 (13)：45 - 47.

曹茂甲. 建国以来中等职业学校招生就业制度的演变 [J]. 职教通讯，2011 (17)：61 - 66.

陈彬. 关于理性选择理论的思考 [J]. 东南学术，2006 (1)：119 - 124.

陈光华，孙志河，吴雪萍，郑凉. 德国双元制：一个职业教育制度样本的方方面面 [J]. 职业技术教育，2001 (21)：52 - 59.

陈洁. 高等教育绩效评价刍议 [J]. 高等农业教育，2008 (5)：13 - 15.

陈洁梅. 澳大利亚职业教育 TAFE [J]. 外国中小学教育，2008 (1)：58 - 63.

陈鹏. 经典三大传统社会分层观比较：以“谁得到了什么”和“为什么得到”为分析视角［J］. 社会科学管理与评论，2011（3）：85－91.

陈献礼. 浅谈国家职业标准与高职高技能人才培养［J］. 天津职业大学学报（高等职业教育），2006（3）：8－10.

崔晓迪. 现代职业教育与区域经济协调发展研究：以天津市为例［J］. 教育与经济，2013（1）：31－35.

崔玉隆. 职业教育与教育公平［J］. 职教论坛，2007（23）：47－49.

丁继安. 我国地市高等职业教育面向农村现代化的功能定位与实现策略［J］. 黑龙江高教研究，2013（12）：101－105.

董柏林. 澳大利亚职业教育的指路明灯［J］. 教育与职业，2007（34）：99－101.

杜睿云，段伟宇. 论职业教育与中国城镇化建设的互动关系［J］. 经济论坛，2010（1）：21－24.

杜育红，杨小敏. 乡村振兴：作为战略支撑的乡村教育及其发展路径［J］. 华南师范大学学报（社会科学版），2018（2）：76－81.

段钢. 人力资本理论研究综述［J］. 复印报刊资料（劳动经济与劳动关系），2003（5）：11－16.

冯孟. 美国职业教育国家制度的构建及其启示［J］. 职业教育研究，2015（1）：83－87.

冯增俊. 中国高等职业技术教育发展模式探析［J］. 华东师范大学学报（教育科学版），2006（4）：18－24.

付雪凌，石伟平. 建设和谐社会与职业教育发展［J］. 职业技术教育，2007（10）：5－8.

甘振军，赵昌. 战后澳大利亚职业教育演变的历史考察［J］. 潍坊教育学院学报，2007（4）：94－96.

葛蔓. 美国社区学院的办学特点及启示 [J]. 长春工业大学学报（高教研究版），2006（1）：42－44.

葛新斌. 乡村振兴战略：农村教育究竟能做什么？[J] 华南师范大学学报（社会科学版），2018（2）：82－87.

顾月琴. 美国社区学院的发展历程及其未来趋势 [J]. 中国成人教育，2011（1）：122－124.

韩丽娜. 新型职业农民培育背景下农村职业教育改革分析 [J]. 农业经济，2020（3）：84－86.

郝天聪，石伟平. 从松散联结到实体嵌入：职业教育产教融合的困境及其突破 [J]. 教育研究，2019（7）：102－110.

和震. 来自三个国际组织职业教育政策文本的分析 [J]. 职业技术教育，2006（18）：52－55.

贺文瑾. "双师型"职教教师的概念解读 [J]. 江苏技术师范学院学报（职教通讯），2008（7－8）：49－51.

黄春麟. 高等职业教育专业布局规划的内容、方法与步骤 [J]. 职业技术教育，2004（7）：35－38.

黄日强. 澳大利亚职业教育的经费 [J]. 外国教育研究，2004（9）：61－64.

黄日强，等. 政府拨款：澳大利亚职业教育经费的重要来源 [J]. 职教通讯，2010（1）：51－54.

黄日强. 战后澳大利亚职业教育的变革 [J]. 河北职业技术师范学院学报（社会科学版），2002（4）：33－37，47.

黄颂. 战后西方社会学关于社会地位和多维社会分层的若干观点 [J]. 钦州师范高等专科学校学报，2002（2）：14－18.

黄崴. 20 世纪西方教育管理理论及其模式的发展 [J]. 华东师范大学学报（教育科学版），2001（1）：19－28.

黄文姬，王培根. 整合职业教育资源促进农村人力资源　开发转移 [J]. 武汉理工大学学报（社会科学版），2007（1）：90－94.

黄祐. 美国社区学院办学特色及其对我国高职院校发展的启示[J]. 经济与社会发展，2007（2）：182－184.
贾汇亮，黄崴. 教育弱势群体救助：制度安排与保障体系［J］. 中国教育学刊，2006（4）：15－18.
姜大源，刘立新.（德国）联邦职业教育法（BBiG）［J］. 中国职业技术教育，2005（32）：51－59.
姜俊和，郝世文. 美国社区学院反向转学问题述评［J］. 外国教育研究，2008（4）：37－41.
姜群英，雷世平. 我国县域职业教育研究论纲［J］. 职教论坛，2009（7）：8－11.
姜太碧. 二元经济结构理论与我国城乡二元经济结构改造［J］. 改革与战略，2008（11）：7－10.
蒋春洋，柳海民. “史密斯－休斯法案”与美国职业教育制度的确立及启示［J］. 黑龙江高教研究，2012（5）：37－40.
蒋雅文. 论制度变迁理论的变迁［J］. 经济评论，2003（4）：73－79.
焦红丽. 澳大利亚职业教育培养模式及启示［J］. 国家教育行政学院学报，2012（4）：92－95.
匡瑛. 从国际比较的角度看职业教育外部质量保障制度与政策体系［J］. 职教通讯，2013（19）：26－30.
李春玲. 社会分层研究与理论的新趋势［J］. 社会学：理论与经验，2006（1）.
李红锦. 区域经济增长理论述评［J］. 生产力研究，2007（7）：138.
李孔珍，张力. 专家视野中的区域教育发展战略与西部教育政策：运用德尔菲咨询法进行的调查分析［J］. 教育研究，2006（4）：11－18.
李强. 职业共同体：今日中国社会整合之基础：论“杜尔克姆主

义”的相关理论［J］. 学术界，2006（3）：36－53.
李强. 中国大陆城市农民工的职业流动［J］. 社会学研究，1999（3）：95－103.
李庆明. 美国职业教育教师标准浅析［J］. 中等职业教育，2010（2）：16－20.
李小波，叶学文. 普职教育融合的内涵、困境与路径［J］. 教育与职业，2020（11）：41－45.
李雪梅. 高等职业教育就业导向的异化与矫正［J］. 高等教育研究，2013（10）：52－56.
李亚峰. 澳大利亚 TAFE 体制对我校高职教学教改的启示［J］. 职教论坛，2009（3）：62－64.
李艳，李双名. 渗透职业教育：农村义务教育的理性选择［J］. 当代教育论坛（上半月），2009（2）：29－32.
李忆华，王莉芬. 美国社区学院“活力”探析［J］. 内蒙古师范大学学报（教育科学版），2014（3）：27－29.
林洪. 云南省高等职业教育与区域经济协调发展研究［J］. 云南电大学报，2012（2）：30－34.
林克松，朱德全. 职业教育均衡发展与区域经济协调发展互动的体制机制构建［J］. 教育研究，2012（11）：102－107.
刘宝民. 认真落实“立德树人”根本任务 着力培养“德技并修”有用人才［J］. 中国职业技术教育，2019（4）：19－20.
刘春生，李建荣. 论美国社区学院社区教育的发展与展望［J］. 教育与职业，2005（24）：35－37.
刘凤翠，宁永红. 美国社区学院的运行机制及对我国发展县域社区学院的借鉴意义［J］. 职教通讯，2014（28）：48－52.
刘合光. 激活参与主体积极性，大力实施乡村振兴战略［J］. 农业经济问题，2018（1）：14－20.
刘红燕. 新生代农民工职业教育与社会流动现状分析：以石家庄

市为例 [J]. 安徽农业科学, 2012 (11): 6960 - 6962.
刘江义. 美国的“人民学院”: 关于美国社区学院的理念、经验和特点研究 [J]. 中国职业技术教育, 2007 (2): 55 - 59.
刘精明. 高等教育扩展与入学机会差异: 1978—2003 [J]. 社会杂志, 2006 (3): 158 - 179.
刘显泽. 试论职业教育人才培养模式改革 [J]. 职教论坛, 2008 (2): 26 - 28.
刘彦平. 试论“以员工为中心”的管理理念: 兼论利益相关者管理 [J]. 外国经济与管理. 2003 (1): 37 - 42.
刘育峰. 论澳大利亚职教法对我国职业教育法修订的借鉴意义 [J]. 职教论坛, 2011 (1): 86 - 91.
卢彩晨. 高等教育绩效评价的缘起及功能 [J]. 复旦教育论坛, 2011 (3): 23 - 26.
卢建平. 澳大利亚职业教育模式摭谈 [J]. 职教论坛, 2005 (26): 61 - 62.
卢伟. 流动人口子女义务教育制度变迁路径分析: 基于新制度经济学的视角 [J]. 社会科学辑刊, 2011 (6): 47 - 50.
吕景城. 论职业教育在当代社会分层流动中的作用 [J]. 中国职业技术教育, 2005 (32): 32 - 33.
吕效华, 吴炜. 阶层固化视角下教育对青年发展的影响 [J]. 中国青年研究, 2013 (6): 11 - 16.
罗明丽, 聂伟. 社会分层对职业教育发展的影响探微 [J]. 职教论坛, 2012 (25): 4 - 7.
罗时华. 我国高等职业教育创新型人才培养模式构建的思考 [J]. 华中师范大学学报 (人文社会科学版), 2013 (A5): 140 - 144.
马建富, 袁丽英. 职业教育促进农村劳动力转移的功能及模式选择 [J]. 江苏技术师范学院学报 (职教通讯), 2008 (5):

15－18.
马键生，郑一丹. 美国洛杉矶社区学院教师的任用、培训经验与启示［J］. 外国教育研究，2004（12）：27－31.
马君，周志刚. 国外区域语境下职业教育的功能与定位研究［J］. 外国教育研究，2011（1）：86－89.
马宽斌，黄丽丽. 乡村振兴战略：农村职业教育改革与发展新动能［J］. 成人教育，2020（2）：47－51.
马树超，范唯，郭扬. 构建现代职业教育体系的若干政策思考［J］. 宁波城市职业技术学院学报，2012（1）：96－100.
米靖. 当代西方职业教育与社会分层理论研究［J］. 教育科学，2007（4）：88－92.
米斯. 领导未来的美国社区学院［J］. 外国教育研究，1997（2）：15－18.
普锋. 德国职业教育的经验与启示［J］. 济源职业技术学院学报，2010（4）：1－4.
亓俊国，庞学光. 德国“双元制”职业教育内涵的多维度分析［J］. 教育发展研究，2008（11）：23－26.
钱民辉. 教育真的有助于向上社会流动吗：关于教育与社会分层的关系分析［J］. 社会科学战线，2004（4）：194－200.
秦永，裴育. 城乡背景与大学毕业生就业：基于社会资本理论的模型及实施分析［J］. 经济评论，2011（2）：113－118.
丘海雄，张应祥. 理性选择理论述评［J］. 中山大学学报（社会科学版），1998（1）：117－125.
邱德雄，盛正发. 美国社区学院建设经验及其启示［J］. 国家教育行政学院学报，2011（8）：88－91.
邱国丹，黄雪英. 试论澳大利亚职业教育中的政府作用：论实质性政府干预对中国职业教育发展的重要性［J］. 黑龙江高教研究，2008（11）：69－71.

阮彩霞. 协同创新视域下广州职教园区建设的思考［J］. 广州职业教育论坛，2013（3）：10－13.

邵会婷，闫志利. 发达国家职业教育质量保障体系及其借鉴［J］. 教育与职业，2014（35）：11－14.

盛广耀. 新型城镇化理论初探［J］. 学习与实践，2013（2）：13－18.

石丽艳，李卉. 德美职业教育立法的比较与借鉴［J］. 教育与职业，2011（11）：169－170.

史晋川，沈国兵. 论制度变迁理论与制度变迁方式划分标准［J］. 经济学家，2002（1）：41－46.

孙玫璐. 我国职业教育公平的制度环境问题简析［J］. 职教通讯，2011（13）：1－4.

涂雪仁，黄宇红. 美国社区学院职业教育发展的历程、特征及其趋势［J］. 教育导刊，2014（11）：48－50.

万恒. 发展中的“中间阶层”背景下职业教育改革发展方向探析［J］. 职业技术教育，2011（1）：5－8.

汪正贵. 关于高等职业教育的反思和追问［J］. 职教论坛，2009（7）：16－20.

王凤玉，刘英俊. 美国社区学院的办学特色［J］. 现代教育管理，2012（7）：118－123.

王佳媛，李慧民. 论职业教育与经济发展之辩证关系［J］. 西安航空技术高等专科学校学报，2006（4）：41－43.

王军伟. 面向21世纪的中等职业教育课程改革［J］. 职业技术教育，2001（10）：12－17.

王良，周明星. 美国技能标准：组成框架与开发［J］. 中国职业技术教育，2008（35）：50－52.

王凌飞，陈亚楠. 德国企业社会责任信息披露制度及对我国的启示［J］. 中国集体经济，2009（30）：199－200.

王明杰，郑一山. 西方人力资本理论研究综述 [J]. 中国行政管理，2006 (8)：92 -95.

王正惠，蒋平. 高考“弃考”之剖析：教育公平的现实困境与价值诉求 [J]. 教育学术月刊，2009 (9)：45 -48.

王志敏，王一曙. 美国社区学院的办学特色与启示 [J]. 中国成人教育，2012 (1)：124 -125.

邬志辉. 中国农村职业教育的战略转型 [J]. 社会科学战线，2012 (5)：194 -199.

吴建新，欧阳河，黄韬，陈凯. 专家视野中的职业教育校企合作长效机制设计：运用德尔菲专家咨询法进行的调查分析 [J]. 现代大学教育，2014 (5)：74 -84.

吴全全. 德国、瑞士职业教育校企合作的特色及启示 [J]. 中国职业技术教育，2011 (27)：91 -94.

伍宣霖，蓝欣. 职业教育对企业员工社会流动影响的实证研究：以天津地区为例 [J]. 职教论坛，2012 (28)：30 -34.

夏成满. 德国“双元制”职业教育制度及其启示 [J]. 江苏高教，2005 (1)：24 -27.

谢治平，周德义. 社会分层、社会流动与职业教育 [J]. 教育与职业，2010 (3)：5 -7.

徐涵. 就业导向的职业教育反思 [J]. 教育与职业，2006 (15)：5 -8.

徐健. 澳大利亚职业教育体系的框架、特点及启示 [J]. 江苏教育，2009 (C3)：113 -115.

徐黎明. 以职教园区的形式整合优化共享职教资源的研究 [J]. 柳州职业技术学院学报，2014 (6)：14 -16.

严晓鹏. 大力发展社区学院，扩大教育服务功能 [J]. 中国高教研究，2004 (5)：83 -84.

杨东平. 高中阶段的社会分层和教育机会获得 [J]. 清华大学教

育研究，2005（3）：52－59.
杨凤英，袁刚．我国转型期社会分层与职业技术教育发展的困境［J］．职业技术教育，2003（31）：10－13.
杨丽波．澳大利亚职业教育社会伙伴关系对我国职业教育发展的启示［J］．职业技术教育，2012（6）：57－62.
杨玉宝．对德国“双元制”职业教育的新认识［J］．比较教育研究，2002（3）：37－39.
叶宗艳，胡斌武．职教园区办学模式探析［J］．职教论坛，2013（13）：20－23.
尹金金．德、美、日职业教育校企合作制度比较研究：基于历史视角与特征的分析［J］．职业技术教育，2011（19）：86－89.
余祖光，陈光．增强职业教育吸引力的问题研究［J］．中国职业技术教育，2009（34）：15－30.
昝德银，陈华．区域经济增长理论与中国非均衡协调发展模式［J］．金融教学与研究，2006（2）：31－33.
曾阳．比较视域下职业教育产教融合的制度分析与合作生态构建［J］．职业技术教育，2021（4）：42－47.
曾阳，黄崴．城镇化进程中“珠三角”地区的教育管理：经验、问题及对策建议：以东莞、佛山为例［J］．现代教育管理，2014（6）：19－22.
曾阳，黄崴．扩大“中间阶层”：近十年我国职业教育与社会流动研究述评［J］．现代教育管理，2015（1）：104－108.
曾阳，黄崴．政府干预职业教育校企合作的限度及其改进：基于公共选择理论的分析［J］．现代教育管理，2016（5）：73－78.
曾阳．企业参与职业教育校企合作的动力机制分析及借鉴：以德国“双元制”为例［J］．职业教育（中旬刊），2020（11）：7－11.
曾阳．乡村振兴战略下职业教育服务城乡融合发展的路径研究

[J]. 国家教育行政学院学报, 2019 (2): 23 – 30.
张凤娟, 陈龙根. 美国企业参与职业教育的方式与特点探析 [J]. 职业技术教育, 2008 (16): 84 – 87.
张剑波, 张欣杰. 职业教育人才的培养模式初探 [J]. 人民论坛, 2010 (23): 276 – 277.
张力跃. 政府应在县域职教资源整合中加强统筹管理: 以贵州省平坝县为个案的分析 [J]. 职教论坛, 2007 (19): 49 – 51.
张力跃. 中等职业教育困境: 从农民为子女进行职业教育选择的视角分析 [J]. 职业技术教育, 2009 (34): 66 – 74.
张玲. 美国社区学院的办学特点探讨 [J]. 教育评论, 2013 (6): 159 – 161.
张晓莉. 美国社区学院职业教育的历史演变 [J]. 职业技术教育, 2007 (10): 89 – 91.
张杨波. 教育投资、经济、社会资本关系间的考察: 农村贫困大学生经济来源的社会学分析 [J]. 青年探索, 2002 (6): 3.
张瑶祥. 高职院校"好就业、难招生"现象分析: 基于社会分层视角 [J]. 教育研究, 2013 (5): 90 – 95.
张耀天, 肖泽平. 对我国职教园区发展的理性思考 [J]. 教育探索, 2011 (11): 34 – 35.
张翌鸣, 王小军. 高等职业教育与区域经济发展的思考 [J]. 中国职业技术教育, 2002 (2): 58 – 59.
张英杰. 从社会流动角度探析职业教育与和谐社会的关系 [J]. 职教论坛, 2007 (23): 4 – 6.
张宇. 预期职业地位与高等职业教育的个人需求 [J]. 高等教育研究, 2005 (7): 51 – 55.
章建新. 基于自组织机理的职教园区效应研究: 以天津市海河职教园区为例 [J]. 继续教育研究, 2013 (4): 60 – 62.
赵凌. 德国高等教育绩效拨款制透视 [J]. 高教探索, 2012

(1): 41-45.

钟云华, 沈红. 社会分层对高等教育公平影响的实证研究 [J]. 复旦教育论坛, 2009 (5): 56-61.

周耕夫, 李栋学. 工学结合: 期待制度与法规的哺育: 来自德国“职业教育合同”的启示 [J]. 中国职业技术教育, 2006 (31): 5-7.

周绍杰, 王有强, 殷存毅. 区域经济协调发展: 功能界定与机制分析 [J]. 清华大学学报 (哲学社会科学版), 2010 (2): 141-148.

周正. 个体选择职业教育问题的社会学研究 [J]. 河北师范大学学报 (教育科学版), 2009 (1): 91-94.

周作宇. 教育、社会分层与社会流动 [J]. 北京师范大学学报 (社会科学版), 2001 (5): 85-91.

朱帅. 新型城镇化建设环境下职业教育人才培养模式的改革 [J]. 职教通讯, 2014 (2): 14-17.

庄西真. 从优化社会结构的角度论职业教育对构建和谐社会的作用 [J]. 教育与职业, 2007 (15): 5-7.

庄西真. 社会分层和流动与职业教育发展 [J]. 职教通讯, 2005 (2): 10-12, 27.

庄西真. 社会结构与个体选择: 职业教育发展的双重影响 [J]. 职业技术教育, 2006 (1): 15-18.

左家哺, 等. 美国高等职业教育的特点 [J]. 湖南环境生物职业技术学院学报, 2003 (4): 362-368, 357.

AKTARUZZAMAN M, CHE K C. Vocational education and training (VET) in human resource development: a case study of Bangladesh [J]. Academic research international, 2011 (1): 266-275.

ALHASAN N, TYABO A. Revitalizing technical and vocational education (TVET) for youth empowerment and sustainable development [J]. International proceedings of social and behavioral sciences 2013, 1 (1): 92-97.

ALLAIS S. Will skills save us? Rethinking the relationships between vocational education, skills development policies, and social policy in South Africa [J]. International journal of educational development, 2012, 32 (5): 632-642.

ALLISON J, GORRINGE S, LACEY J. Building learning communities: partnerships, social capital and VET performance. A national vocational education and training research and evaluation program report [J]. National centre for vocational education research (NCVER), 2006: 42.

ANDERSON D. Productivism, vocational and professional education, and the ecological question [J]. Vocations & learning, 2008, 1 (1): 105-129.

BAILEY T, HUGHES K, BARR T. Achieving scale and quality in school-to-work internships: findings from an employer survey [J]. Educational evaluation and policy analysis, 2000, 22 (1): 41-46.

BANDIAS S, FULLER D, LARKIN S. Vocational education, indigenous students and the choice of pathways [J]. National centre for vocational education research (NCVER), 2013: 48.

BARRO R. Economic growth, in a cross section of countries [J]. Quarterly journal of economics, 1992, 105.

BECKER R, HECKEN A E. Higher education or vocational training? An empirical test of the rational action model of educational choices suggested by Breen and Goldthorpe and Esser [J]. Acta sociologica, 2009, 52 (1): 25-45.

BILLETT S, SEDDON T. Building community through social partnerships around vocational education and training [J]. Journal of vocational education & training, 2004, 56 (1): 51 -68.

BISHOP J. Occupational training in high schools: when does it pay off? [J]. Economics of education review, 1989 (8): 1 -15.

BLOSSFIELD H. Is the German dual system a model for a modern vocational training system ? A cross-national comparison of how different system of vocational training deal with the changing occupational structure [J]. International journal of comparative sociology, 1992 (23): 168 -181.

BOGGS G R. The American community college: from access to success [J]. About campus, 2001, (5).

ETZKOWITZ H, LEYDESDORFF L. A triple helix of academic-industry-government relations: development models beyond "capitalism versus socialism" [J]. Current science, 1996, 70 (8): 690 -693.

GAMORAN A, MARE R, Secondary school tracking and educational inequality: compensation, reinforcement or neutrality [J]. American journal of sociology, 1989 (94): 1146 -1183.

GLOCKER D, STORCK J. Risks and returns to educational fields: a financial asset approach to vocational and academic education [J]. Economics of education review, 2014, 42: 109 -129.

HALLINAN M, WILLIAMS R, Students' characteristics and the peer-influence process [J]. Sociology of education, 1990 (63): 122 -133.

HIRSCHI A, LÄGE D. Increasing the career choice readiness of young adolescents: an evaluation study [J]. International journal for educational & vocational guidance, 2008, 8 (2): 95 -

110.

LUCAS R E J. On the mechanics of economic development [J]. Journal of monetary economics, 1988 (22): 39-41.

MEIJERS F, KUIJPERS M, GUNDY C. The relationship between career competencies, career identity, motivation and quality of choice [J]. International journal for educational & vocational guidance, 2013, 13 (13): 47-66.

MOUZAKITIS G S. The role of vocational education and training curricula in economic development [J]. Social and behavioral sciences, 2010, 2 (2): 3914-3920.

NILSSON A. Vocational education and training: an engine for economic growth and a vehicle for social inclusion? [J]. International journal of training & development, 2010, 14 (4): 251-272.

ONDERI H, AJOWI J, MALALA G. Restructuring technical and vocational education and training (TVET) for sustainable development in Sub-Saharan Africa [J]. Research publish journals, 2014: 40-45.

ROMER P M. Endogenous technological change [J]. The journal of political economy, 1990 (98): S71-S102.

SHAPIRA P, LEIGH-PRESTON N. Urban and rural development in the western United States: emerging conflicts and planning issues [J]. Journal of architectural and planning research, 1984 (1): 37-55.

SHIM W J, PAIK S. The effects of high school track choice on students' postsecondary enrollment and majors in South Korea [J]. Asia Pacific education review, 2014, 15 (4): 573-583.

USEN S M, UDOFIA A E, OFFIONG A A. Effective management of wastages in vocational education for sustainable development in

Nigeria [J]. African research review, 2012, 6 (3).

VIERTEL E. Vocational education for sustainable development: an obligation for the European training foundation [J]. European journal of education, 2010, 45 (2): 217 - 235.

WALLENBORN M. Vocational education and training and human capital development: current practice and future options [J]. European journal of education, 2010, 45 (2): 181 - 198.

WILLIAMSON O E. Markets and hierarchies: some elementary considerations [J]. The American economic review, 1973 (5): 317 - 318.

四、政策（会议）文件类

财政部，教育部. 关于建立完善以改革和绩效为导向的生均拨款制度加快发展现代高等职业教育的意见 [Z]. 2014 - 10 - 30.

财政部，教育部，人力资源社会保障部. 三部门关于建立完善中等职业学校生均拨款制度的指导意见 [Z]. 2015 - 11 - 09.

第八届全国人大. 中华人民共和国职业教育法 [Z]. 1996 - 05 - 15.

国家教委. 编制普通中等专业学校跨省招生计划的试行办法 [Z]. 1987 - 12 - 31.

国家教委，财政部，等. 关于农业中等专业学校招收农村青年不包分配班的若干规定 [Z]. 1988 - 04 - 11.

国家教委. 关于加快中西部地区职业教育改革与发展的意见 [Z]. 1998 - 02 - 11.

国家教委. 关于加强中等职业学校教师队伍建设的意见 [Z]. 1997 - 09 - 24.

国家教委. 关于开展建设示范性职业大学工作的通知 [Z]. 1995 - 12 - 19.

国家教委. 关于普通中等专业教育（不含中师）改革与发展的意见 [Z]. 1995-05-17.
国家教委. 关于印发《关于普通中等专业学校招生与就业制度改革的意见》的通知 [Z]. 1994-03-09.
国家教委. 关于在中专、中师贯彻《中共中央关于改革学校思想品德和政治理论课程教学的通知》的意见 [Z]. 1986-08-30.
国家教委. 关于招收应届中等职业学校毕业生举办高等职业教育试点工作的通知 [Z]. 1997-05-27.
国家教委. 关于职业中学经费问题的补充规定 [Z]. 1986-06-23.
国家教委. 关于制订职业高级中学（三年制）教学计划的意见 [Z]. 1986-06-05.
国家教委，国家计委. 关于普通中等专业学校招生并轨改革的意见 [Z]. 1997-12-25.
国家教委. 国家教育委员会颁发《关于加强职业技术学校师资队伍建设的几点意见》的通知 [Z]. 1986-06-26.
国家教委，国家经贸委，劳动部. 关于印发《关于实施〈职业教育法〉加快发展职业教育的若干意见》的通知 [Z]. 1998-03-16.
国家教委，国家物价局，财政部，等. 关于颁发《中等职业技术学校收取学费的暂行规定》的通知 [Z]. 1991-07-20.
国家教委，计委，经委. 关于经济部门和教育部门加强合作促进就业前职工技术教育发展的意见 [Z]. 1986-06-23.
国家教委. 普通高等学校招收少数职业技术学校应届毕业生的暂行规定 [Z]. 1987-03-24.
国家教委. 普通中等专业学校招生暂行规定 [Z]. 1988-03-14.

国家中长期教育改革和发展规划纲要工作小组办公室. 国家中长期教育改革和发展规划纲要（2010—2020年）[Z]. 2010-07-29.

国务院办公厅. 转发国家教育委员会等部门关于全国职业技术教育工作会议情况报告的通知 [Z]. 1987-01-03.

国务院. 关于大力发展职业技术教育的决定 [Z]. 1991-10-17.

国务院. 关于大力发展职业教育的决定 [Z]. 2005-10-28.

国务院. 关于大力推进职业教育改革与发展的决定 [Z]. 2002-08-24.

国务院. 关于调整撤并部门所属学校管理体制的决定 [Z]. 1998-07-01.

国务院. 关于加快发展现代职业教育的决定 [Z]. 2014-05-02.

国务院. 关于加强教师队伍建设的意见 [Z]. 2012-08-20.

国务院. 关于取消和调整一批行政审批项目等事项的决定 [Z]. 2014-07-22.

国务院. 关于《中国教育改革和发展纲要》的实施意见 [Z]. 1994-07-03.

国务院. 国务院批转教育部《面向21世纪教育振兴行动计划》的通知 [Z]. 1999-01-13.

国务院. 中华人民共和国国民经济和社会发展第十二个五年（2011—2015年）规划纲要 [Z]. 2011-03-16.

湖南省教育厅，等. 关于印发《湖南省现代职业教育体系建设规划（2014—2020年）》的通知 [Z]. 2014-08-27.

湖南省教育厅职业教育与成人教育处. 2015年职业教育与成人教育工作要 [Z]. 2015-03-06.

湖南省人民政府办公厅. 关于印发《湖南省农村中等职业教育攻

坚计划（2014—2016年）》的通知［Z］. 2014-07-31.
教育部办公厅. 关于中等职业学校面向返乡农民工开展职业教育培训工作的紧急通知［Z］. 2008-11-24.
教育部. 关于贯彻落实全国职业教育工作会议精神进一步扩大中等职业学校招生规模的意见［Z］. 2004-07-15.
教育部. 关于加快发展中等职业教育的意见［Z］. 2005-02-28.
教育部. 关于加强高职（高专）院校师资队伍建设的意见［Z］. 2002-05-15.
教育部. 关于进一步深化中等职业教育教学改革的若干意见［Z］. 2008-12-13.
教育部. 关于切实做好返乡农民工职业教育和培训等工作的通知［Z］. 2009-02-20.
教育部. 关于全面提高高等职业教育教学质量的若干意见［Z］. 2006-11-16.
教育部. 关于全日制中等专业学校领导管理体制的暂行规定［Z］. 1980-11-05.
教育部. 关于以就业为导向深化高等职业教育改革的若干意见［Z］. 2004-04-02.
教育部. 关于印发《关于调整中等职业学校布局结构的意见》的通知［Z］. 1999-09-09.
教育部. 关于印发《关于全面推进素质教育、深化中等职业教育教学改革的意见》的通知［Z］. 2000-03-21.
教育部. 关于印发《关于制定中等职业学校教学计划的原则意见》的通知［Z］. 2000-03-21.
教育部. 关于印发《教育部关于加强高职高专教育人才培养工作的意见》的通知［Z］. 2000-01-17.
教育部. 关于印发《中等职业教育改革创新行动计划（2010—

2012 年)》的通知 [Z]. 2010 - 11 - 27.
教育部. 关于在部分有条件的中等职业学校做好综合课程教育实验的工作意见 [Z]. 2001 - 12 - 06.
教育部. 关于中等职业学校面向农村进城务工人员开展职业教育与培训的通知 [Z]. 2001 - 05 - 14.
教育部. 关于做好 2012 年全国普通高等学校毕业生就业工作的通知 [Z]. 2011 - 11 - 10.
教育部. 国家中长期教育改革和发展规划纲要 (2010—2020 年) [Z]. 2010 - 07 - 29.
教育部, 劳动人事部, 财政部, 等. 关于改革城市中等教育结构、发展职业技术教育的意见 [Z]. 1983 - 05 - 09.
教育部, 财政部, 等. 关于进一步加强职业教育工作的若干意见 [Z]. 2004 - 09 - 14.
教育部, 等. 关于加快发展面向农村的职业教育的意见 [Z]. 2011 - 10 - 25.
教育部, 等. 关于印发《职业教育提质培优行动计划 (2020—2023 年)》的通知 [Z]. 2020 - 09 - 16.
劳动部. 关于深化技工学校教育改革的决定 [Z]. 1993 - 09 - 29.
劳动部. 技工学校"九五"时期改革与发展实施计划 [Z]. 1996 - 11 - 25.
云南省中长期教育改革和发展规划纲要 (2010—2020 年) [Z]. 2011 - 05 - 31.
中共湖南省委, 湖南省人民政府. 关于加快发展现代职业教育的决定 [Z]. 2014 - 08 - 26.
中共中央. 中共中央关于教育体制改革的决定 [Z]. 1985 - 05 - 27.
中共中央, 国务院. 关于深化教育改革全面推进素质教育的决定

[Z]. 1999-06-13.
中共中央，国务院. 国家新型城镇化规划（2014—2020 年）[Z]. 2014-03-16.
中共中央，国务院. 中国教育改革和发展纲要 [Z]. 1993-02-13.
中国共产党第八届三中全会. 中共中央关于全面深化改革若干重大问题的决定 [Z]. 2013-11-12.
中国共产党第十六届三中全会. 中共中央关于完善社会主义市场经济体制若干问题的决定 [Z]. 2003-10-14.
中国共产党第十三届中央委员会第七次全体会议公报 [Z]. 1990-12-30.
中国共产党第十四届三中全会. 中共中央关于建立社会主义市场经济体制若干问题的决定 [Z]. 1993-11-14.
中国共产党十八大报告. 坚定不移沿着中国特色社会主义道路前进，为全面建成小康社会而奋斗 [Z]. 2012-11-08.
中国共产党十二届三中全会. 中共中央关于经济体制改革的决定 [Z]. 1984-10-20.
中国共产党十六大报告. 全面建设小康社会，开创中国特色社会主义事业新局面 [Z]. 2002-11-08.
中国共产党十七大报告. 高举中国特色社会主义伟大旗帜，为夺取全面建设小康社会新胜利而奋斗 [Z]. 2007-10-15.
中国共产党十四大报告. 加快改革开放和现代化建设步伐，夺取有中国特色社会主义事业的更大胜利 [Z]. 1992-10-12.
中国共产党十一届六中全会. 关于建国以来党的若干历史问题的决议 [Z]. 1981-06-27.
中华人民共和国国民经济和社会发展第十三个五年（2016—2020 年）规划纲要 [Z]. 2016-03-17.

五、报纸、报告、析出文献类

北京中等职业学校80%生源全来自农村和外地［N］. 北京晚报，2013-08-24.

程方平. 职业教育可持续发展靠什么来支撑［N］中国教育报，2009-07-27（7）.

邓宗君，郝春宇. 关于整合县域中职教育资源到县级职教中心的思考［C］//中华教育理论与实践科研论文成果选编第4卷，2010-12-01.

甘露，马振涛. 新型城镇化的核心是人的城镇化："新型城镇化：发展与转型研讨会"述要［N］. 人民日报，2012-10-29（23）.

郭少峰. 刘云杉："寒门子弟进名校"如何不再难［N］. 新京报，2011-10-29（B5）.

国家统计局. 2017年全国农民工监测调查报告［R］. 2018-04-27.

侯长林，等. 职业教育应统筹发展［N］. 光明日报，2014-10-28（14）.

教育部十年为职业教育投入1.2万亿元［N］. 北京晨报，2014-07-01（A7）.

李克强新型城镇化思路：核心是人的城镇化［N］. 第一财经日报，2013-02-04（A叠）.

李克强主持召开国务院常务会部署加快发展现代职业教育［N/OL］. 新华网，2014-02-26［2020-01-20］. http://news.xinhuanet.com/edu/2014-02/26/c_119519457.htm.

李曜明，张婷. 中职生均经费标准何时落地［N］. 中国教育报，2014-04-22（1）.

罗嘉福. 锐意改革　务实创新　加快推进云南现代职业教育的发

展：在云南省中等职业学校招生工作会议上的讲话［R］. 2014－02－26.

莫丹霞. 湘潭县一职二职合并更名 打造职业教育航母［EB/OL］. http://hn.rednet.cn/c/2011/09/30/2389890.htm. 2015－07－05.

上海市教育科学研究院，麦可思研究院：2015 中国高等职业教育质量年度报告［M］. 北京：高等教育出版社，2015.

王力，郁进东. 南京一年缺十万高级技工［N］. 中国青年报，2003－09－09.

邬志辉，李涛. 治理体系和能力现代化的三重核心命题［N］. 中国教育报，2014－04－28（6）.

吴洁，李永富. 解读职教基地建设嵩明样本［N］. 昆明日报，2010－11－25（A3）.

湘潭市统计局. 湘潭县 2013 年国民经济和社会发展统计公报［EB/OL］.（2014－04－03）［2020－01－20］湖南统计信息网 http://www.hntj.gov.cn/tjgb/xqgb/xtgb/201404/t20140403_108607.htm.

新华社. 中央城镇化工作会议在北京举行［N/OL］.（2013－12－15）［2020－01－20］. http://npc.people.com.cn/n/2013/1215/c14576－23842750.html.

义务教育站上新起点［N］. 光明日报，2015－11－27（6）.

殷雷. 缺少高位统筹 职教园区处境尴尬［N］. 昆明日报，2013－07－12（15）.

于志晶，李玉静. 推进善治：实现现代转型［N］. 中国教育报，2014－04－28（6）.

张林，粤仁宣. 广东全省二季度总体用工缺口收窄，技工仍然很“吃香”［N］. 羊城晚报，2015－07－22.

赵展慧. 我国城镇化率已达 56.1%，城镇常住人口达 7.7 亿

[N]. 人民日报，2016-02-02.

郑风田. 大学镇、公司镇和城乡等值战略：美国、德国城乡融合发展的模式与经验 [N]. 北京日报，2018-07-09 (14).

ANDERSON D. Measuring the impact and outcomes of market reform in VET [A]//Funding and financing vocational education and training: research readings. Adelaide, South Australia: NCVER, 2005: 28-41.

AUSTRALIAN QUALIFICATION FRAMEWORK. AQF qualification [EB/OL]. (2007-10-30) [2020-01-18]. http://www.aqf.edu.au/aqfqual.htm.

CASTELLANO M, HARRISON L, SCHNEIDER S. State secondary CTE standards: developing a framework out of a patchwork of policies [EB/OL]. (2007-10-01) [2020-01-20]. https://eric.ed.gov/?id=ED508966.

HARTWIG L. Funding system and their effects on higher education system [R]. Paris: OECD, 2006. 1.

MITCHELL R, ROBERTSON I, SHORTEN A. Law and policy in vocational education and training: a contemporary survey [EB/OL]. (1999-06-11) [2020-01-10]. http://www.ncver.edu.au/publications/267.html.

THE WHITE HOUSE. White House unveils America's college promise proposal: tuition-free community college for responsible students [EB/OL]. (2015-01-09) [2020-01-20]. https://vpn.sustech.edu.cn/web/1/https/0/obamawhitehouse.archives.gov/the-press-office/2015/01/09/fact-sheet-white-house-unveils-america-s-college-promise-proposal-tuitio.

UNESCO. Transforming Technical and vocational education and training: building skill for work and life [R]. Shanghai: Third International Congress on Technical and Vocational Education and Training, 2012: 22.

VICTORIAN GOVERNMENT. State government of Victoria DIIRD organization chart [R]. Melbourne, 2009: 1.

附　录

附录一
“城乡融合发展背景下职业教育制度建设”调查问卷（第一轮）

尊敬的专家：

您好！

本问卷旨在明确职业教育服务城乡融合发展的制度建设的重点事项，以便为政府部门的政策制定提供参考。本次调查会持续开展2～3轮，本问卷为第一轮咨询内容，后续还会有针对第一轮咨询结果的进一步调查。本问卷仅供研究使用，请匿名如实填写。您的回答对本研究具有重要意义，衷心感谢您的参与和支持！

“城乡融合发展背景下职业教育制度建设”课题组

一、基本情况（为方便您答题，请将所选答案涂上红色）

1. 您的职称：

A. 中级

B. 副高

C. 正高

2. 您从事职业教育的年限：

A. 10年以内

B. 11～20 年

C. 21～30 年

D. 31 年以上

3. 您的工作单位和职务：

A. 各级教育行政部门行政人员

B. 行业协会专家、企事业单位人力资源部门负责人

C. 职业院校管理人员

D. 各级教育科研院所研究人员

E. 普通高等学校职业教育研究人员

F. 其他

4. 您对职业教育的了解程度：(可多选)

A. 在职业教育领域主持过课题、出版过专著或发表过核心期刊论文

B. 近年参与过职业教育政策制定

C. 近年参与过职业教育政策调研和文件起草

D. 参与管理的院校或处室职业教育成效显著

E. 在行业、企业一线对职业教育有持续研究

二、制度重要性调查（您认为下列二级指标对服务城乡融合发展的重要性程度如何？请选择相应的分值，并将其涂成红色。“5”代表“很重要”，“4”代表“重要”，“3”代表“一般”，“2”代表“不重要”，“1”代表“很不重要”）

一级指标	二级指标	重要性程度
职业院校专业设置制度建设	1. 做好面向区域发展的专业规划，优化资源配置和专业结构	5 4 3 2 1
	2. 根据地区产业结构和发展需求设置专业，调整专业布局	5 4 3 2 1
	3. 明确专业设置流程，加强专业设置的科学性和规范性	5 4 3 2 1
	4. 建立地方政府、教育行政部门、行业企业和职业院校共同参与的专业设置制度	5 4 3 2 1
	5. 建立健全职业院校专业设置的预警机制和动态调整制度	5 4 3 2 1
	6. 其他：（请补充）	5 4 3 2 1
职业教育招生考试制度建设	1. 建立多样化的高等职业教育招生考试及入学制度	5 4 3 2 1
	2. 探索应用型本科高校面向中职学生招生选拔机制	5 4 3 2 1
	3. 适度提高高职院校招收中职毕业生以及应用型本科高校招收职业院校毕业生的比例	5 4 3 2 1
	4. 贯彻落实非户籍生源在流入地参加考试升入高等职业院校的制度	5 4 3 2 1
	5. 建立社会人员从业经历学分折算和职业资格认定制度	5 4 3 2 1
	6. 其他：（请补充）	5 4 3 2 1

续表

一级指标	二级指标	重要性程度
职业教育人才培养制度建设	1. 建立中职、高职和应用型本科相互衔接的课程体系	5 4 3 2 1
	2. 加大模块化和项目化的课程比例	5 4 3 2 1
	3. 建立“校企合作、产教融合、工学结合”的有效机制	5 4 3 2 1
	4. 完善职业教育人才为区域经济社会发展服务的制度	5 4 3 2 1
	5. 提高面向农村群体的职业教育与培训效益	5 4 3 2 1
	6. 其他：（请补充）	5 4 3 2 1
职业教育管理制度建设	1. 建立市域统筹的职业教育管理体制	5 4 3 2 1
	2. 以县级政府为主加强面向区域内的职业教育培训统筹管理	5 4 3 2 1
	3. 以县级职教中心为主加强县域职教资源整合	5 4 3 2 1
	4. 政府充分放权，加强职业院校自主管理	5 4 3 2 1
	5. 以制度保障行业和企业在职业教育中发挥主体作用	5 4 3 2 1
	6. 其他：（请补充）	5 4 3 2 1

续表

一级指标	二级指标	重要性程度
职业院校毕业生劳动人事制度建设	1. 建立规范、严格的职业资格准入制度	5 4 3 2 1
	2. 完善学历证书和职业资格证书“双证融通”制度	5 4 3 2 1
	3. 以制度保障职业院校学生参与人才选拔和聘用的公平性	5 4 3 2 1
	4. 建立逐步提高技术技能人才收入整体水平制度	5 4 3 2 1
	5. 完善技术技能人才社会保障制度	5 4 3 2 1
	6. 其他：（请补充）	5 4 3 2 1
职业教育经费保障制度建设	1. 切实落实和完善生均公用经费拨款制度	5 4 3 2 1
	2. 建立完善的职业教育税收优惠制度	5 4 3 2 1
	3. 完善金融服务支持职业教育发展制度	5 4 3 2 1
	4. 推进面向农村生源的高等职业教育低廉收费制度建设	5 4 3 2 1
	5. 提高职业院校学生奖助标准和受益比例	5 4 3 2 1
	6. 其他：（请补充）	5 4 3 2 1

三、如果您对职业教育服务城乡融合发展的制度建设有任何建议或看法，请提出

再次感谢您的支持与配合！

附录二
“城乡融合发展背景下职业教育制度建设”调查问卷（第二轮）

尊敬的专家：

您好！

本问卷是在第一轮调查结果分析的基础上，针对重点问题开展的进一步调查。本轮调查旨在明确职业教育服务城乡融合发展的制度建设的具体事项，以便为政府部门的政策制定提供参考。本问卷仅供研究使用，请匿名如实填写。您的回答对本研究具有重要意义，衷心感谢您的参与和支持！

“城乡融合发展背景下职业教育制度建设”课题组

一、制度重要性调查（您认为下列具体制度对服务城乡融合发展的重要性程度如何？请选择相应的分值，并将其涂成红色。“5”代表“很重要”，“4”代表“重要”，“3”代表“一般”，“2”代表“不重要”，“1”代表“很不重要”）

一级指标	二级指标	重要性程度
如何开展与区域产业结构协调的专业设置	1. 职业院校根据区域产业链设置相应的专业群	5 4 3 2 1
	2. 设置区域经济社会发展急需的鼓励类产业的相关专业，减少或取消设置限制类、淘汰类产业相关专业	5 4 3 2 1
	3. 建立政府、行业企业与职业院校共同参与的专业设置制度	5 4 3 2 1

续表

一级指标	二级指标	重要性程度
如何开展与区域产业结构协调的专业设置	4. 建立规范合理的专业设置流程制度	5 4 3 2 1
	5. 职业院校的课程设置、教学实施、师资配备、教学改革等各项工作围绕专业设置进行调整	5 4 3 2 1
	6. 其他：（请补充）	5 4 3 2 1
如何优化区域内专业结构和布局	1. 做好面向区域经济社会发展的专业规划	5 4 3 2 1
	2. 提前预测经济动态，做好人才需求预测，使高职教育专业结构与区域经济结构的战略性调整同步	5 4 3 2 1
	3. 围绕区域产业转型升级，加强政府宏观调控，形成与区域产业分布形态相适应的专业布局	5 4 3 2 1
	4. 成立区域内“政府牵头，院校主导，行企参与”的职业教育发展联盟，统筹管理区域专业结构和布局	5 4 3 2 1
	5. 完善人才需求反馈机制，根据劳动力市场对人才规模、层次、类型等需求优化专业结构和调整布局	5 4 3 2 1
	6. 其他：（请补充）	5 4 3 2 1
如何改革招生制度以满足技术技能人才的深造需求	1. 根据不同的入学和升学需求建立多样灵活的招生和入学制度	5 4 3 2 1
	2. 建立“宽进严出”的招生培养制度	5 4 3 2 1
	3. 针对农民工需求开展专业提升计划，完善相应的学分制度，通过灵活的修读形式，使学历教育与非学历培训相结合	5 4 3 2 1

续表

一级指标	二级指标	重要性程度
如何改革招生制度以满足技术技能人才的深造需求	4. 注重专业人才培养的延续性，招生政策向有升学需求的专业对口学生倾斜	5 4 3 2 1
	5. 通过质量认证体系、学分银行和职业资格考试制度对非学历职业教育进行学历认证	5 4 3 2 1
	6. 其他：（请补充）	5 4 3 2 1
如何建立校企合作的长效机制	1. 以立法的形式明确校企合作各利益相关者的责任、权利和义务	5 4 3 2 1
	2. 通过生均补偿或减免税收等形式由政府对参与校企合作企业给予成本补偿，对校企合作有成效的企业给予奖励	5 4 3 2 1
	3. 设立校企合作专项经费，保障校企合作持续、深入开展	5 4 3 2 1
	4. 完善校企合作的评价问责制度	5 4 3 2 1
	5. 将企业开展校企合作的情况纳入其社会责任报告	5 4 3 2 1
	6. 其他：（请补充）	5 4 3 2 1
如何推动职业培训规范快速发展	1. 制定支持职业培训产业发展的政策，鼓励企业、社会团体和个人依法投资职业培训市场	5 4 3 2 1
	2. 引导和鼓励职业院校与行业企业合作，开展各类职业培训	5 4 3 2 1
	3. 推动企业利用自身资源打造职业培训品牌	5 4 3 2 1

续表

一级指标	二级指标	重要性程度
如何推动职业培训规范快速发展	4. 积极探索多元化、市场化的融资渠道，为优质职业培训机构提供多种形式的金融服务	5 4 3 2 1
	5. 加强政府和行业对职业培训机构的监管，建立培训机构评级标准	5 4 3 2 1
	6. 其他：（请补充）	5 4 3 2 1
如何以地方政府为主加强区域内职业教育统筹管理	1. 建立政府统筹、分级管理、社会参与的职业教育管理体制	5 4 3 2 1
	2. 建立和完善法人治理结构，探索建立社会广泛参与、产权明晰多元的理事会或董事会决策议事、监督制度	5 4 3 2 1
	3. 明确地方政府的经费投入责任，加强发展战略、规划、政策、标准的制定和实施	5 4 3 2 1
	4. 完善行业教学指导制度，发挥行业在制定职业资格标准、指导专业设置、深化教学改革、开展质量评价等方面的作用	5 4 3 2 1
	5. 推进政校分开、管办分离，扩大职业院校在教育教学、机构编制、人才引进和职务评聘、收入分配等方面的自主权	5 4 3 2 1
	6. 其他：（请补充）	5 4 3 2 1
如何根据工业化和城乡融合需求优化职业教育结构	1. 统一规划区域内城镇化建设、产业布局和职业教育发展	5 4 3 2 1
	2. 鼓励职业院校集中力量办好当地经济社会需要的特色优势专业群	5 4 3 2 1

续表

一级指标	二级指标	重要性程度
如何根据工业化和城乡融合需求优化职业教育结构	3. 鼓励企业和行业协会举办或参与举办农业职业教育机构，建立城乡结合、以城带乡的职业教育协同发展机制	5 4 3 2 1
	4. 开展国家和省级农村职业教育示范县建设	5 4 3 2 1
	5. 加强区域内职业教育资源整合	5 4 3 2 1
	6. 其他：（请补充）	5 4 3 2 1
如何保障技术技能人才职业生涯发展通道畅通	1. 以制度保障职业院校毕业生参与人才选拔和聘用的起点公平	5 4 3 2 1
	2. 完善不同职业的晋升制度，形成完善的职业晋升体系	5 4 3 2 1
	3. 完善职业资格证书制度，逐步实现职业资格证书与学历证书、职称证书的互通互认	5 4 3 2 1
	4. 健全技术技能人才评价制度，形成强调问题解决能力的评价体系	5 4 3 2 1
	5. 完善技术技能人才使用制度，建立规范的、层级明晰的技术技能人才发展国家标准	5 4 3 2 1
	6. 其他：（请补充）	5 4 3 2 1
如何提高技术技能人才的社会地位	1. 以制度保障技术技能人才收入水平整体提升	5 4 3 2 1
	2. 为技术技能人才提供完善的医疗、养老、就业等社会保障制度	5 4 3 2 1

续表

一级指标	二级指标	重要性程度
如何提高技术技能人才的社会地位	3. 制定高技能人才激励办法，加大对高技能人才的奖励力度	5 4 3 2 1
	4. 建立健全国家和省市各级高技能人才特殊津贴制度	5 4 3 2 1
	5. 以制度保障高技能人才在聘任、工资、带薪学习、培训、出国进修、休假等方面逐步享受与工程技术人员同等待遇	5 4 3 2 1
	6. 其他：(请补充)	5 4 3 2 1

二、如果您对职业教育服务城乡融合的具体制度有任何建议或看法，请提出

再次感谢您的支持与配合！

后　记

本书在笔者博士学位论文的基础上修改而成形。本书得以成形，在选题、撰写、调研、修改的全过程中，都离不开导师黄崴教授的悉心指点、启发和帮助。现在仍记得黄老师的教导：围绕选题，细读资料；厘清思路，列好提纲；抛开资料，独立思考；自由撰写，旁征博引。这些四字箴言让一度淹没在文献中无力冒出头来的我受益匪浅。在调研阶段，黄老师不顾自己公务繁忙，为我一遍遍修改问卷、推荐调研专家。黄老师深厚的学养、对事业孜孜以求的精神、高尚的道德品质、爱生如子又严格要求的师风，对我为学、做人都产生了重要的影响。黄老师的言传身教，鞭策和鼓励我在工作和生活中奋发图强、勇往直前。

感谢为本书撰写和调研提供帮助的广东省教育研究院的杜怡萍研究员、席春玲研究员，广东省教育厅的冯成志博士，原中山职业技术学院的吴建新院长、职教所的易雪玲所长，湘潭县职业技术学校党政办的刘民光主任、徐伟林老师、李彩虹老师，云南省教育厅的王光雄博士，嵩明职教园区管委会的李水晶女士以及接受两轮德尔菲专家咨询的25位专家。感谢我的原工作单位云南师范大学教育学部的张云教授、李劲松教授、李天凤教授、张向众博士、苟顺明博士、李鹏博士、杨斌副教授以及刘张老师。感谢中山大学原教育学院的冯增俊教授、屈琼斐研究员、刘铁副教授和广州大学的吴开俊教授，为本书的写作提出了很多建设性意见。感谢中山大学政务学院的倪星教授、原教育学院的张璐斐教授，广东技术师范大学许玲教授，细心地指出了本书存在的许多不足，为本书的完善指明了方向。感谢中山大学的孙洛平教授、陈瑞莲教授、陈天祥教授、何艳玲教授等，他们精彩的授课让我永生难忘。感谢同门的陈小娟、王烁、张伟坤、肖敏慧、戚兴华、李文章、余奇、许春东、张露、李国超、许雪莉等同学，“教育沙龙”上的思维碰撞让我进步良多。感谢与我同届的罗剑平、孙明英、黄英霞、叶明、余剑和姚侃等诸位同学，在一起学习的缘分弥足珍贵，共同协作完成英语视频作业的经历更是留在记忆中的温馨一幕。

感谢我的父母和婆婆，她们轮流为我照顾孩子，使我能心无旁骛，专心向学。感谢我的先生，这些年他既要拼搏自己的事业，又要照顾家庭，还要包容我偶尔的情绪宣泄，实属不易。在书稿成形后，他还兴致勃勃地通读了一遍，并提出许多建设性的意见。感谢家人的付出，他们的关爱给予我前行的决心和克服困难的勇气。

在本书的撰写过程中，我参考了大量中外文献，深受启发，在此向相关文献作者表示感谢。

感谢中山大学出版社的赵冉编辑为本书的出版所做的大量细致工作。

由于本人学识有限，疏漏之处难免，敬请读者批评指正。

曾 阳

于南方科技大学

2021 年 9 月 10 日